北京大学预防医学核心教材
普通高等教育本科规划教材

供公共卫生与预防医学类及相关专业用

全球健康教程

主　　编　刘培龙

副 主 编　郭　岩　尹　慧

编　　委　（按姓名汉语拼音排序）

　　　　　常　春　北京大学
　　　　　丛亚丽　北京大学
　　　　　郭　岩　北京大学
　　　　　黄旸木　北京大学
　　　　　刘培龙　北京大学
　　　　　卢　颖　北京大学
　　　　　宋　多　北京大学
　　　　　谢　铮　北京大学
　　　　　杨　健　北京大学
　　　　　尹　慧　北京大学
　　　　　张拓红　北京大学

北京大学医学出版社

QUANQIU JIANKANG JIAOCHENG

图书在版编目（CIP）数据

全球健康教程 / 刘培龙主编 . —北京：北京大学医学出版社，2021.4

ISBN 978-7-5659-2375-3

Ⅰ. ①全… Ⅱ. ①刘… Ⅲ. ①健康-卫生管理-世界-高等学校-教材 Ⅳ. ① R19

中国版本图书馆 CIP 数据核字（2021）第 044481 号

全球健康教程

主　　编：刘培龙
出版发行：北京大学医学出版社
地　　址：(100191) 北京市海淀区学院路 38 号　北京大学医学部院内
电　　话：发行部 010-82802230；图书邮购 010-82802495
网　　址：http://www.pumpress.com.cn
E-mail：booksale@bjmu.edu.cn
印　　刷：北京瑞达方舟印务有限公司
经　　销：新华书店
责任编辑：靳奕　　责任校对：靳新强　　责任印制：李啸
开　　本：850 mm×1168 mm　1/16　印张：10.25　字数：288 千字
版　　次：2021 年 4 月第 1 版　2021 年 4 月第 1 次印刷
书　　号：ISBN 978-7-5659-2375-3
定　　价：28.00 元

版权所有，违者必究

（凡属质量问题请与本社发行部联系退换）

北京大学预防医学核心教材编审委员会

主 任 委 员：孟庆跃

副主任委员：王志锋　郝卫东

委　　　员：（按姓名汉语拼音排序）

　　　　　　崔富强　郭新彪　贾　光　刘建蒙　马冠生

　　　　　　马　军　王海俊　王培玉　吴　明　许雅君

　　　　　　詹思延　郑志杰　周晓华

秘　　　书：魏雪涛

前言

保护和增进人民健康，是每个政府的职责，也是国家政治稳定、社会安全、经济发展的重要前提。在全球化进程加速的时代，健康问题具有全球性，一国国民的健康与全球的健康关联日益增加。全球健康问题已不仅仅是一个国家或者地区的问题，而成为了需要国际社会及全球相关方互相协调共同努力来解决的问题。

首先，新发和再发传染病的传播日益迅速，成为威胁全球人民健康的重要非传统安全问题。面对传染病等公共卫生威胁，任何国家已无法独善其身。SARS 的流行、埃博拉出血热的暴发、新冠疫情的传播，都在警示人们，传染病再也无法被挡在国门之外，需要全球层面的努力，来保护人类的健康与生命安全。其次，健康与人类社会、经济发展紧密相连。身心健康的人群是经济增长和发展的驱动力。增进人类健康，特别是通过普及卫生服务来增进健康，将直接贡献于可持续发展和减贫目标；健康反过来也受益于可持续发展。减少贫穷和饥饿、加强食品安全和营养、改进教育和两性平等、保护水和环境卫生、改善能源、提供就业与体面工作、维护安全和促进城市的可持续发展，以及应对气候变化等可持续发展的措施是健康的决定因素，影响人群的健康结果。这些因素不仅超出了卫生部门的职能范围，而且也日益全球化，因此需要跨部门的全球行动和广泛包容的合作，才能更好地实现增进健康和改善健康公平的目标。最后，健康还是衡量可持续发展进展有力的手段，可以为测量经济、环境和社会发展提供重要指标。因此，增进全球健康，对于创建包容、平等、富裕、健康的社会具有重要意义。

全球健康作为一门新兴的前沿学科，近年来发展速度十分迅猛。国际社会、学术机构也都开始关注全球健康问题，纷纷推出项目计划，支持全球健康方面的教学、研究、培训和实践。高质量的教材是保证学科建设和人才培养的基础。国内广大卫生工作者和科研人员也急需全球健康理论知识、研究全球疾病和健康所使用的学术方法和分析手段方面的参考书。在此背景下编撰的本教材将力争系统全面地阐释有关全球健康的基本知识，以更好地促进全球健康学科发展。

本教材编委会的一些主要成员，不仅在国际上发表了在全球健康领域有影响力的文章和论著，也亲身参与了包括世界卫生组织改革、卫生领域其他多边和双边组织的协调机制在内的全球健康治理的实践工作，见证了全球健康作为一门学科的兴起和发展，也深刻体会到了这个学科的年轻和潜力。本教材的第一章介绍了全球健康的起源和发展、基本概念和理论基础；第二章至第六章按照全球健康的问题 → 问题的决定因素 → 目标与应对问题的策略 → 健康促进干预的设计 → 与卫生体系的衔接的顺序依次展开，可以让读者清晰地了解分析全球健康问题时的主体思路和主要内容；第七章至第十章针对全球卫生治理以及关键要素进行阐释，包括对国际卫生立法、参与全球卫生治理行为体和全球健康领域的主要伦理问题以及处理的原则和框架的论述；最后，第十一章介绍了中国在全球卫生中的作用。

本教材主要为北京大学预防医学长学制教材，可为从事国际卫生实践工作或对国际卫生感兴趣的人员提供参考，也作为全球卫生培训的基本教材，还用于高等学校本科生、研究生全球卫生相关课程的教学和科研。本教材的撰写倾注了所有编者的心血，希望能为全球健康这个年轻学科的发展尽一份力量。教材中尚存在许多不完善之处，真诚地欢迎大家在阅读和使用的过程中提出批评和建议。

本教材的编写受到英国国际发展部资助的中英全球卫生支持项目的支持。本书由北京大学医学出版基金资助出版。

刘培龙
2020 年 12 月

目录

第一章 全球健康概论 ········· 1
第一节 全球健康的起源与兴起 ······ 1
一、全球健康的起源——热带医学 ··· 1
二、全球健康的前身——国际卫生 ··· 2
三、全球健康的兴起 ············ 3
第二节 全球化与全球健康的概念 ····· 4
一、"全球化"及其对健康的影响 ···· 4
二、"全球健康"的概念 ·········· 5
第三节 全球健康关注的内容 ······· 7
一、全球健康的问题 ············ 7
二、全球健康的决定因素 ········ 11
三、全球健康治理 ············ 12
第四节 全球健康教学 ··········· 13
一、全球健康教学研究的兴起 ····· 13
二、全球健康教学研究的方法 ····· 14

第二章 全球健康的问题 ······ 15
第一节 全球疾病负担 ·········· 15
一、传统与新发传染病并存 ······ 15
二、非传染性疾病（包括精神卫生问题）上升为主要疾病负担 ········· 19
三、孕产妇、新生儿及儿童健康问题仍然面临巨大挑战 ········ 20
四、老龄化与老年健康问题日渐紧迫，被提上全球卫生日程 ···· 21
五、伤害与暴力持续增加 ········ 22
第二节 健康公平性 ············ 23
第三节 全球卫生安全 ·········· 24
一、（新发）传染病暴发 ········ 25
二、生化污染与威胁 ··········· 25
三、武装冲突和自然灾难 ········ 25
四、食品与商品安全事件 ········ 25

第三章 全球健康决定因素 ··· 26
第一节 全球化与健康决定因素 ···· 26
第二节 生物学因素 ············ 27
一、生物遗传因素 ············ 27
二、病原微生物因素 ··········· 28
第三节 行为生活方式因素 ········ 29
一、行为生活方式因素的概念 ····· 29
二、行为生活方式因素的分类 ····· 29
三、行为生活方式因素的特点 ····· 30
四、行为与生活方式因素影响健康的途径 ····················· 31
第四节 环境因素 ··············· 32
一、气候变化 ················· 32
二、空气污染 ················· 33
三、水和土壤污染 ············· 34
四、食品安全（food safety） ····· 35
五、工作场所健康 ············· 35
第五节 社会因素 ··············· 36
一、健康的社会决定因素理论的发展历程 ···················· 36
二、健康的社会决定因素的概念和框架 ···················· 36
三、与健康相关的主要社会因素 ··· 37
第六节 卫生服务因素 ··········· 38

目录

第四章 全球健康目标与策略 ... 40

第一节 人人享有卫生保健与初级卫生保健 ... 40
一、人人享有卫生保健与初级卫生保健提出的背景 ... 40
二、人人享有卫生保健的目标 ... 41
三、初级卫生保健的概念、原则、内容 ... 41
四、初级卫生保健的挑战与发展 ... 42

第二节 千年发展目标和针对健康的社会决定因素采取行动 ... 44
一、千年发展目标的提出背景及理论基础 ... 44
二、千年发展目标的主要内容 ... 45
三、实现卫生领域千年发展目标的策略——针对健康的社会决定因素采取行动 ... 46
四、卫生领域千年发展目标的挑战 ... 47

第三节 可持续发展目标与以全民健康覆盖为核心 ... 49
一、可持续发展目标的背景 ... 49
二、可持续发展目标 ... 49
三、实现卫生领域可持续发展目标的策略——以全民健康覆盖为核心 ... 50

第五章 全球健康促进 ... 53

第一节 全球健康促进概述 ... 53
一、全球健康促进的涵义 ... 53
二、全球健康促进的活动领域与策略 ... 54
三、历届全球（国际）健康促进大会及理念演变 ... 55

第二节 全球健康促进的核心策略——社区参与 ... 57
一、健康促进与社区参与 ... 57
二、社区参与的层次 ... 58
三、通过赋权实现社区参与 ... 58
四、社区参与的策略、技巧和资源 ... 59
五、健康促进中社区能力和赋权的评价 ... 60

第三节 将健康融入所有政策 ... 60
一、"将健康融入所有政策"共识的形成 ... 60
二、"将健康融入所有政策"的实施 ... 61

第四节 全球健康促进的国际经验 ... 62
一、澳大利亚的健康促进立法与维多利亚健康促进项目 ... 62
二、泰国健康促进工作 ... 63
三、芬兰的北卡项目 ... 64

第六章 全球各国卫生系统 ... 66

第一节 卫生系统概述 ... 66

第二节 国际上不同类型国家的卫生体系 ... 69
一、英国 ... 69
二、德国 ... 72
三、美国 ... 74
四、发展中国家 ... 76

第三节 加强卫生系统的策略——全民健康覆盖 ... 79
一、全民健康覆盖的提出背景——从"人人享有卫生保健"到全民健康覆盖 ... 79
二、全民健康覆盖的内涵 ... 80
三、全民健康覆盖的测量 ... 81
四、实现全民健康覆盖的国际共识 ... 83

第七章 全球健康治理 ... 85

第一节 全球健康治理的基本原理 ... 85
一、治理 ... 85
二、全球治理 ... 86
三、全球健康治理 ... 87

第二节 推进全球卫生发展 ... 89
一、卫生发展援助的价值和理念 ... 89

二、卫生发展援助要解决的问题 … 90
三、开展卫生发展援助的规制 …… 90
四、卫生发展援助的多元化主体 … 92
五、卫生发展援助的效果 ……… 92
第三节 维护全球卫生安全 …… 94
一、全球卫生安全治理的价值理念
　…………………………………… 94
二、全球卫生安全治理的对象 … 95
三、全球卫生安全治理的规制 … 96
四、全球卫生安全治理的主体 … 98
五、全球卫生安全治理的效果 … 99

第八章　全球健康行为体 …… 101
第一节　多元化的全球健康行为体格局
　………………………………… 101
一、行为体概述 ………………… 101
二、全球健康行为体的分类 …… 102
三、多元化全球健康行为体带来的
挑战 ………………………… 103
第二节　联合国系统卫生专门机构和
卫生相关机构 ………… 103
一、世界卫生组织 ……………… 103
二、联合国体系内的其他卫生相关
组织 ………………………… 107
第三节　非联合国框架内的全球健康
行为体 ………………… 109
一、全球疫苗免疫联盟 ………… 109
二、国际红十字会 ……………… 110
三、抗击艾滋病、结核病和疟疾全球
基金 ………………………… 110
四、八国集团／二十国集团（G8/G20）
　………………………………… 111
第四节　全球性非政府组织和基金会
　………………………………… 112
一、比尔及梅琳达基金会 ……… 112
二、洛克菲勒基金会 …………… 113
三、美国中华医学基金会 ……… 113
第五节　非卫生领域的其他行为体 … 114
一、欧洲联盟（European Union） 114
二、非洲联盟（African Union） 114
三、亚太经济合作组织 ………… 114

四、经济合作与发展组织 ……… 114

第九章　国际卫生立法 ……… 116
第一节　概述 …………………… 116
一、国际条约概述 ……………… 116
二、国际卫生条约的历史和发展 … 117
第二节　烟草控制框架公约 …… 118
一、《烟草控制框架公约》（FCTC）的
制定 ………………………… 118
二、《公约》及其实施准则的具体要求
　………………………………… 119
三、《公约》全球执行情况 ……… 122
第三节　国际卫生条例 ………… 123
一、《国际卫生条例》的起源与发展
　………………………………… 123
二、《国际卫生条例（2005）》的原则
和主要内容 ………………… 123
三、《国际卫生条例（2005）》的实施
情况 ………………………… 128
第四节　其他与健康相关的国际条例与
公约 …………………… 129
一、《儿童权利公约》及《儿童生存、
保护和发展世界宣言》……… 130
二、《1961年麻醉品单一公约》《精神
药物公约》《联合国禁止非法贩运
麻醉药品和精神药物公约》… 130
三、《生物多样性公约》及其《卡塔赫
纳生物安全议定书》………… 130

第十章　全球健康伦理 ……… 132
第一节　全球健康伦理是什么 … 132
一、全球健康伦理的主要问题领域
　………………………………… 132
二、全球健康伦理的界定 ……… 133
第二节　全球健康伦理的理论资源 … 133
一、与全球健康相关的伦理理论资源
　………………………………… 133
二、与全球健康伦理相关的核心价值
　………………………………… 135
第三节　埃博拉出血热暴发对全球健康
研究与实践的启示 …… 137

目录

一、埃博拉疫苗的临床研究设计面临挑战 …………………… 138

二、疫情防控中需减少从否认和恐惧到行动的时间,多方合作,赢得当地人们的信任 ………… 138

三、关爱医务人员,加强对工作人员的防护 …………………… 138

四、救助者通过了解当地文化来对埃博拉出血热患者和其家庭提供有效的支持 ………………… 139

五、加强全球领导力,实行国际人道主义救助,开发多方资源和途径 ……………………………… 139

第十一章 中国特色的全球卫生 …………………… 140

第一节 卫生发展援助 ………… 140
第二节 全球卫生安全 ………… 142
第三节 参与全球健康治理 …… 144
第四节 知识的创新与交流 …… 146

中英文专业词汇索引 ………… 148

参考文献 …………………… 151

第一章 全球健康概论

第一节 全球健康的起源与兴起

全球健康（Global Health）起源于热带医学（Tropical Medicine），其前身为"国际卫生"（International Health）。自20世纪90年代开始，随着全球化（globalization）进程不断加深与发展，"国际卫生"逐渐被"全球健康"所取代。

一、全球健康的起源——热带医学

全球健康起源于热带医学。18—19世纪，西班牙、葡萄牙、英国、法国、荷兰等欧洲国家进入非洲、南美洲、亚洲、澳大利亚等热带地区，欧洲大陆与其他大陆的商业、贸易、人员和文化的交往大量增加，加之气候环境等差异较大，导致大量的军政人员、士兵、商人、宗教文化传播者等感染了当地的疾病，如疟疾、黄热病、鼠疫、血吸虫病、丝虫病、黑热病等。在采取了包括隔离当地居民等多种方法都无济于事后，他们不得不求助于随行医生以及陆续派来的专家。这些医生在交流的基础上，把他们的经验和研究总结成理论并形成科学——热带医学。此外，他们建立专门热带医学机构以培训诊治和研究热带病的医生来满足热带地区不断增长的医学庇护需求。

19世纪末至20世纪初，热带医学逐渐受到各国的重视，出现了专门从事热带医学研究和教育的机构。有"热带医学之父"之称的万巴德（Patrick Manson）为热带医学的发展做出了重大的贡献。

万巴德（1844—1922）出身于苏格兰的一个中产家庭，毕业于苏格兰阿伯丁大学（Aberdeen University）医学专业。1866—1890年，他随英国殖民者活动于亚洲。就职于中国大清皇家海关总税务司（Chinese Imperial Maritime Custom）时，他经常到当地传教士医院出诊，接触到了大量疟疾、丝虫病、血吸虫病等的患者。这激发了他强烈的去研究这些热带病的愿望，他在疟疾、丝虫病、麻风的研究上做了很多突破性的工作。1890年，他回到英国时，成了海员医院委员会（Seamen's Hospital Society）的委员，这个委员会下属的多家码头医院（dock hospital）收治大量的从热带地区回来的患有热带病的患者。这为万巴德的研究提供了大量的病例样本，使得他在热带病方面的研究一直持续下来。在他的倡导下，1898年英国建立了第一个专门从事热带医学研究和教学的机构——利物浦热带医学院（Liverpool School of Tropical Medicine，LSTM）。随后又成立了伦敦热带医学与卫生学院（London School of Hygiene and Tropical Medicine，LSHTM）。这两所热带医学院的成立对热带医学的发展具有里程碑式的意义。

此外，师从万巴德并获得首个热带医学方面诺贝尔奖的罗纳德·罗斯（Ronald Ross）、发

现疟原虫的阿方斯·拉韦朗（Alphonse Laveran）、建立热带预防医学并担任伦敦热带医学与卫生学院首任院长的安德鲁·贝尔福（Andrew Balfour）等先驱们也共同推动了早期热带医学的发展。

1903年在美国成立的热带医学和卫生学会（American Society of Tropical Medicine and Hygiene，ASTMH）旨在推动全球热带医学的发展，为全球进行热带医学研究的学者提供一个公共交流平台，是现代热带医学的重要学会。

热带医学使人们最初关注自己国家之外的地区存在的健康问题，使得健康问题突破国界，开启了双边卫生外交的大门，是国际卫生的前身。随着交通和旅游业的迅猛发展，各国交往甚密，每年都有数千万人出入热带病流行地区，增大了将热带病传播到其他地区的危险性。热带医学不再仅仅局限于热带，它同时也开启了人类对区域范围乃至全球范围疾病防治的探索。

二、全球健康的前身——国际卫生

Paul F. Basch 在其 *Textbook of International Health*（《国际卫生教程》）一书中对欧洲黑死病大流行进行过描述："整个欧洲的社会、经济、农业和文化根基都遭到了摧毁性的破坏，但没有人能找出这一疾病的根源。"在这种情况下，为了控制这种传染性疾病，意大利的一些港口城市，以威尼斯为首，开始对外来船只进行长达40天的禁运，并于1377年建立了"隔离检疫"制度（Quarantine，意大利语，意为40天）。因此，Richard Dodgson、Kelley Lee、Nick Drager认为："早期的国际卫生治理表现为两个或多个国家就健康问题开展合作，采取隔离检疫措施，并延续了数个世纪。"这可以看作制度化前的国际卫生合作与治理的起点。

尽管这一制度在一定程度上控制了疾病的传播，但在当时以海运为主要贸易方式的欧洲，这也在一定程度上影响了商贸往来与经济发展。同时，由于各国自行其是，在禁运方面缺乏统一标准，容易造成混乱。为此，1851年，第一届国际卫生大会（International Sanitary Conference）在法国政府的倡导下于巴黎召开，该会议旨在在抵御疾病入境和正常商贸往来之间寻求平衡。这是历史上第一次将多国公共卫生管理者和研究者召集在一起，致力于跨国的卫生问题，因此这一年被学者们视为国际卫生制度化的起点。

此后，国际卫生大会定期召开，并制定了相关条例以规范各国行为。这些大会虽然成效有限，但确定了一个基本原则：国际卫生领域的合作应按商定的规则和程序开展，这也正是日后成立的世界卫生组织所遵循的原则。

从国际卫生制度化开始到第二次世界大战结束的近一百年中，十余个卫生相关的国际组织相继成立，如多瑙河欧洲委员会（European Commission for the Danube，1856）、红十字国际委员会（International Committee of the Red Cross，1863）、救助儿童会（Save the Children Fund，1919）等。其中作用较为突出的是1902年美洲国家成立的国际卫生局（the International Sanitary Bureau of the Americas），即之后的泛美卫生局（the Pan American Sanitary Bureau）和1907年法国政府提出建立的国际公共卫生办公室（Organization International d'Hygiène Publique，简称OIHP）。

OIHP是世界上第一个国际性的卫生组织，为国际卫生的发展做出了很大贡献。OIHP的主要职能在于加强对传染病的研究、定期组织召开国际卫生会议、执行会议决议等。第一次世界大战过后，同盟国建立了国际联盟（League of Nations），联盟内设立了专门的卫生组织。该组织于1923年正式成立，主要从事疾病的流行病学、技术开发等方面研究，与OIHP并行但职能有所分工。这两大组织并存的局面一直延续到第二次世界大战。第二次世界大战过后，作为主战场的欧洲损失巨大，不论是OIHP还是国际联盟内的专门卫生组织，都无法继续承担国际卫生方面的重任，并且这些国际卫生组织多以区域组织为主，代表性均很有限。

因此，1945年，在美国旧金山召开的联合国会议上，巴西和中国代表团联合提出建立一个世界性的卫生组织，这便是随后于1948年成立的世界卫生组织。OIHP、国际联盟内的专门卫生组织以及联合国善后救济总署的卫生工作部门合并入这一新的组织。

世界卫生组织的宗旨是"使全世界人民获得尽可能高水平的健康"，它是第一个具有真正普遍代表性的国际卫生组织。世界卫生组织的成立标志着国际卫生体系的正式形成，是国际卫生发展史上的里程碑。在这一体系中，世界卫生组织是领导与协调的权威，国家行为体与非国家行为体辅助，主要工具包括《世界卫生组织组织法》、国际准则和标准等，以 International Health Regulations（《国际卫生条例》，IHR）和 Framework Convention on Tobacco Control（《烟草控制框架公约》，FCTC）等为主要代表，同时依靠现代化的信息网络和全球媒体作为传播手段。世界卫生组织与以往的国际卫生组织最大的不同点在于它的普遍性。《世界卫生组织组织法》规定，世界卫生组织通过其6个地区办事处，覆盖全球广泛的会员国（目前达194个），实现全世界国家的普遍覆盖。《世界卫生组织组织法》等基本文件也规定了其理事机构的议事规则以及通过什么程序来开展国际合作。世界卫生组织以制定国际规范标准和向会员国提供技术支持为主要核心职能。在其成立后的几十年中，在控制疾病的跨国界传播，推动国家间的技术合作，增进发展中国家，尤其是贫困国家人们的健康上，发挥了无可争议的领导和协调作用。

三、全球健康的兴起

国际卫生体系的形成为许多跨国卫生问题的解决提供了条件。在其成立后的几十年间，世界卫生组织在疾病控制、健康促进和加强初级卫生保健等方面取得了很大成就。但从20世纪90年代起，全球化的纵深发展给公共卫生带来越来越多的挑战，已有的国际卫生体系的局限性逐渐暴露，已不能适应更为复杂的卫生挑战，加之人们对疾病解决策略认识的不断深入，"全球健康"的概念悄然兴起。这可以用SCI引文数据库上"国际卫生"和"全球健康"文献数目的变化加以印证（表1-1）。可以看到，"全球健康"文献在近年来增加明显。

表1-1　SCI上"国际卫生"和"全球健康"文献数目

时期	国际卫生（international health）	全球健康（global health）
1900—1950	58	0
1950—1980	221	404
1981—1990	183	1 727
1991—2000	591	6 180
2001—2010	1 519	18 870
2011—2019	2 709	41 477

注：表中的文献数目只包括在主题词中出现"international health/international public health"和"global health/global public health"的文章

对于从"国际卫生"到"全球健康"的过渡，很多学者都从不同角度进行了分析，提出了诸多颇具启发性的观点。通过对这些观点的整合，我们认为，导致这一过渡的最根本原因是在应对健康问题时，全球化进程的加速所造成的互相依存突破了传统国家的界限。

2001年，American Journal of Public Health 上发表了一篇名为 US Public Health Leaders Shift toward a New Paradigm of Global Health 的文章，作者通过对29位政府和非政府组织中公共卫生领导者的访谈，了解他们对于国际卫生和全球健康的看法，并且探讨是否有必要摒弃"国际卫生"的概念而过渡到"全球健康"。作者最终得出结论，尽管有半数人仍存疑虑，但大多数美国公共卫生领导者们开始将注意力更多地投向了"全球健康"，并且他们认为这种改变是一种必然的趋势。

Theodore 等（2006 年）曾发表文章，认为"国际卫生"主要侧重于对国家之间（即国际）的跨国界疾病的控制，而"全球健康"通常意味着考虑全球人民的健康需求，超越了特定国家的界限。Supinda Bunyavanich 等（2001 年）在其文章中也提出了相似的观点，认为"全球"这两个字将"地缘政治从健康问题中脱离出来"，同时也是对世界卫生组织"人人享有卫生保健"（Health For All）战略的呼应。此外，"全球健康"也反映了卫生保健在知识、服务提供、筹资及政策上的共通性，是全球化在卫生中的体现。Kickbusch 和 Lister（2006 年）还提到"全球健康"是需要"全球决定人群健康的各种力量来解决的健康问题"，这里的"各种力量"就已经超过了国际卫生中的"国家"，而囊括了其他多种形式的力量，如非国家行为体等。而这也正是全球化对公共卫生领域所带来的另一大转变，促使"国际卫生"逐渐过渡到"全球健康"。

第二节 全球化与全球健康的概念

"全球健康"伴随全球化而来，并随全球一体化进程的不断加深而发展。因此要了解"全球健康"的概念首先要了解"全球化"的概念、带来的变化及对健康的影响。

一、"全球化"及其对健康的影响

全球化是世界观念、产品、想法和其他交流带来的国际一体化进程。更为具体地，全球化是经济、政治、社会相互依存加深，是全球资本、贸易、人员、观念、理念及价值等超越国界的一体化。

全球化是多方面、多维度的。全球化不仅是经济全球化，也包括政治、社会、文化、技术、环境等多个领域，渗透在社会的各个角落。健康，处在全球化的浪潮中，也不可避免地受到其影响。2005 年，加拿大多伦多大学人群健康研究所（Institute of Population Health）发表了 *Globalization and Social Determinants of Health*（《全球化与健康的社会决定因素》）报告，对全球化做了深入的分析，同样提到全球化在空间、时间、认知 3 个维度上变化，即国家边界的模糊、沟通频率的增加、信息交换的便利，以及社会、文化认知上的趋同，将原本相对独立的国家和个人更为紧密地联系起来。相应地，全球化在人群、组织、环境、社会、文化等方面对健康产生影响。例如，在空间上，交通与科技的发展使国家边界模糊，形成"地球村"；在时间上，信息化加速了信息共享的时效；在认知上，信息的高速共享促进了人们认知、行为、文化的交互影响、理解和趋同。

如表 1-2 所示，全球化对健康的影响主要体现在以下 4 个方面：

1. 人群 全球化经济活动的加剧，首先导致人员流动的急剧增加。据《2007 年世界卫生报告》的数据，1951 年，全世界有 700 万国际乘客，到 1993 年，这一数值已增加到约 5 亿。这种人员流动速度的加快，也带来了潜在的疾病传播风险，使得原本局限于某一国家和地区的疾病可以在很短时间内向全球范围扩散。如 2003 年的 SARS 在短时间的暴发，很大程度上与全球化时代人员往来频繁相关。

2. 组织 是指使健康服务到达人群的中介，传统上讲，这些中介主要是指各级政府及相关的卫生机构。全球化对组织的影响主要体现在：①非国家行为体的大量进入。全球化自由主义思潮以及对国家边界的模糊，使得许多非国家行为体也进入到公共卫生领域，并发挥着越来越重要的作用。我们看到，除了民族国家，还有众多的政府间组织（如联合国系统）、非政府组织（如无国界医生组织）、跨国公司（如通用公司）、慈善基金会（如比尔及梅琳达·盖茨基金会）等介入到卫生服务的提供中来，其中一些还颇具影响，甚至左右着国家的政策，正如健康的社会决定因素委员会在其报告中所提出的，这些非国家行为体"缩小了国家的决策空间"。②国家之间相互依存加深。许多新兴的卫生问题远非一国之力所能应对，如疾病的跨国界传播和全球气候变暖等。③在解决健康问题时，尤其是涉及经济、社会、环境、政治等众多决定因素的健康问题时，需要健康及其他跨领域组织的合作。因此，全球化模糊了国家的界限，需要超越国家的概念考虑疾病的防控问题；模糊了卫生部门与非卫生部门的界限，需要全球非卫生部门的参与；也模糊了国家行为体和非国家行为体的界限，需要包容非国家行为体的卫生行动。

3. **环境** 即人们赖以生存的生活条件。全球化对于环境的影响是显而易见的：工业化与城市化的进程使得环境污染已成为许多国家需要迫切解决的问题，全球气候变暖也逐渐提上政府日程。据估计，本世纪全球平均气温将增加1～3.5℃，这无疑会为热带病（如疟疾）的进一步传播创造条件，也将直接关系到许多岛国的存亡。同时，全球化中贸易往来的频繁也增加了许多动物源性疾病传播的可能性。

4. **社会-文化** 全球化对社会-文化的影响主要是通过认知维度。沟通往来与信息共享使得文化渗透成为可能，这种渗透对人们的生活方式和行为习惯产生了潜移默化的影响，从而导致了诸多卫生问题，其中最为突出的是许多慢性病发病率的增加。以吸烟为例，为了扩大全球市场，许多跨国公司将视角转移到了新兴经济体，通过各种宣传来吸引更多烟民。目前在北美和西欧，吸烟人群的数量有所下降，而在烟草公司的宣传重地——亚洲、非洲和南美洲，吸烟人数正在不断增加。目前全世界大约有10亿烟民，而其中半数都将死于这一不良习惯。

表1-2 全球化对健康的影响

	人群	组织	环境	社会-文化
空间	人员流动加快	国家边界模糊	气候变迁与自然灾害增加	健康不公平
	疾病传播加速及跨国界传播	新的行为体出现	环境污染	
		国家决策空间减少	动物源性疾病风险增加	
	跨国医疗	相互依存增加		
	人才流失	卫生系统能力削弱		
时间	沟通更为便利	行为体间沟通更为便利	自然资源消耗加速	文化往来更为便捷
	信息共享增加		世界范围内遗传物质流动加速	
认知	新医疗技术出现与传播	知识产权与利益共享	可持续理念的广泛传播指导健康政策的制定	文化渗透增加
				生活方式改变
				慢性病发病率增加

二、"全球健康"的概念

"全球健康"这一概念最早出现在1944年的一篇关于热带病和外国输入性疾病的文章里。在世界卫生组织成立之前，一些专家、学者在1945年前后陆续发表了几篇论文，讨论公共卫生的全球视野。直到1995年之后，全球健康作为一门科学的话题才开始在医疗卫生界引起广泛注意，逐步成为国际公共卫生领域占主导地位的流行用语。

不同学者对这一概念有不同的表述，见表1-3。

表1-3 不同的全球健康概念

年份	关键人物/机构	全球健康的概念
1997	美国医学研究所（The United States Institute of Medicine）	全球健康是跨越国界的健康问题、议题和关心的问题，并且最好通过合作行动来解决 Global health are health problems, issues, and concerns that transcend national boundaries and may best be addressed by cooperative actions.
2001	Michael H. Merson Robert E. Black Anne J. Mills	全球健康是公共卫生原则在两方面的应用：一是跨越国界的健康问题和挑战，二是影响这些问题和挑战的全球和地方一系列复杂力量 Global health is the application of the principles of public health to health problems and challenges that transcend national boundaries and to the complex array of global and local forces that affect them.
2006	Ilona Kickbusch Graham Lister	全球健康指那些穿越国家边界和政府的、需要采取行动动员那些对健康起决定作用的全球各种力量来解决的健康问题 Global health are those health issues that transcend national boundaries and governments and call for actions on the global forces that determine the health of people.
2009	Jeffrey P. Koplan T Christopher Bond Michael H Merson K Srinath Reddy Judith N Wasserheit	全球健康是把增进健康、实现全世界人人都享有公平的健康置于首位的学习、研究和实践的领域。全球健康强调跨国卫生问题、强调决定因素和解决方案；涉及许多健康和健康之外的学科，并促进跨学科的协作；是人群预防和个人临床护理的综合 Global health is an area of study, research and practice that places a priority on improving health and achieving equity in health for all people worldwide. Global health emphasizes transnational health issues, determinants and solutions; involves many disciplines within and beyond the health sciences and promotes interdisciplinary collaboration; and is a synthesis of population-based prevention with individual level clinical care.
2010	Robert Beaglehole Ruth Bonita	全球健康是为提升所有人健康所进行的跨越国界的合作研究与行动 Global health is collaborative trans-national research and action for promoting health for all.

从表1-3可以看出，学者们对于"全球健康"有不同的定义，各定义有不同的侧重，归纳起来，包含以下几点：

1．"全球健康"关注和研究的是健康及健康的公平性问题，其关注的是"所有人的健康问题及其决定因素"。

2．"全球健康"的范围是"跨越国家边界和跨政府的、非一国或多国之力所能解决"（trans-national，cross-national）。超越国界的行动需要涉及两个或更多的国家（或地区），同时跨越国家的工作通常基于强有力的国家公共卫生机构。

3．实现"全球健康"的手段是促进和增进（promoting，improving）。其强调通过运用一系列公共卫生和健康促进策略来改善健康，针对潜在的社会、经济、环境和政治等影响因素。

4．"全球健康"的合作层次是"所有行为体之间的合作"（collaborative，cooperative）。其强调在解决所有健康问题尤其是决定因素众多的全球健康问题时合作的重要性，在找到解决方案过程中需要一系列组织机构的参与。

5．"全球健康"是一门"循证研究"。其强调多学科交叉的循证分析，尤其在健康跨国因素影响方面的研究和分析。

6．"全球健康"需要"实践和行动"（action and practice）。其强调将循证得到的理论和学术研究有建设性地应用到各国增进健康和促进健康公平的操作层面中。

综合以上概念，我们认为，"全球健康"是以增进全人类健康水平和实现全球健康公平为目的而开展教育和研究的学科以及进行实践的领域。它关注具有全球意义的健康问题及其决定因素以及它们的解决方案，并致力于在国家、地区和全球层面动员广泛行为体协同行动，参与超国界、跨部门、多学科的新型全球健康治理。总之，"国际卫生"在应对卫生问题时强调国家主权至上，以国境为防线，采取自主行动；以医学生物模式主导，卫生部门为行为主体；以国家为主要行为体，非政府行为体作用有限；依靠国家与国家之间的卫生合作；WHO是无可争议的领导协调者。而"全球健康"在应对卫生问题时需要跨国界思维，从源头抓起，采取协同行动；倡导处理健康的社会、环境决定因素，强调非卫生部门作用；应对卫生问题时国家依然重要，但非政府组织作用凸显；需要全球各种力量的参与和合作（表1-4）。

表1-4 "全球健康"和"国际卫生"的联系与区别

	全球健康	国际卫生
地理覆盖	关注超越国家边界的与健康直接或间接相关的问题	关注本国之外，尤其是中、低收入国家的健康问题
合作层次	解决方案的制定和实施通常需要全球各种力量的合作	解决方案的制定和实施常常需要两个国家的合作
个体或群体层面	既包含群体层面的预防，也包含个体层面的临床医疗	既包含群体层面的预防，也包含个体层面的临床医疗
健康可及性	国家间和人与人之间的健康公平是一主要目标	致力于帮助本国之外的人民
学科范畴	健康科学及其他科学领域的多学科、跨学科交叉	包含一些学科，但并未强调多学科交叉

第三节 全球健康关注的内容

全球健康关注的内容很多，归纳起来包括三大方面：具有全球意义的健康问题、具有全球意义的健康决定因素，以及解决这些健康问题和决定因素相关问题的全球健康治理和全球卫生外交，最终实现全球健康公平。

一、全球健康的问题

近年来，全球健康的发展取得了巨大进步，但仍面临很多问题。除了传统的传染性疾病和非传染性疾病等疾病负担，生物恐怖主义、自然灾难和环境污染、气候变化等安全问题也威胁着全球健康。国与国之间及一国之内健康水平仍有巨大的但可校正的差异，缓解健康不公平现象是当务之急。本节将从全球疾病负担、健康公平性、全球公共卫生安全与突发公共卫生事件3个方面介绍全球健康尚且存在的挑战。

（一）全球疾病负担

虽然近些年来全球在减少疾病负担方面已取得一定进步，但仍需进一步降低。本小节将主要从传染性疾病和非传染性疾病（包括精神障碍）双重疾病负担、母婴健康、老龄化与老年健康、伤害与暴力等方面介绍全球疾病负担面临的挑战。

1．传染性疾病和非传染性疾病双重疾病负担 全球范围内，主要疾病负担由传染性疾病逐渐转向非传染性疾病，但在某些地区尤其是中低收入国家地区，传染性疾病依然部分流行。

这一趋势可以由全球死亡谱图看出。

图1-1是2000年和2016年全球前十位主要死亡原因比较，HIV/AIDS、早产并发症不再位于前十位死亡原因，取而代之的是阿尔茨海默病和其他痴呆、糖尿病。结核病亦从第6位死因降至第10位。非传染性疾病在全世界造成的死亡不断上升。

图1-2、图1-3为按国家收入组别的主要死亡原因。2016年，低收入国家一半以上死亡是由"第一类"疾病造成的，包括传染病（infectious disease）、孕产原因，妊娠和分娩期间出现的病症，以及营养缺陷症。相比之下，高收入国家的死亡人数不到7%是由以上原因造成的。非传染性疾病导致的死亡从低收入国家的37%到高收入国家的88%不等，但就绝对死亡人数来说，全球78%的非传染性疾病死亡发生在中、低收入国家。

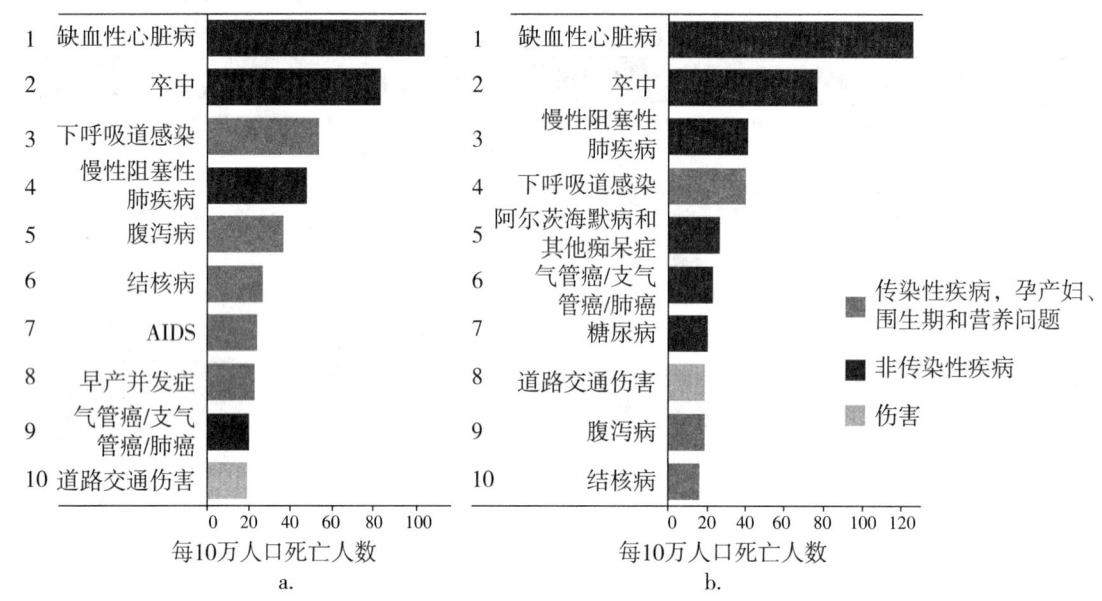

图1-1 2016年与2000年全球前十位死亡原因

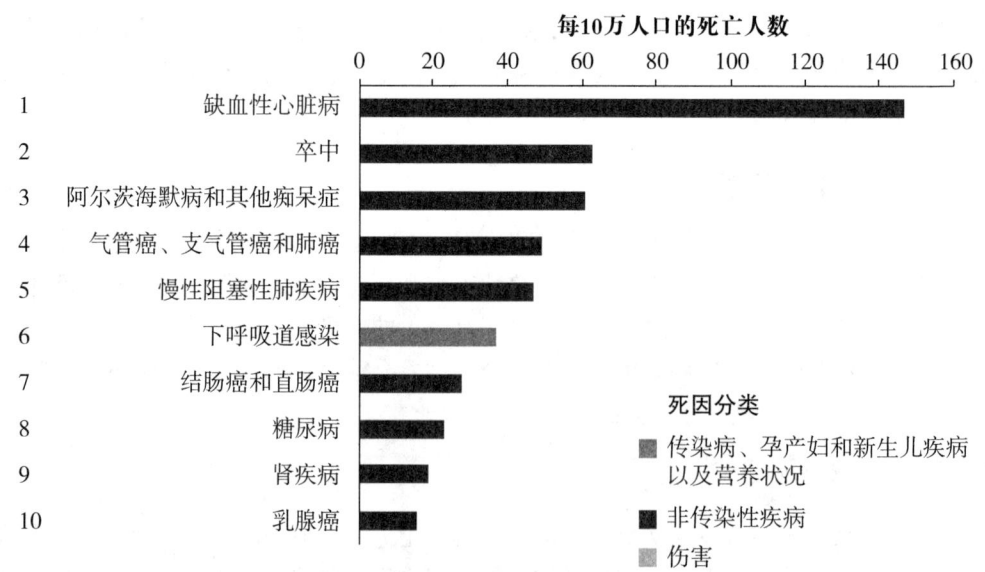

图1-2 高收入国家前十位死亡原因

数据来源：WHO. Global Health Estimates 2016: Deaths by Cause, Age, Sex, by Country and by Region, 2000-2016. Geneva: World Health Organization; 2018. World Bank. World Bank List of Economies June 2017. Washington. DC: The World Bank Group, 2017.

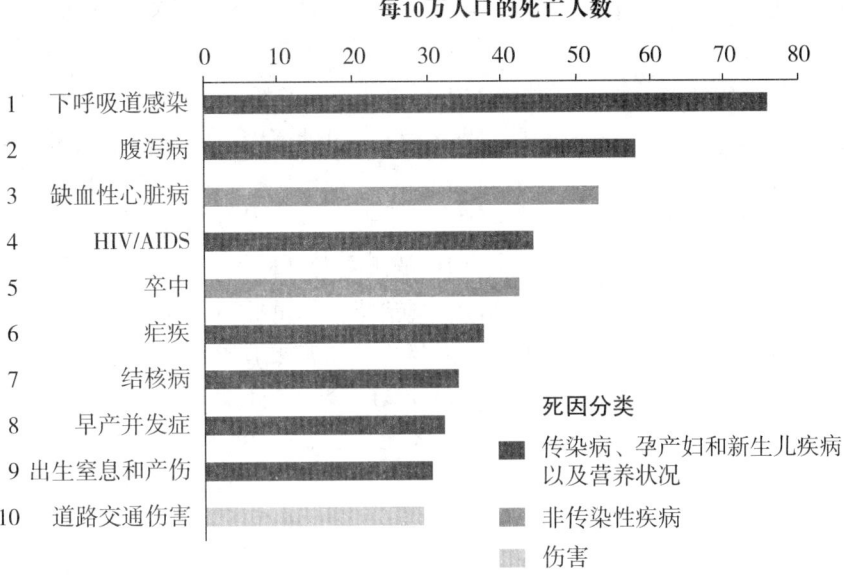

图 1-3 低收入国家前十位死亡原因

数据来源：Global Health Estimates 2016：Deaths by Cause, Age, Sex by Country and by Region, 2000-2016. Geneva：World Health Organization, 2018. World Bank. World Bank List of Economies June 2017. Washington. DC：The World Bank Group, 2017.

由此可见，高收入国家主要面临非传染性疾病的负担，而低收入国家则面临着传染性疾病和非传染性疾病的双重疾病负担。

全球范围内，世界三大传染性疾病即获得性免疫缺陷综合征（acquired immuno deficiency syndrome，AIDS）、疟疾和结核病的疾病负担呈下降趋势，但依旧面临挑战，例如 HIV 在 WHO 非洲区感染率依然居然不下，耐药及耐多药肺结核感染、HIV/结核病双感染等。除三大传染性疾病之外，在 2000—2015 年间，死于病毒性肝炎的人数呈上升趋势。如果不扩大、不加强并加快应对，肝炎病毒携带者的数量预计在今后 40～50 年内将保持在目前的高水平上甚至更高。在被忽视的热带病方面，疾病负担呈下降趋势，但依然在热带贫困地区流行，尤其是非洲和东南亚。

非传染性疾病（non-communicable diseases，NCDs，慢性病），是指病情持续时间长、发展缓慢的疾病，是目前全世界首要死因，占年度死亡总人数的 63%。全球疾病负担最重的 NCDs 依次为：心血管疾病、癌症、呼吸系统疾病以及糖尿病。这四类疾病导致的死亡约占所有 NCDs 死亡数的 82%。全世界近 3/4 的 NCDs 导致的死亡发生在低收入和中等收入国家。

同样作为 NCDs，精神障碍在全球范围内影响着约 3 亿人，是主要的死亡和致残原因，但仍未受到足够重视。目前的卫生系统还无法充分应对精神障碍造成的疾病负担，存在治疗需求和提供之间的差距。在低、中收入国家，76%～85% 的精神障碍患者未接受治疗，远高于高收入国家的 35%～50%。此外，全球局势的不稳定，使暴露在极端紧张性刺激下的人数很多，如难民、境内流离失所者、灾难幸存者和与恐怖主义、战争或种族灭绝有关的暴露人群，而接触极端紧张性刺激是精神卫生和社会问题的一个危险因素。

2. 孕产妇、新生儿和儿童健康 如今仍有很多女性因妊娠与分娩时的严重健康问题而患病或死亡。2017 年，全球估计有 29.5 名女性由于孕产原因死亡，几乎全部（94%）发生于低中收入国家，其中大约 2/3（64%）发生于 WHO 非洲区域。同时，即使全球在降低儿童死亡率方面成果显著，仍有 530 万名儿童在 5 岁前死亡，5 岁以下儿童的营养不良问题仍需得到改善。出生 1 个月内的新生儿死亡风险最高，死亡数占到 5 岁以下儿童总死亡数的 47.1%。同

时，还有大约100万名5～14岁儿童死亡，多数死于可避免死因，因此改善5～14岁儿童的存活状况也应得到更多关注。

3. 老龄化与老年健康　　如今，伴随着生育率的明显下降，人均预期寿命的增加，世界人口老龄化进程比过去明显加快。长寿是宝贵的财富，但长寿需要伴随一个条件，那就是健康，在生命长度增加的同时保障质量。随着寿命的延长，老年人面临更多慢性病风险，例如心脏病、卒中、慢性呼吸系统疾病、癌症、老年期痴呆等。这不仅仅是高收入国家面临的挑战，实际上在中、低收入国家更为严峻。这些疾病中的大多数危险因素可以通过健康促进而进行干预和预防。对已经患病的老人，需要早诊断、早治疗，尽量提高其预后及生存质量。对于能力（如听力、视力、行动能力）衰退和丧失的老年人，则需要良好的支持性服务、设施和环境，以保证他们的生活和尊严。对于老龄化，需要开展综合性的公共卫生应对。

4. 伤害与暴力　　伤害与暴力是全球第八大死亡因素，占全球总死亡率的9%。伤害包括道路交通伤害、溺水、中毒、摔伤和烧伤，暴力包括袭击、自伤和战争造成的伤害。其中，仅道路交通伤害在2016年便夺去了全球140万人的生命。低收入国家因道路交通伤害导致的死亡在增加，其道路交通伤害的死亡率比高收入国家高2.6倍。尽管低收入国家汽车拥有量低于高收入国家，但较贫困人口获得紧急伤害护理的可能性较低，因此死亡负担更大。此外，妇女和儿童遭受暴力、自然灾害和战争冲突造成死亡、谋杀等亦是全球范围内的挑战。

（二）健康公平性

全球化给卫生发展带来诸多难题，健康不公平是其中最主要的问题。WHO对"公平"和"健康公平"的定义如下："公平"是指在按社会、经济、人口统计、地理或其他方式分层的各群体间均不存在可避免的、不公正的或可矫正的差异。"健康公平"则意味着在理想情况下，人人应有公平的机会来实现全部的健康潜能，并且任何人都不应因实现这种潜能而处于不利地位。

世界卫生组织健康社会决定因素委员会报告 Closing the Gap in a Generation（《用一代人时间弥合差距》）中提到，不同国家儿童的生存机遇截然不同：在日本或瑞典，2007年人均预期寿命为80岁以上；在巴西，为72岁；在印度，为63岁；在若干非洲国家，则不到50岁。即使在同一国家，生存机遇也相差很大，这是全世界的普遍现象。贫困人口的患病率和过早死亡率居高不下。从宏观层面讲，健康不公平现象是不同群体在卫生资源分配方面的差异，进而导致不同群体在健康状况方面的系统化差异。

如前所述，在传染性疾病、非传染性疾病、母婴健康、伤害与暴力等所有疾病类型中，中、低收入国家都面临着更加沉重的负担，这充分体现了健康公平性是全球健康中亟待解决的重要问题。

与高收入群体相比，中、低收入或弱势群体所面临的健康风险更高，如有害物质、不健康或不充足食物、不可靠的饮水和排水等。此外，在同样面临疾病暴发、不健康饮食及不健康生活方式时，高收入国家可以提供相关医疗服务和产品，而低收入国家则相对缺乏需要的人力、资源和服务。对于高收入人群来说，他们更有机会了解如何获取服务，并且具有购买服务的能力；而中低收入人群则具有相对较少的健康知识，且相对缺乏支付能力。而疾病还会损害家庭劳动力，并带来更多支出，使贫困家庭雪上加霜，进入恶性循环。它会造成家庭、社会和国家的损失，进而持续存在的不平等也会使得全球发展进程变缓。

因此，健康公平性是全球健康所关注的重点问题，也是在各个健康问题领域都试图实现的最终目标。

（三）全球卫生安全与突发公共卫生事件

全球健康背景下，卫生安全有了更广泛的涵义。WHO对"全球公共卫生安全"的定义是：

为尽可能减少突发公共卫生事件对全球或区域的公众健康造成的影响而采取的预见性和反应性行动。"卫生安全""公共卫生安全""全球公共卫生安全"等词语经常交替使用，且它们对这一领域的不同行动者具有不同重要性。相对于主要带有"利他"成分、协助他国发展以实现共同进步的卫生发展援助而言，全球卫生安全行动较多出于"利己"的考虑，是为了保护国家和区域的健康和安全。

然而，突发公共卫生事件具有不可预测性、公共性和紧急性。一个地区发生的突发事件，很可能在几天甚至几小时内，蔓延到区域甚至全球，对当地卫生应急系统提出挑战，也对全球公共安全造成威胁。例如（新发）传染病暴发、生化污染与威胁、武装冲突和自然灾害、食品与商品安全事件等。

过去发生的诸多突发公共卫生事件（如埃博拉出血热疫情、印度洋海啸等）使越来越多的国家和组织意识到地理和行政的边界无法限制突发事件的影响，公共安全的重要性就愈加凸显。全球各个行为体都应该逐渐建立跨国界、跨领域、跨部门的合作机制，具备随时应对突发全球健康事件的能力。

综上所述，随着世界的变迁，全球健康在今天这个历史时期也面临着不同以往的挑战。全球疾病负担反映了全球健康面临的具体现状，总体健康水平有所提高，但疾病谱已经发生变化，需要做出相应的调整和应对：慢性病疾病负担加重、传染性疾病局部流行、母婴健康水平极度不平衡、老龄化问题日益严重，以及暴力与伤害缺乏有效控制。视野超越具体疾病的现状，站在全球健康的视野上来看，健康不公平是当今亟待解决的主要矛盾，从以上所有疾病负担都可以看出，低收入的国家和群体的整体健康水平明显较差，他们面临更多风险的同时，也更容易受到更严重的健康损害，并进一步加重贫困。因此，实现健康公平性，是全球健康关注的核心和最终目的。此外，随着全球化进程的快速推进，各个行为体都必须意识到突发公共卫生事件可能影响到地区、国家甚至全球，要学会用全球健康视野去看待突发事件，创立广泛的合作机制、完善卫生应对与应急体系，才能防患于未然。

二、全球健康的决定因素

随着全球化的不断推进，影响健康的决定因素更加复杂，如何在全球化环境下，应对复杂多变的健康决定因素、提高人们的健康水平、减少健康不公平现象是新时期面临的巨大挑战。WHO对健康的定义为："健康不仅为疾病或羸弱之消除，而系体格、精神与社会之完全健康状态。"从以上定义可以看出健康是一个多维度的概念。健康决定因素是指导致健康状况变好或变坏的因素，决定健康的因素也是多方面的，包括生物因素、行为因素和社会因素等。这些因素不是单独地对健康产生影响，而是相互作用和影响的，组成一个健康决定因素的网络。要改善健康状况，就要着眼于改变健康的决定因素。

提到决定健康的因素，首先会想到生物因素，其中之一即为遗传，遗传性疾病如凝血功能障碍等，能以基因突变或染色体畸形作为遗传特征，由上一代传给下一代。而且高血压、糖尿病、肿瘤等慢性非传染性疾病，有家族遗传史的个体更容易患病。此外，某些有害物质可能影响妊娠，损害胎儿，引发先天性心脏病、唐氏综合征等先天性疾病。决定健康的生物因素还包括可引起感染性疾病和传染性疾病的细菌和病毒等致病微生物。

在生物因素无显著差异的情况下，行为因素和社会因素等同样会影响健康状况。人们最容易感受到的是直接导致健康状况改变的一些下游因素，即卫生保健服务、临床治疗和疾病管理，例如高血压、糖尿病等慢性非传染性疾病的诊断、治疗和管理就是影响健康的下游因素。影响健康的中游因素是行为因素。决定健康的行为因素主要是导致慢性非传染性疾病的不健康的生活方式和行为，如吸烟、酗酒、体力活动不足、不合理的膳食行为等。而一些宏观的因素，例如社会、政治、经济制度、健康政策、全球贸易协定和健康投资等，是影响健康的上游

因素。值得注意的是，以上因素不是相互独立的，而是相互作用、相互影响的一条健康决定因素的链条。一般而言，上游因素决定中游因素，中游因素决定下游因素，社会、政治、经济、文化等上游因素是决定健康的根本因素，或者称为健康决定因素的决定因素。以慢性非传染性疾病为例，社会经济、文化习俗、城市规划、烟草政策、市场营销等社会环境因素决定了人们的行为和生活方式（如饮食结构、吸烟、酗酒和体力活动水平），行为和生活方式的变化会导致人群疾病风险因素的改变（如血压升高、体重增加、血脂增高等），最后引起临床疾病的发生，如卒中、心脏病、糖尿病等。由此可见，社会决定因素对疾病的发生和发展起着巨大作用。要提高健康水平，改善健康不公平，就要针对健康问题的社会决定因素采取行动。

三、全球健康治理

在明确了全球健康面临的挑战及其社会决定因素和主要议题后，如何治理这些健康问题成为关键。

D. Fidler 将全球健康治理定义为"国家、政府组织、非国家行为体为需要通过跨境的集体行动来有效应对卫生挑战而采用的正式、非正式的制度、规则、程序。"根据全球治理的理论，全球健康治理有五大要素：治理的价值、治理的规制、治理的主体、治理的对象以及治理的结果。全球健康治理的兴起，表明人类对自己在全球化时代所面临的共同卫生问题的觉醒，也表明人类为追求全球健康目标和全球卫生安全采取集体行动的愿望和决心。

全球健康领域是一个活跃着众多参与者的舞台，全球健康治理的一大任务就是协调这些"多元化"的参与者的努力，为促进全人类的健康福祉而共同努力。这些参与者包括：主权国家，尤其是国家内卫生部门；政府间机构，主要为联合国相关机构，其中世界卫生组织在全球健康领域发挥核心作用；联合国系统之外的国际性机构，如世界贸易组织等。双边机构，主要是发达国家的发展援助机构；非政府组织，联合国新闻部将所有地方、国家或国际层面上组织起来的非营利性的、自愿的公民组织都称为非政府组织以及基金会。此外，还有一些全球健康行动，如遏制结核计划（Stop TB）、遏制疟疾（Roll Back Malaria）、抗击艾滋病、结核病和疟疾全球基金（Global Fund to Fight Against AIDS, TB and Malaria, GFATM）等，这些项目在针对特定的卫生问题上也发挥了重要作用。

不同行为体在全球健康治理中的参与程度因时间和问题而异。图 1-4 示意在某一个特定的时间，对某一特定问题的全球健康治理中不同行为体的参与程度。世界卫生组织仍处于较核心的地位，而世界银行因财力丰厚、政策影响力大，也占据主要位置。

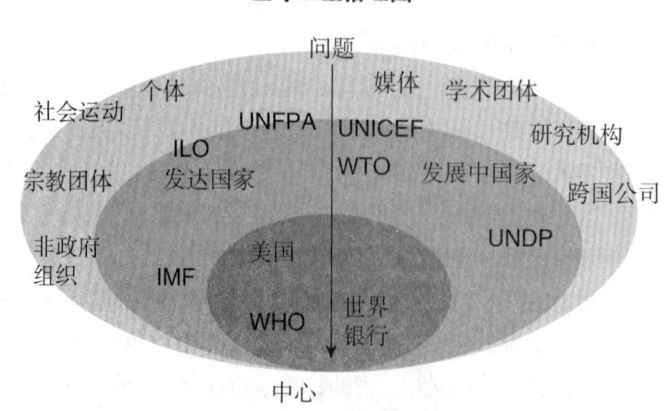

图 1-4 全球健康治理中的参与者

注：ILO，国际劳工组织；IMF，国际货币基金组织；WHO，世界卫生组织；UNFPA，联合国人口活动基金会；UNICEF，联合国儿童基金会；WTO，世界贸易组织；UNDP，联合国开发计划署。

第四节　全球健康教学

一、全球健康教学研究的兴起

1961年,"国际卫生"被正式列为一门独立的学科,美国约翰·霍普金斯大学公共卫生学院是第一个开展国际卫生教研的学校,最初成立的机构叫作"国际卫生教研室"(Division of International Health),附属于公共卫生管理学系;1967年,将它更名为"国际卫生系"(Department of International Health),成为独立的学系。20世纪60年代中期,美国加州大学旧金山分校开始教授国际卫生相关课程,并于1978年正式成立了流行病与国际卫生学系。随着国际卫生问题在世界范围日益受到关注,越来越多的学校开始开设国际卫生相关课程与项目,美国的哈佛大学、密歇根大学,挪威的卑尔根大学,瑞典的卡罗琳斯卡医学院等著名院校相继涉足国际卫生领域。

20世纪90年代后期,伴随着"国际卫生"到"全球健康"的转变,培养跨专业、多领域的复合型人才成为各国发展全球健康的重心,这也对相关的教学工作提出了新的要求。为了加强全球健康领域的人才培养,世界上多个国家开始加大对全球健康的教学的重视,设置了相应的教学和研究机构,开展教学和研究工作。

1999年,美国加州大学旧金山分校设立了第一所以"全球健康"为名的教学机构——全球健康研究所(Institute for Global Health);10年之后,世界上以"全球健康"为名的教学机构已逾50所(表1-5)。不仅如此,不少研究和教学机构还将原有的"国际卫生"更名为"全球健康",如美国的华盛顿大学1992年即成立"国际卫生中心"(Center for International Health),2002年将其改名为"全球健康中心"(Center for Global Health);同样,凯斯西储大学也将成立于1987年的"国际卫生中心"改名为"全球健康与疾病中心"(Center for Global Health and Diseases)。

表1-5　设有全球健康学系或项目的教学机构分布情况

地域	国家	数量	小计	比例
北美洲	美国	40	43	79.6%
	加拿大	3		
欧洲	英国	2	6	11.1%
	瑞士	2		
	瑞典	1		
	爱尔兰	1		
亚洲	日本	1	3	5.5%
	中国(含台湾)	2		
大洋洲	新西兰	1	1	1.9%
南美洲	巴西	1	1	1.9%
总计		54		100%

在承担全球健康教学任务的同时,这些机构也不同程度地从事着全球健康方面的研究。由于各个学校情况不一,研究方向也各有侧重。对 Web of Science 数据库进行文献检索,将总计66 435篇文献按照研究领域进行分类,可见目前全球健康的研究方向大体来说有4类,各类文献篇数及其占比如下:生物学与流行病学类41 917篇,占比63.1%;社会学类15 357篇,占

比 23.1%；国际关系与外交学类 7 931 篇，占比 11.9%；伦理学类 1 230 篇，占比 1.9%。

全球健康是一门以公共卫生为基础，多维度地综合人文和社会科学，如国际关系、经济、法律、环境、公共政策等的科学。因此，目前将全球健康教学研究机构设置在公共卫生学院或医学院之下，仍然是大多数院校的现实选择，而跨学科、跨学院等非传统学科设置方式的出现，体现出全球健康的跨领域性。

二、全球健康教学研究的方法

全球健康作为一门学科，凸显知识结构的多学科性与复合性，融理论与实践为一体。相应地，全球健康的教学研究应采取跨学科的方式，跨专业的合作，在强调理论性的同时，强调实践性。

目前，全球健康教育兴起，但由于各医学院设立的全球健康课程大多相互独立，因此各方对全球健康教育的方法和方式尚未统一，现有的全球健康教育的内容和方式多种多样，主要面向医学专业学生。各大医学院大多数在驻校要求的基础上开展全球健康项目，其囊括的范围极广，包括海外轮转、教学经历、实验经历，甚至将硕士学位或研究员进修纳入课程。有的全球健康项目仅仅包括在一个或以上的国际基地轮转，而有的项目同时提供多种涉及国际/国外和当地全球卫生相关经历的不同课程，而现阶段最常用的教学方法仍为必修或选修课程。考虑到全球健康的特点是在人群与个体水平上融合，同时运用卫生领域和卫生领域之外的多学科的理论与方法，其教学课程应涵盖多个层面的学科，例如基础医学和临床医学概论、预防医学课程（卫生统计学、流行病学、社会医学、预防医学、公共卫生概论等）、全球健康专业课程（全球健康概论、全球卫生政策与卫生系统、全球健康治理、国际卫生项目管理等）以及跨学科课程（伦理学、心理学），同样，全球健康研究也倡导跨学科参与和合作。除了理论，全球健康教学研究注重实践，例如与国外大学合作建立海外社区实践基地，与国际组织、政府机构等签订实习基地协议。全球健康教育项目提供不同种类的实地项目，如流行病学研究、社区健康和临床选修课等，具备让学生、学者和实践者以不同于常规教室教学的方式参与到学习中的潜力。除了传统的教学方法，数字媒体技术可能成为传统教室教学的可行且经济、高效的替代。然而，很多新兴的全球健康学术项目在对现代技术的应用上较为滞后。全球健康教育项目同样包含网上项目，数字技术和网上教育方法可以简化并加快全球健康教育，但并不能完全替代传统的面对面互动教学，尤其是在实践工作中。

全球健康教育对于实现健康公平，减少健康差异，以及未来专业、职业、事业的发展均具有重要意义。现阶段需要设立并扩大全球健康教育，尤其在发展中国家，将全球健康纳入医学专业基本教育；同时，在可能的情况下，尝试纳入医学相关专业教育。在我国，北京大学、复旦大学、武汉大学、昆山杜克大学等专门成立了全球健康研究与教育机构。2013 年，由北京大学、复旦大学、香港中文大学、武汉大学、昆山杜克大学、北京协和医学院等 10 所大学发起成立了"中国全球健康大学联盟（Chinese Consortium of Universities for Global Health，CCUGH）"，以期推动我国高校全球健康科学交流，研究全球健康人才培养及成长规律。此外，应倡导发达国家在全球健康教育方面给予发展中国家支持，开展合作，从而缩小发展中国家与发达国家间的差距，进一步创造共同利益。

全球化对世界的影响广泛且深远，其中当然包括健康领域，"全球健康"理念应运而生并逐渐形成一门学科。本书共有十一个章节，先后概述了全球健康的基本概念与发展史，全球健康面临的问题与挑战，要解决和改善这些问题需考虑哪些影响因素，全球健康的目标与策略是什么，健康促进和加强卫生系统如何影响全球健康，全球健康治理的意义与框架，参与全球健康的行为体有哪些，全球健康的法律依据与伦理准则有什么，以及中国是如何参与到全球健康的。各章内容完整又相互关联，旨在全面系统地介绍全球健康。

（郭 岩 卢 颖）

第二章 全球健康的问题

了解目前的全球健康问题，有助于针对其影响因素制定最有效的干预和治理策略。本章将从全球疾病负担、健康公平性、全球卫生安全3个方面介绍全球健康目前的问题与挑战。

第一节 全球疾病负担

传统上常以疾病别死亡率和死因别死亡率衡量一个国家的公共卫生状况。常用的疾病负担测量指标是婴儿死亡率、5岁以下儿童死亡率、孕产妇死亡率和平均出生期望寿命等单一指标。目前，高收入国家和一些中、低收入国家能够依靠可靠的生命统计信息系统来获得这些数据，但有些国家却仍然没有建立国家级别的生命统计信息系统，只能依靠人口普查或者抽样调查获得估计数据。近年来，随着疾病谱向慢性非传染性疾病转变，全球健康问题的诊断和测量技术不断进展，开始越来越多地使用一些综合指标。目前国际上通用的全球疾病负担（global burden of disease，GBD）的测量指标是伤残调整生命年（disability adjusted loss of years，DALYs），它表示的是疾病的不同程度的后果（死亡、过早死亡、疾病、残疾和活动受限），经过调整和计算，相当于给人带来的生命年损失。1个DALY即是丧失一个健康生命年。

2016年世界前十位主要死因分别是：缺血性心脏病、卒中、慢性阻塞性肺疾病、下呼吸道感染、阿尔茨海默病和其他痴呆症、气管癌/支气管癌/肺癌、糖尿病、道路交通伤害、腹泻病和结核病（见图1-1）。与2000年相比，HIV/AIDS不再是前十位死因之一，腹泻病从第5位降至第9位，结核病从第6位降至第10位，与此同时，早产并发症跌出死因前十位，取而代之的是阿尔茨海默病和其他痴呆，以及糖尿病。

表2-1比较了以DALYs计算的2010与2016全球疾病负担。以DALYs计算，2016年位居前十位的疾病负担分别是：缺血性心脏病、卒中、下呼吸道感染、早产并发症、道路交通伤害、腹泻病、慢性阻塞性肺疾病、糖尿病、出生窒息和产伤、先天畸形。与2000年相比，HIV/AIDS和结核病的疾病负担不再位于前十位，取而代之的是糖尿病和先天畸形。此外，腹泻病由第3位降至第6位。

一、传统与新发传染病并存

如表2-1所示，近年来从全球范围看，严重威胁全球居民健康的传统传染病的疾病负担在总体上处于下降趋势。但是，不少国家、地区的传统传染病疾病负担依旧沉重，这些传统传染病既会在国家、地区范围内传播，也会由于交通和贸易的便利，在全球范围内发生快速蔓延，在短时间内扩散、暴发和大流行，造成各国、各地区及全球公共卫生安全问题，阻碍正常的贸易和流通过程，降低劳动生产力。因此，各国政府和国际组织都高度重视此类疾病的动向。

表2-1 2000年和2016年全球疾病负担

	2016年				2000年		
顺位	死因	DALYs（千）	% DALYs（占所有原因DALYs的百分比）	DALYs（10万）	顺位	死因	DALYs（千）	% DALYs（占所有原因DALYs的百分比）	DALYs（10万）
1	缺血性心脏病	203 700	7.6	2 730	1	下呼吸道感染	205 116	7.3	3 340
2	卒中	137 941	5.2	1 849	2	缺血性心脏病	157 619	5.6	2 567
3	下呼吸道感染	129 690	4.9	1 738	3	腹泻病	157 556	5.6	2 566
4	早产并发症	101 397	3.8	1 359	4	早产并发症	133 300	4.7	2 171
5	道路交通伤害	82 538	3.1	1 106	5	卒中	123 063	4.4	2 004
6	腹泻病	81 743	3.1	1 095	6	出生窒息和产伤	104 379	3.7	1 700
7	慢性阻塞性肺疾病	72 512	2.7	972	7	HIV/AIDS	90 629	3.2	1 476
8	糖尿病	65 666	2.5	880	8	慢性阻塞性肺疾病	70 899	2.5	1 155
9	出生窒息和产伤	63 928	2.4	857	9	结核病	70 474	2.5	1 148
10	先天畸形	62 980	2.4	844	10	道路交通伤害	69 837	2.5	1 137

数据来源：WHO. Global Health Estimates 2016: 20 Leading Causes of DALY by Region, 2000 and 2016. Geneva: World Health Organization, 2018.

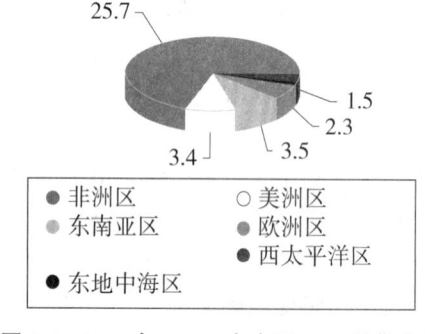

图2-1 2017年WHO各大区HIV携带者数（每百万人口）

典型的传统传染病包括HIV/AIDS、疟疾和结核病，也就是我们通常所说的"三大传染病"，它们的疾病负担在全球范围内呈下降趋势，但仍然面临巨大挑战，疾病负担在各国、各地区分布不均衡。如全球HIV新发感染率已从2005年的0.4/1 000例未感染人群降至2018年的0.24/千例未感染人群；但在WHO非洲区域，2018年HIV新发感染率仍高达1.07/1000例未感染人群，体现了流行情况的显著差异（图2-1）。2018年，估计有77万人死于HIV相关疾病，其中10万例为15岁以下儿童。全球仅有62%的患者获得了抗逆转录病毒治疗。

结核病（tubercolosis）发病率同样呈下降趋势，但是下降速度变缓，结核病造成的疾病负担依旧沉重。根据WHO 2015年的预测，2016—2020年间，在结核病、结核病/HIV双重感染以及广泛耐药结核病3方面负担最重的30个国家，发生的病例数占全球的87%（图2-2）。其中8个国家病例数占全球总数2/3：印度（27%）、中国（9%）、印度尼西亚（8%）、菲律宾（6%）、巴基斯坦（6%）、尼日利亚（4%）、孟加拉国（4%）和南非（3%）。

图 2-2　结核病 3 方面负担较重的国家

耐药结核病仍然是一项全球公共卫生危机。由于治疗不及时或依从性差，有些患者对利福平、乙胺丁醇等一线结核病药物产生了耐药，不得不使用二线药物，这大大增加了治疗周期、治疗经济负担和死亡风险，也对社区控制结核病造成更大挑战。2018 年全球新增约 50 万利福平耐药结核病病例（其中 78% 为广泛耐药结核病），总病例数约为 48.4 万（范围 41.7 万～55.6 万）。

如前所述，在 2000—2015 年间，全球死于 AIDS、疟疾、结核病的人数呈下降趋势，而死于病毒性肝炎的人数却呈上升趋势。据估计，2013 年，肝炎病毒的急性感染以及与肝炎相关的肝癌和肝硬化每年造成 140 万人死亡，堪比 HIV 感染和结核病造成的死亡人数（图 2-3），是全球第七大死因，这一死亡人数直到 2016 年保持不变。在这些死亡者中，有 47% 是由乙肝病毒造成的，48% 是由丙肝病毒造成的，其余部分则是由甲肝病毒和戊肝病毒造成的。约有 2.4 亿人慢性感染乙肝病毒，有 1.3 亿～1.5 亿人慢性感染丙肝病毒。如果不扩大、加强并加快应对，乙型肝炎病毒携带者的数量预计在今后 40～50 年内将保持在目前的高水平上，并在 2015—2030 年间累计造成 2 000 万例死亡。在 HIV 携带者中，病毒性肝炎也越来越多地成为导致死亡的原因。约有 290 万 HIV 携带者合并感染了丙肝病毒，260 万合并感染了乙肝病毒。肝炎对全球所有地区都造成了巨大负担，应作为卫生和发展工作的重点，但直到不久前肝炎仍在很大程度上被忽视。不过，随着有关《2030 年可持续发展议程》决议的正式通过，它将不再是一个被忽视的问题。该议程的目标 3 与之尤其相关：呼吁采取具体行动防治病毒性肝炎。相应地，世界卫生组织制定了第一个全球卫生部门病毒性肝炎战略。

脊髓灰质炎、乙型肝炎、肺炎、风疹、麻疹、百日咳、破伤风、白喉、流行性乙型脑炎、流行性脑膜炎等疾病由于保护性疫苗的存在，在全球大部分地区都得到了有效的控制。但人为因素造成的流行仍然存在于一些国家和地区。以脊髓灰质炎为例，尽管世界卫生组织自 1988 年已经与各成员国一起启动了消灭脊髓灰质炎的全球行动，但卫生基础设施差、卫生系统不健全和国家政局动荡，都会导致部分国家计划免疫失败（国际社会非正式地将这些国家称为脆

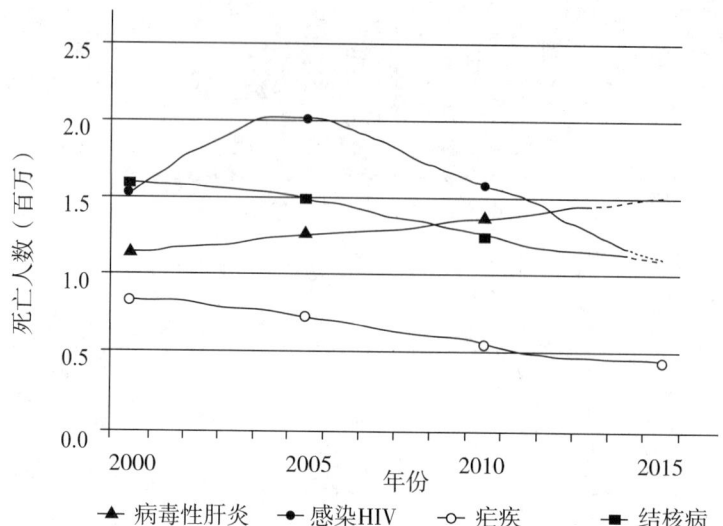

图 2-3　2000—2015 年间估计全球死于病毒性肝炎、感染 HIV、疟疾（malaria）和结核病的人数

WHO. Global Health Estimates 2016：Deaths by Cause, Age, Sex by Country and by Region, 2000-2016. Geneva：World Health Organization，2018. Institute of Health Metrics and Evaluation. GBD Compare 2015. [2021-01-30] http：//ihmeuw.org/3pms.

弱国家，fragile state)，导致国内流行和国际传播。中国所在的世界卫生组织西太平洋地区已经于 2000 年宣布消灭脊髓灰质炎。世界卫生组织高度关注脊髓灰质炎的流行，并要求所有成员国加强监测和疫苗接种。但在 2013 年，在有"非洲之角"之称的索马里、肯尼亚等国家又出现了野生 1 型脊髓灰质炎病毒引发的脊髓灰质炎病例。直到 2014 年，全球仍然有 3 个国家（阿富汗、尼日利亚和巴基斯坦）发生脊髓灰质炎，其主要原因是儿童没有接种疫苗，深层次原因是某些极端组织将脊髓灰质炎的局部爆发作为筹码要挟所在国政府和国际社会，获得自己的政治利益。

此外，还有一类传染病——"被忽视的热带病"（neglected tropical disease，NTD）"在某些发展中国家肆虐。世界卫生组织根据是否有现成的治疗措施，将其分为两类：可以使用大规模药物治疗从而得到控制的"措施已备疾病"，包括淋巴丝虫病（lymphatic filariasis）、盘尾丝虫病（onchocerciasis）、血吸虫病（schistosomiasis）、沙眼、土源性蠕虫病、麦地那龙线虫病、人畜共患蠕虫病、登革热/登革出血热、狂犬病、雅司病；需要针对具体疾病予以医治的"措施缺乏疾病"：包括利什曼病、非洲锥虫病、美洲锥虫病和布鲁里溃疡。The Lancet（《柳叶刀》）的权威报告关注了以下 5 种常见的 NTDs：淋巴丝虫病、盘尾丝虫病、血吸虫病、沙眼和土源性蠕虫病，因为在撒哈拉以南非洲地区，它们占这类疾病负担的 90%，且控制这些疾病的成本很低。

除以上我们熟悉的传染病之外，一些传染性疾病从疫源地扩散到以前从未感染的地区（如西尼罗河热），还有一些传染病尚未被清楚认识和了解（如冠状病毒引起的 SARS）。新发传染病的原因可能是人类导致的社会和环境的改变，它们在全球化的日益加深的今天得以暴发并快速蔓延。近年来，国际新发、烈性传染病疫情发生的频率大大加快，影响日益加大，个别病种还在全球蔓延，而且在短期内得到控制的可能性不大；给全球应对和防控带来了挑战。例如甲型 H1N1 流感疫情突然暴发并席卷全球，中东呼吸综合征（MERS）病例在中东持续散发却引起韩国过百人的院内感染，埃博拉出血热在西非的肆虐引起全球恐慌，寨卡病毒疫情愈演愈烈已呈全球扩散之势。除此之外，还有一些国际上流行的新发、烈性传染病，如西尼罗河热、马尔堡出血热、拉沙热、委内瑞拉马脑炎、尼帕病毒病、非洲锥虫病、裂谷热等，应引起高度重视。这些病原体均引起过较大规模的人间或动物间疫情：要么传播能力非常强，可在短期内因人传人而引起人间暴发流行；要么在地方存在传播媒介或储存宿主，一旦在本土宿主体内立足，就随时可能引起地方性流行。

二、非传染性疾病（包括精神卫生问题）上升为主要疾病负担

非传染性疾病又称慢性病，往往持续时间长，是遗传、生理、环境和行为因素综合作用的结果。非传染性疾病的主要类型包括高血压、糖尿病、心血管疾病（如心脏病发作及卒中）、癌症、慢性呼吸系统疾病（如慢性阻塞性肺疾病和哮喘）。2016年数据显示，非传染性疾病每年导致4 100万人死亡，相当于全球总死亡数的71%。心血管疾病引起的非传染性疾病死亡人数最多，每年造成1 790万人死亡，其次是癌症（900万人）、呼吸系统疾病（390万人）以及糖尿病（160万人）。这四类疾病导致的死亡占所有非传染性疾病死亡的80%。WHO预测，从2008年至2030年，心血管疾病的死亡人数将从1 700万增加到2 500万，癌症的死亡人数将从760万增加到1 300万。2030年非传染性疾病的死亡总人数将上升至5 500万。

所有国家和地区都受到非传染性疾病的影响。如表2-2所示，在全球范围内，除了非洲以外，所有地区的非传染性疾病的疾病负担都高于传染性疾病的疾病负担。非传染性疾病对低收入和中等收入国家造成的影响尤甚，这些国家占全球非传染性疾病死亡的3/4以上（3 200万人）。贫困与非传染性疾病紧密相连。非传染性疾病的快速上升将对低收入国家的减贫行动造成障碍，尤其会增加家庭的卫生保健相关费用。在资源匮乏的环境中，用于非传染性疾病的医疗费用会很快耗尽家庭资源。非传染性疾病往往与年龄较大的人群相联系，但有证据表明，非传染性疾病导致的所有死亡中，有1 700万（约40%）例发生在70岁之前。每年有1 500万30～69岁的人死于非传染性疾病，这类过早死亡中的85%发生在低收入和中等收入国家。

这些疾病受到迅速而无序的城市化、全球化以及人口老龄化等因素的影响。烟草使用、缺乏运动、不健康饮食，以及有害使用酒精等会增加罹患非传染性疾病的风险，但这些行为是可以改变的。代谢性危险因素会促发4种主要代谢变化，即高血压、超重/肥胖、高血糖和高脂血症，从而增加非传染性疾病的风险。在死亡归因方面，全球主要的代谢性危险因素为高血压（导致全球总死亡数的19%），其次是超重/肥胖和高血糖。

表2-2　2016年全球不同地区不同分类疾病负担（DALYs，千）

	传染性疾病	非传染性疾病	意外伤害
地区分类（世界卫生组织）			
非洲	184 522	173 866	59 030
美洲	10 561	215 495	38 427
东南亚	85 823	411 040	82 542
欧洲	7 559	248 789	29 999
东地中海	25 897	128 685	34 782
西太平洋	17 174	410 665	51 817
经济发展水平分类（世界银行）			
低收入	103 187	110 795	40 347
中低收入	189 520	621 589	134 920
中高收入	33 985	581 319	90 715
高收入	5 017	281 832	31 413
全球	331 709	1 595 535	297 394

数据来源：WHO. Global Health Estimates 2016：DALYs by Cause and Region, 2016 and 2000. Geneva：World Health Organization, 2018.

精神健康是健康不可或缺的重要组成部分。《世界卫生组织组织法》规定：健康不仅为疾病或羸弱之消除，而系体格、精神与社会之完全健康状态。该定义的一个重要含义是，对精神健康的描述，超出了没有精神疾病或残疾的范畴。精神健康的概念是指一种健康状态，在这种状态中，每个人能够发挥自己的能力，能够应付正常的生活压力，能够有成效地从事工作，并能够对其社区做出贡献。

近年来，精神健康问题越来越普遍和严重，慢慢引起了重视和讨论。如痴呆症，每100位60岁及以上年龄的人群中就有5～8名痴呆症患者。全世界大约有5 000万痴呆症患者，它是2016年全球第5位死因，其中近60%的患者生活在低收入和中等收入国家。每年新增病例为1 000万。据预测，到2030年，痴呆症患者总数将达8 200万。到2050年，此人数将达到1.52亿，大部分可归因于生活在低收入和中等收入国家的痴呆症患者人数增加。阿尔茨海默病是痴呆症最常见的形式，约占痴呆症病例的60%～70%。此外，抑郁障碍是一种常见的精神疾病。全球有超过3亿人患有抑郁障碍，遍布各年龄组。抑郁障碍是世界各地的首要致残原因，它是全球疾病负担的一个重大因素，导致了劳动力下降，直接造成了生产力水平和GDP下降。最严重时，抑郁障碍可使患者自杀。每年有近80万人因自杀死亡，每40 s就有一人自杀死亡，自杀是15～29岁年龄组人群的第2位死亡原因，而这种死亡是可以干预和预防的。战争、武装冲突和其他重大灾难造成的难民、流离失所者、灾难幸存者，以及与恐怖主义、战争或种族灭绝有关的暴露人群中，精神疾病的发生率具有翻倍倾向。但是，精神健康并未被良好地认知和应对，世界范围内对于精神疾病的治疗需求与提供之间存在巨大差距，在高收入国家，有35%～50%的精神疾病患者没有接受治疗，在低中等收入国家更为严重，这一数字为76%～85%。

三、孕产妇、新生儿及儿童健康问题仍然面临巨大挑战

联合国和世界卫生组织数据表明，全球在孕产妇、新生儿及儿童健康问题领域的进展显著，但仍然面临巨大挑战。2000—2017年，世界各地的孕产妇死亡率下降了38%，但在2017年，全球每天仍约有810名妇女死于与妊娠或分娩有关的并发症，大约有29.5万名妇女在妊娠和分娩期间及分娩后死亡，可预防的死亡中有94%发生在资源有限的中、低收入国家，而且大多数本来是可以预防的。其中2/3发生在撒哈拉以南非洲，1/5发生在南亚。2017年，低收入国家的孕产妇死亡率是每10万例活产中有462名孕产妇死亡，而高收入国家则为每10万例11人。这体现了在相关医疗服务可及性方面的巨大不公平性，国家之间的差距以及各国国内的差距很大，高收入妇女和低收入妇女之间以及城乡妇女间的差距也很大。《2030年持续发展议程》的一个具体目标是使全球孕产妇每10万例活产的死亡率降至70人以下。妨碍妇女在妊娠和分娩期间接受或寻求的主要因素有：贫困、路途遥远、缺乏信息、服务不足、文化习俗阻碍等。为了改善孕产妇健康，必须在各级卫生系统查明并消除限制孕产妇获得优质保健服务的障碍。

自1990年以来，全球在保护儿童生存方面取得了重大进展，5岁以下儿童死亡率从1990年的每千例活产中93例死亡，下降到2018年的39例，下降了59%。然而，仍有520百万儿童在5岁以前死亡，74%发生在非洲区（52%）和东南亚地区（22%），死亡率最高值也出现在非洲区，每千例活产中76例死亡，约等于WHO欧洲区的9倍（图2-4）。

2018年，全球有250万名儿童在生命的第1个月中死亡，占5岁以下儿童死亡的47.1%。早产、分娩期相关并发症（出生窒息或出生时没有呼吸），以及感染造成大多数的新生儿期死亡。从新生儿期结束到5岁这个过程中，主要死亡原因是肺炎、腹泻和疟疾（图2-5）。营养不良是潜在的促成因素，使儿童更易罹患严重疾病。5岁以下儿童死者中有半数以上是由那些可负担得起的简单干预措施便能预防和治疗的疾病所致。加强卫生系统，向所有儿童提供这类

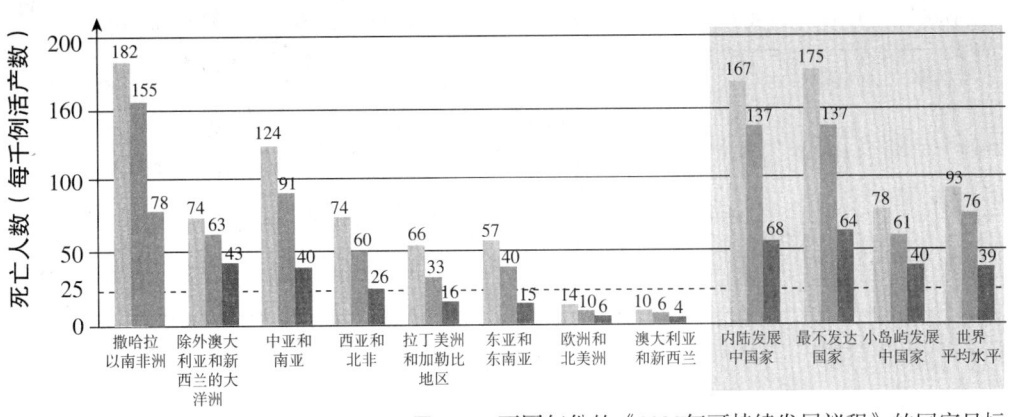

图 2-4　1990、2000、2018 WHO 不同大区 5 岁以下儿童死亡率下降对比图

数据来源：UN Inter-agency Group for Child Mortality Estimation．Levels and Trends in Child Mortality．[2021-01-30]
https：//data．unicef．org/resources/levels-and-trends-in-child-mortality/

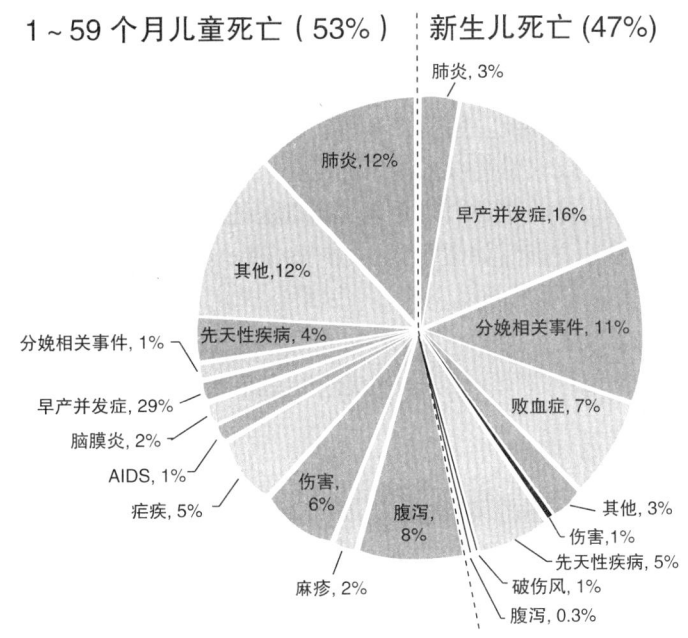

图 2-5　2018 全球 5 岁以下儿童主要死因

数据来源：UN-IGME．levels and Child Mortality Trends in Report 2019．[2021-01-30]．http：//www．unicef．org/media/6056//file/UN-IGME-child-mortality-report-2019．pdf

干预措施，就能拯救许多幼小的生命。

四、老龄化与老年健康问题日渐紧迫，被提上全球卫生日程

随着科技的发展和医疗水平的提高，世界上大多数人都有望活到 60 岁以上。2000—2050 年，全球 60 岁及以上的人口预计增长 3 倍多，从 6 亿增加到 20 亿。由于中低收入国家在医疗水平等方面存在后发优势，期望寿命的增幅相对明显，所以老龄化增长中的 93% 将发生在欠发达国家。如图 2-8 所示，65 岁及以上人口比例从 7% 上升 1 倍到 14% 所需要的年限，法国是 100 年，瑞典和英国各用了 80 年和 50 年，而中国、韩国、巴西和泰国预计将仅用 20 年左右的时间。

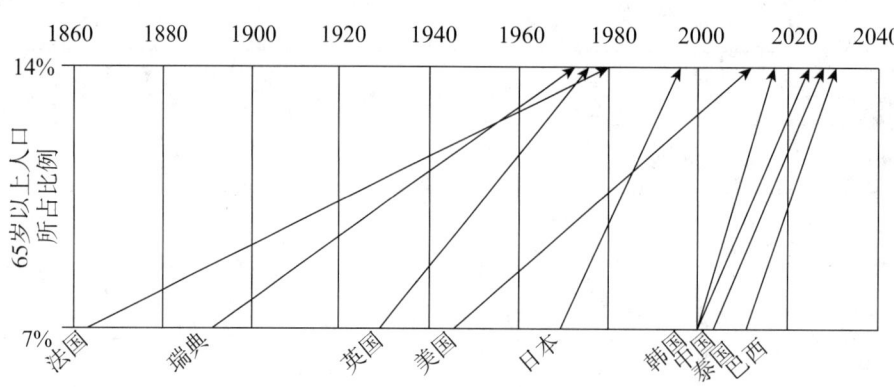

图 2-6　不同国家 65 岁及以上老年人口比例从 7% 提高到 14% 所需要的年数

数据来源：Kinsella K，He W. An Aging World：2008. Washington DC：National Institute on Aging and U.S. Census Bureau，2009.

快速人口老龄化对社会经济和健康具有多重影响。随着年龄增加，罹患疾病的风险也相应升高，重要的是尽量预防疾病发生，提早发现已经发生的疾病，及时治疗，以尽量减少疾病带来的致残后果，提高老年人的健康状况和生存质量。一般来说，80 岁以上的高龄老人，接近一半会出现躯体功能障碍或者认知障碍。60 岁之前，失能及死亡大多是由于与老龄相关的听力、视力、行动能力的丧失以及心脏病、卒中、慢性呼吸系统疾病、癌症、老年期痴呆等非传染性疾病所造成。这些不仅仅是高收入国家的问题，实际上由这些问题而造成的老龄负担在中、低收入国家更为突出。除此之外，伴随老龄出现的还有其他一些不属于传统疾病范畴的健康状况，其可能表现为慢性进展（如虚弱，在 65 岁以上人群中可能占 10% 左右）或急性过程（如神志不清，可能由感染或手术副反应等多种因素造成）。

为此，WHO 呼吁在下述 4 个方面优先采取行动促进老年健康：卫生系统应面向老龄人群提供有效服务，建立长期照护系统，创建关爱老年人的环境，提高衡量、监测及认识水平。

五、伤害与暴力持续增加

伤害与暴力是世界各国面临的健康威胁，而且越来越多地发生在低收入和中等收入国家。全球死亡中有 9% 由两者造成，即每年有 500 万人死于伤害与暴力，约是"三大传染病"总和的 1.7 倍。15～29 岁人群的前 15 种死亡原因中有 9 种与伤害相关。它们是道路安全伤害、自杀、凶杀、溺水、烧伤、战争伤害、中毒与跌倒，以及其他非故意伤害。许多受到过伤害和暴力的幸存者会遭受临时或终身伤残及其他后果，如抑郁，与吸烟、饮食、酒精、吸毒相关的行为改变。就目前的趋势来看，伤害和暴力造成的全球疾病负担可能在未来数十年攀升。

道路交通伤害是道路上至少一辆行驶中车辆发生碰撞所造成的致命或非致命伤害。其仍是一个全球性的公共卫生问题。2018 年数据显示，每年道路交通事故在全球造成约 135 万人死亡，2 000 万～5 000 万人受到非致命性伤害。道路交通事故是所有年龄组的主要死亡原因，也是 15～29 岁年轻人的主要死亡原因。低收入国家的死亡率是高收入国家的两倍多，相对于这些国家的机动化水平，它们的死亡人数不成比例：90% 的道路交通死亡发生在低收入和中等收入国家（非洲区域最高），而这些国家拥有的注册车辆只占全球总数的 60%。68 个国家自2010 年来道路交通死亡人数出现增加，其中的 84% 是低收入或中等收入国家。79 个国家的绝对死亡人数减少，其中 56% 是低收入和中等收入国家。非洲区的道路交通死亡率仍然最高。欧洲区的死亡率最低，因为其主要包括高收入国家，尽管机动化水平不断升高，但其中许多国家仍非常成功地降低了道路交通死亡率，并保持这种趋势。

行人（22%）、骑自行车者（4%）、两轮和三轮机动驾驶车及乘坐者（23%）统称为"弱势道路使用者",他们占全球道路交通死亡人数的一半以上,而且低收入国家的弱势道路使用者死亡比例高于高收入国家。骑摩托车者、骑自行车者或行人死于道路交通事故的可能性随地区不同而有所不同:非洲区行人和骑自行车者的死亡比例最高,占所有道路交通死亡的43%,而该比例在东南亚地区则较低。这部分反映了各个区域为保护不同道路使用者所采取的安全措施水平以及人们主要出行方式的不同。

同时,暴力行为影响许多人的生活,并造成长期后果。据估计,2017年,140万人死于暴力有关因素,每天都有3 800人被杀,因此暴力是公共卫生、人权和人类发展面临的重要问题。自杀和他杀占暴力相关死亡总人数的89%,剩余11%的死亡与战争或暴力冲突相关。90%的暴力相关死亡发生在中、低收入国家。在国家内部越贫穷的社区,暴力死亡率越高。但在暴力造成的卫生和社会负担中,死亡和伤害造成的负担仅占一小部分,主要为长期影响,包括抑郁、精神障碍、自杀倾向、HIV/AIDS及其他性传播疾病等。妇女、儿童和老人则是非致命的生理、心理和性虐待行为的主要受害者。受到暴力影响的儿童有更高的可能性产生不健康行为,例如吸烟、药品滥用、高风险性行为等,并进一步导致更高的患心脏病、癌症、性传播疾病的风险等。

过去的20年中,公众在伤害与暴力的负担、危险因素和有效干预措施方面的认识水平已经明显提高。在许多高收入国家中,这种认知水平的提高使伤害与暴力的发生率和导致的死亡率显著下降。然而,对于中等收入和低收入国家,由于社会人口构成变化和侧重解决传染性疾病及母婴健康方面的问题,预期在随后的20年中伤害与暴力的发生率和导致的死亡率将有所增长。因此,推进伤害与暴力预防刻不容缓,要加强全球预防议程,进一步支持制定全面、综合的预防规划,加强国际组织、区域和次区域组织、国家以及其他捐助机构之间的合作,同时要认识到,中等收入和低收入国家今后面临的种种挑战将不同于20年前。

第二节 健康公平性

虽然世界各国健康水平取得了巨大进步,但并发展并不均衡。健康不公平是全球健康发展中日益凸显的重要问题。

人们对于健康公平的认知是逐渐发展的,从最早的机会公平(equality)到现在获得公认的结果公平(equity)。健康机会公平是指"所有社会成员均有机会获得尽可能高的健康水平,这是人类的基本权利。"这一定义,强调了人人平等,每个人都享有相同的健康基本权利。结果公平是指"不同收入、种族、性别的人群应当具有同样或类似的健康水平,各健康指标,如患病率、婴儿死亡率、孕产妇死亡率、期望寿命等的分布在不同人群中应无显著差别,健康状况的分布不应该与个人或群体的社会经济属性有关。"这意味着针对基线水平不同的群体,需要因人、因时、因地制宜地采取不同干预,目标是实现健康结果无差异。结合两种理解(图2-7),WHO对健康公平(health equity)做出了定义:"在理想情况下,人人应有公平的机会来实现全部的健康潜能,并且任何人都不应因实现这种潜能而处于不利地位。"而健康不公平是:"不同人群之间存在卫生资源和健康状态的系统性差距,这些不公平可以通过各个行为体间和内的综合措施得以减少。"

大量证据证明,个人的健康程度在很大程度上受到社会因素的左右,包括教育、就业状况、收入水平、性别和种族。在所有国家,无论是低收入、中等收入还是高收入国家,不同社会群体间的健康状况存在很大差异。一个人的社会经济地位越低,其面临的健康不良风险就越高。当前的健康不公平现象不容乐观,在前文所述各类健康问题的发病率、患病率、死亡率等指标上都存在显著差异,如95%的结核病死亡发生在发展中国家;非传染性疾病导致的过早死亡中87%发生在中、低收入国家;美国非裔人口仅占13%,却占新感染HIV人群的近一半。

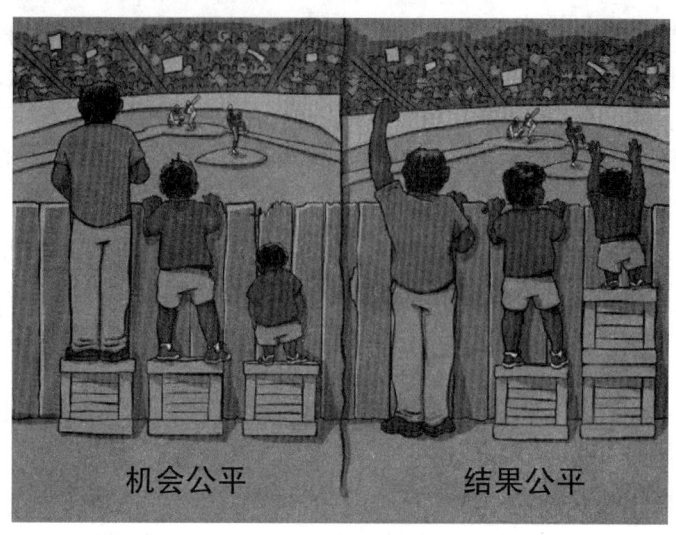

图 2-7　机会公平（equality）与结果公平（equity）的比较

此外，人均期望寿命、孕产妇死亡率及 5 岁以下儿童死亡率是衡量健康公平性的关键指标。2017 年的这几项指标都明确地显示了健康公平性严重缺乏的现状：低收入国家的平均期望寿命为 62 岁，而高收入国家为 81 岁；孕产妇死亡率是贫富间差异最大的指标，每年 99% 的孕产妇死亡发生在发展中国家；在 5 岁以下儿童死亡率方面，在最贫困的 20% 的家庭出生的儿童 5 岁前死亡的概率是最富裕的 20% 的家庭中儿童的 2 倍。

除了疾病负担，健康不公平还体现在卫生服务和药品可及性上。在中、低收入国家，基本卫生服务在贫困偏远和少数民族地区缺乏；在这些地区，卫生人力、设备、药品等的投入都不足；服务覆盖因收入、教育程度和地理位置等而不同，城市居民得到较好覆盖；富裕人群能获得相对昂贵的服务，而贫困群体通常不能。此外，解决药品可及性问题对维护和发展健康公平意义重大，不管是在发达国家，还是在发展中国家，都可能存在药品可及性的问题。在发展中国家，这个问题尤其突出。药品可及性问题主要在两个层次上体现：获得现有药品的要求（现有药品可及性）和尽快研发出新药的要求（新药可及性）。对于发展中国家的众多患者来说，虽然很多疾病理论上是可以预防、治疗甚至治愈的，但仍然有患者因为无法承担药品费用，或无法获取安全有效的药品而患病或死亡。近几年来，一些发达国家的医药制剂公司利用发展中国家提供的传染性疾病病原体标本来研发疫苗，并以专利权的名义高价出售给发展中国家。据 WHO 估计，这种做法可使得发达国家至少 1/5 的人口享用到最新的疫苗，而在大多数发展中国家，只有不到 1/20 的人口能享用到这些先进的研究成果。如何在保护知识产权的前提下，最大程度地实现利益共享，是健康公平所需解决的一大难题。而且在发生公共危机时，更能体现出药物可及性的重要性。

第三节　全球卫生安全

《国际卫生条例》对"国际关注的公共卫生事件"做出了界定："疾病在国际传播造成对其他国家的公共卫生危害，需要采取协调一致的国际应对措施。"其中，造成疾病传播的原因不仅仅局限在传染病，也包括其他可能造成人群健康损害的因素，例如气候变暖，它被称为"历史上迄今为止人类所遇到的最大危机和最大范围的公共问题"，升温后热带病传播的加速将威胁更广泛人群的健康。而"采取国际应对措施"需要全球各行为体构成合理应急体系与有效合作机制，目的在于保护全球公共卫生安全。

一、(新发)传染病暴发

The World Health Report 2007: a Safer Future (《2007年世界卫生报告：构建安全未来》，下文简称《2007年世界卫生报告》) 曾指出，"由于国家相互依赖增强，人口流动和交通运输速度加快，致使传染病在全球范围内的扩散能力加强，传播速度提升。"全球化时代交通手段的高度发达造成国家边界的模糊，无疑为疾病的跨国传播进一步创造了条件。如传染病疫情出现在欠发达国家，由于其资源、技术和应对能力有限，有可能使传染病不能在萌芽阶段得到有效控制，而快速蔓延到其他区域，甚至全球。例如2014—2015年发生在西非地区的埃博拉出血热，早期的感染者没有得到有效控制，而是通过乘坐飞机和去医院就诊，将疫情迅速扩大，最终造成1万人死亡。埃博拉病毒来源于染病的灵长类动物，而这些动物则通过发达的运输网被贩卖到世界上其他国家，进而对全球公共卫生安全造成了实质性威胁。基于过往的传染病暴发和防控经验，国际社会认识到单个国家已经不能够独立对付传染病，因此需要各国参与协商来增进多国治理机制，以便在应对广泛的疾病暴发方面更具反应能力。

二、生化污染与威胁

历史上，人们曾经将生物制剂应用于战争，造成生物恐怖威胁。而近些年来，同样出现了很多起非国家行为体在平民中投放致命性病原体的事件。1995年，日本邪教组织奥姆真理教在东京地铁里施放沙林毒气，导致12人死亡，多人重伤。2001年，美国发生使用炭疽杆菌的生物恐怖袭击，造成17人感染，5人死亡，此后，在2002年，美国通过《公共卫生安全和生物恐怖主义法案》，确定公共卫生属于国家安全。除了战争与恐怖袭击，有毒、有害生化品倾倒和泄露造成的大规模生化污染事件时有发生，给自然生态环境和人类健康带来严重损害。

三、武装冲突和自然灾难

当今世界，部分地区政治形势不稳定，长期处在动荡的武装暴力影响中，如叙利亚、南苏丹等地区。且随着气候变化，自然灾害和极端气候事件时有发生，如2003年，热浪席卷欧洲，导致3万5千人丧生；2001年印度洋海啸，造成30万人死亡或失踪。虽然武装冲突和自然灾害的原始成因不同，但对全球公共安全的影响具有相似性。它们不仅仅会造成直接的伤亡，还会造成大量流离失所者和难民出现。同时，随着当地的基础设施的毁灭性破坏，以及包括卫生系统在内的公共服务系统的瘫痪，食物、水源和居住环境的卫生状况得不到保证，受影响人群将面临更大的患病风险，也为周边国家和区域带来局势和健康隐患。

四、食品与商品安全事件

经济全球化带来国际贸易愈加频繁，一个地方的食品和商品有机会被销往全球各个角落。因此，如果一个地区对食品和商品的安全监管不严格，卫生质量不达标，则不仅仅会损害本国消费者，还会对全球消费人群的健康造成损害。如在新型食品添加剂的发明与使用方面，各国难以用统一标准进行监管，导致一些有害化学品进入到食品中，造成人们健康方面的隐患。例如2011年，台湾省最大的起云剂（一种食品添加剂）供应商的产品中含有有害成分——塑化剂，多家世界知名品牌饮料受到污染，产品销往中国大陆、中国香港及海外多地，制药和化妆品行业亦受到波及。

（张拓红　黄旸木　卢　颖）

第三章 全球健康决定因素

早在1946，世界卫生组织（World Health Organization，WHO）在其组织宪章中指出，"健康不仅为疾病或羸弱之消除，而系体格、精神与社会之健康状态"。从此可见，健康是一个多维度的概念，要达到健康这个状态，其决定因素也是多方面多维度的。关于健康决定因素，人们的认知也是一个逐步加深或拓宽的过程。最初的认知始于生物遗传因素，此外还有一些比较直观的因素，例如个体的行为、心理、环境和社会支持也会对健康产生直接影响。但仔细研究就会发现，这些因素不是无缘无故产生的，而是与一些看似与健康不相关的间接因素紧密联系，如社会地位、教育、收入等。这一认知的进步，打破了健康、卫生的界限，让我们从一个更全面的视角去看待一个人的健康问题。更进一步，人们意识到每个人都不是一个孤立的个体，而是生活在群体和社会当中，并且不可避免地受其影响。所以，在个体层面的直接和间接因素背后，还存在更深层次的群体和社会因素，也就是"原因的原因"，例如政策、制度、文化、宏观经济等，也正是这些原因造成了健康的主要矛盾和不公平性。人们对健康决定因素的理解不断加深，就为解决和干预健康问题提供了更多着手点，而不仅仅局限在健康范畴。这为全球健康的多维度、跨部门合作提供了思路和基础。

本章将从全球化与健康决定因素、生物学因素、行为与生活方式因素、环境因素、社会因素、卫生服务因素6个方面介绍全球健康的决定因素。

第一节 全球化与健康决定因素

如本书第一章第二节所述，经济、政治、社会以及文化维度的全球化对大众健康构成了日益严峻的挑战。一个快速流动的、相互依赖、相互关联的世界，为传染病的快速传播、核辐射，以及有毒物质的威胁创造了机会。当前阶段的传染病传播速度比历史上任何一个时期的传播速度都要快。跨国旅行的便利程度，大大增加的传染源及其传播媒介在国际上迅速传播和扩散的机会，使世界上任何一个地方一旦发生疾病暴发或流行，其他地区很快便会受到影响。

与非传染性疾病密切相关的行为与生活方式因素同样受到全球化的影响。随着全球经济一体化的深入，世界正在成为一个共同的市场，不管人们居住在何方，他们都会在这里有意识或无意识地寻求相同的产品和生活方式；也就是说，世界各地的人们需要的基本物品是相同的，即那些使生活更加轻松、愉快，增加人们自由支配的时间和所能购买力的物品，趋向统一的需求和欲望使得产品市场全球化。例如，食品生产、制造和销售的全球化，使得儿童能够接触到的不健康食品越来越多；不当的全球营销导致了过度加工食品的泛滥、快餐和高含糖饮料的供应不断增加。环境因素也具有全球性的特质，影响广泛，这是由环境问题的弥散性和复杂性决定的。主要表现为两个方面：一是环境因素极易跨国，二是环境因素造成的威胁具有多样性。环境因素产生的跨国影响是一个相对较长的过程，当下所面临的环境问题有可能对未来产生长期、不可逆的影响，并且环境因素还具有隐蔽性，不易被察觉，对其的治理也非朝夕之功。全球气候变化带来一系列健康风险，涵盖从极高温天气造成死亡到传染病规律改变。全球化影响了经济平等性、卫生服务可及性、以及由健康社会决定因素导致的健康差异。

诸多健康决定因素的全球化表明，全球健康从本质上是人类社会的"共同健康"。保护与提升全球健康需要一定程度超越国家利益，强调共同利益。采取国际、全球合作的方式，才能实现可持续发展。

第二节　生物学因素

现代的生物-心理-社会医学模式并不是否定生物遗传因素对健康的影响，而是更准确地认识，并肯定了生物遗传因素的含义、作用和医学价值。一般来说，影响健康的生物学因素包括：个人的生物学特征、遗传因素、生长发育情况和病原微生物等。本节将分为生物遗传因素和病原微生物因素两个方面，着重介绍生物学因素对健康的影响。

一、生物遗传因素

遗传指子代和亲代在形态结构、身心发育、生理功能上具有的相似性。DNA是遗传的物质基础。在胚胎发育过程中，受精卵中父母双方基因的不同组合，决定了子代个体发育的各种遗传性状，形成其各自的生长发育和健康潜力。这些潜力能否充分发挥，受环境因素的制约及其和遗传因素的交互作用。遗传因素通常有家族和种族之分。家族遗传是亲子之间遗传信息传递的最直接方式。以身高为例，在良好生活环境下长大的儿童，其成年身高很大程度上取决于遗传。种族是在体质和形态上具有共同遗传特征的人群。个体的外貌特征（肤色、发色、眼色等）、体型、体成分、生长发育水平等都有鲜明的种族遗传特征，尤其体型、躯干和四肢比例受种族遗传的影响较大，受环境因素的影响较小。例如，同等生活条件下成长的非洲和欧洲儿童，其平均身高虽无明显差异，但非洲儿童的腿长超过欧洲儿童，说明体型发育受种族的影响。黑、白人种儿童的骨龄发育也不同，如美国黑人婴儿在出生时的骨龄大于白人婴儿，黑人儿童的恒牙萌出期平均比白人早1年。20世纪50年代，随着对疾病病因研究的深入，人们认识到一些复杂的与遗传因素有关的疾病，如出生缺陷、高血压、肿瘤、精神分裂症等，已不能简单地用孟德尔遗传规律来解释，它们常受多个基因控制，同时又受环境因素的影响，是遗传因素与环境因素共同作用的结果。在实际工作中我们有时很难区分一种疾病是由环境因素还是遗传因素引起的。一些过去认为单纯由遗传因素引起的疾病可能与环境有关，如苯丙酮尿症；一些过去认为完全由环境因素所致的疾病也可能与遗传有关，如白喉、脊髓灰质炎等。根据遗传因素与环境因素在疾病发生中的相对作用的不同，可人为地将疾病分为以下几类：

1. 由遗传因素决定的疾病　主要是一些单基因遗传病及在生殖细胞或体细胞水平上反映出的染色体数目及结构异常的一类疾病，如血友病A、白化病、色盲等。在这类疾病的发生中尚看不出特定环境因素所起的作用。

2. 基本上由遗传因素决定的疾病　此类疾病如蚕豆病、半乳糖血症、苯丙酮尿症等，其发病与否基本上由遗传决定，但需要一定的环境因素作为诱因。例如，蚕豆病患者缺乏葡萄糖-6-磷酸脱氢酶（G6PD），需进食蚕豆或磺胺类药物等方能诱发溶血性贫血。

3. 多基因遗传病　此类疾病的发生受多个基因的累加作用及环境因素作用的影响，但在不同疾病中各自的作用强度不同，如某些先天畸形、精神分裂症、肿瘤、高血压、冠心病、糖尿病等。这类疾病亦称多基因病，多为常见病、多发病，对人类健康危害很大，是当前遗传流行病学研究的重点。

4. 基本上由环境因素决定的疾病　这类疾病发病与否基本上由环境因素所决定，无明显

的遗传基础或遗传因素所起的作用很小，如中毒以及一些由病原体感染所致的疾病等。

上述分类是人为划分的。事实上，在上述各类疾病之间并无明确的界限。随着社会经济的发展、医学科学技术的进步，人类疾病发病和死亡构成在不断发生动态的变化，非传染性疾病的比重在上升。这些疾病与遗传联系密切，据估计，中国15%~20%的人受多基因遗传病所累。

由于人类的生活和生产活动使环境污染加剧，遗传物质变异增加，新的遗传性疾病不断产生，人群中的遗传负荷也有增加趋势，与遗传有关的疾病会越来越多。在遗传流行病学研究中，不管是现在还是不远的将来，多基因遗传病都是研究的重点。因此，遗传流行病学的研究范围会越来越大，研究对象会越来越广泛。人类基因组学不仅通过确认人类生命活动的遗传学基础而带动整个生命科学的发展，而且将为未来分子医学的发展，如基因诊断、基因治疗等奠定基础。

二、病原微生物因素

病原微生物不仅是传染病的主要致病因素，也与部分慢性非传染性疾病的发生有关，如血吸虫与膀胱癌、EB病毒与淋巴瘤、乙肝病毒与肝癌、HPV与宫颈癌、幽门螺杆菌与胃癌等。除了遗传病之外，许多慢性非传染性疾病的发生亦受到遗传因素的影响，常常是环境因素与遗传因素共同作用的结果。

传染病和感染性疾病（感染病）是目前全球人类死亡的主要原因之一，究其根源即为病原体导致。病原体种类繁多，根据其结构、化学组成等的差异，可主要分为3种类型：非细胞型病原微生物，包括病毒和朊粒等；原核细胞型病原微生物，包括细菌、衣原体、支原体、立克次体、螺旋体和放线菌等；真核细胞型病原微生物（包括真菌等）和寄生虫[包括蠕虫（线虫、吸虫、绦虫）、原虫（疟原虫、杜氏利什曼原虫、阴道毛滴虫等）和节肢动物（蚊、蝇等）等]。按照WHO对传染病、感染病以及寄生虫病的分类，由病原体引起的疾病主要有结核病（主要由结核杆菌引起）、性传播疾病（主要由梅毒螺旋体、衣原体、淋病奈瑟球菌、阴道毛滴虫、单纯疱疹病毒引起）、HIV/AIDS（主要由HIV引起）、腹泻病（主要由肠侵袭性大肠埃希菌、志贺菌、空肠弯曲菌、沙门菌、轮状病毒引起）、集中发生于儿童期的疾病（主要由百日咳鲍特菌、白喉杆菌、麻疹病毒、破伤风梭菌引起）、脑膜炎（主要由脑膜炎奈瑟球菌引起）、脑炎（主要由流行性乙型脑炎病毒引起）、肝炎（主要由甲肝病毒、乙肝病毒、丙肝病毒、戊肝病毒引起）、寄生虫与媒介生物性疾病（主要由疟原虫、血吸虫、登革病毒、沙眼衣原体、黄热病毒、狂犬病毒引起）、麻风病（主要由麻风杆菌引起）、肠道线虫感染（主要由蛔虫、鞭虫、钩虫引起）、呼吸道感染（主要由鼻病毒、流感病毒、呼吸道合胞病毒、肺炎球菌、葡萄球菌引起）等。以上疾病的防治原则主要为消灭传染源、切断传播途径和保护易感人群。

除了以上的传统的传染病、感染病、寄生虫和媒介生物性疾病之外，还有众多由于病原微生物变异引起的卫生问题，其中病原微生物的耐药性变异已成为全球性问题，最广为关注的即为抗生素耐药性。抗生素是用于预防和治疗细菌感染的药物，产生抗生素耐药性的细菌可能会感染人类和动物。抗生素耐药性在世界各地发生，并正在加重到危险程度。新的耐药机制正在出现并在全球蔓延，威胁到我们治疗常见感染病的能力。由于抗生素有效性下降，越来越多的感染（如肺炎、结核病、败血症、淋病和食源性疾病）变得更难治疗，有时甚至无药可治。在没有处方就能买到人或动物用的抗生素的地方，致病微生物耐药性的出现和传播会更严重。同样，在没有标准治疗指南的国家，卫生工作人员和兽医经常过量开具抗生素，公众也会过度使用。抗生素耐药性会导致住院时间延长、医疗费用增加和死亡率上升。根据WHO首次公布的抗生素耐药性监测数据显示，高收入和低收入国家均有一些引起严重感染的细菌出现高度耐药性。在疑似细菌感染者中，体内细菌对至少一种最常用的抗生素具有耐药性的比例在不同国家之间的差别很大——从0%至82%不等。在报告数据的国家中，对青霉素这种全世界数十年来用于治疗肺炎的药物的耐药率为0%~51%。在与尿路感染有关的大肠杆菌中，8%~65%对环丙沙星具有耐药性。抗生素耐药性是WHO要高度优先解决的问题。一份包括解决抗生素耐药性在内的"抗微生物药物耐药性全球行动计划"已于2015年5月由世界卫生大会通过。该全球行动计划旨在保证能利用安全和有效的药物防控传染病和感染性疾病。"抗微生物药物耐药性全球行动计划"有5项战略目标：提高对抗微生物药物耐药性的认识与理解，加强监测和研究，降低感染发生率，优化抗微生物药物的使用，确保在应对抗微生物药物耐药性方面进行可持续投资。世界急需改变开具处方和使用抗生素的方式。即使研发了新药，如果不改变行为，抗生素耐药性仍是一项重大威胁。行为改变还包括通过疫苗接种、洗手、采取安全性行为和保持良好食品卫生等降低感染传播的行动。与此同时，甲型H1N1流感病毒、中东呼吸综合征冠状病毒（Middle East respiratory syndrome coronavirus，MERS-CoV）、严重急性呼吸综合征冠状病毒（severe acute respiratory syndrome coronavirus，SARS-CoV）、埃博拉病毒、寨卡病毒、西尼罗病毒、马尔堡病毒、拉沙病毒、委内瑞拉马脑炎病毒、裂谷热病毒等在全球范围内造成的新发、烈性传染病疫情发生的频率大大增加。上述在未来有可能大面积暴发并造成重大损失的传染病，目前全世界还几乎没有针对性的预防和治疗措施，应加大对这些疾病的研发和投资力度，帮助各国在恶性传染病暴发事件之前做好准备，最大程度降低流行病造成的人口和经济损失。值得注意的是，除了与传染病、感染性疾病，以及寄生虫和媒介生物性疾病直接相关，病原体还可能与慢性非传染性疾病，如肿瘤相关，常见的例子有：人乳头瘤病毒（HPV）16、18型与宫颈癌、喉癌，梅尔多瘤细胞病毒（MCPyV）与梅克尔细胞癌，EB病毒（EBV）与淋巴癌，人疱疹病毒8型（HHV8）与卡波西肉瘤，乙型肝炎病毒（HBV）、丙型肝炎病毒（HCV）与肝细胞癌，人类嗜T细胞病毒1型（HTLV1）与成人T细胞白血病/淋巴瘤，幽门螺杆菌与胃癌。

第三节 行为生活方式因素

一、行为生活方式因素的概念

行为是具有认识、思维能力的人对环境刺激所做出的能动反应。广义的行为分为内在行为和外显行为，内在行为即人的心理活动，外显行为是可以被观察到的行为。生活方式具有广义和狭义的区分，广义的生活方式不仅指人们的生活活动，还包括人们的生产活动，不仅指怎样生活，还包括怎样生产劳动。广义的生活方式涵盖了社会生活的一切领域，是全部生活活动的总和，是社会制度在人们的生活方式上的表现。狭义的生活方式是除了生产活动以外的生活活动的总和，它不包括生产方式。本书更倾向于广义的生活方式的概念，因为在影响生活方式的多种因素中，起决定作用的是社会制度和生产方式。

二、行为生活方式因素的分类

行为生活方式可分为多种不同的类型，站在不同的角度对行为生活方式进行不同的分类，概括了生活活动的一切层次。

1. 从生活活动的主体分类，行为生活方式包括社会行为生活方式、群体行为生活方式（阶层、民族的行为生活方式，家庭行为生活方式）和个人行为生活方式。

2. 从生活活动领域分类，可分为生产、消费、闲暇、交往等，其中每个层次、每个侧面的行为生活方式可从多角度具体划分。

3. 从个人生活方式和社会进步的关系分类,可分为积极的和消极的行为生活方式。

4. 从经济生活水平分类,如贫困型、温饱型、小康型、富裕型行为生活方式。

5. 从交往方式特点分类,如封闭型、开放型行为生活方式。

6. 从人与人之间关系的特点分类,如自主型、依附型行为生活方式。

7. 从生活态度角度分类,可分为上进奋发型、消极型、堕落型行为生活方式等。

8. 从健康的角度和个人对生活的态度分类,可分为自然型行为生活方式、享乐型行为生活方式和自罚型行为生活方式。

9. 从对健康产生的后果分类,又可将行为生活方式分为健康行为生活方式和不良行为生活方式。后者又可以分为主动不良行为生活方式与被动不良行为生活方式;根据行为生活方式与社会规范的关系,又可分为失范性不良行为生活方式与差异性不良行为生活方式;还可以进一步分为过度竞争型、过度安逸型和过度纵欲型不良行为生活方式等。

三、行为生活方式因素的特点

不良行为生活方式对人类健康存在明显或潜在的危害。随着疾病谱的变化和非传染性疾病的不断增加,人类一方面在基因层次上对疾病进行研究,另一方面在宏观层面上对个体和群体的生活方式进行研究。许多"城市病",如 AIDS、性传播疾病、自杀、酒精中毒、高血压病、肥胖症等,大多与人们的不良行为生活方式有很大关系。研究不良行为生活方式的特点、控制不良行为生活方式,是预防这些疾病的根本措施。不良的行为与生活方式具有以下特点:

(一) 自创性

不良行为生活方式是为了满足个人的某些欲望,自发形成的方式,说明了个体在选择行为与生活方式中的自主性。一个有行为能力的人,应当对自己的生活方式负责,如果选择了健康的行为生活方式就是选择了健康,否则就是选择了不健康或者疾病。有必要让公众意识到选择健康行为与生活方式的重要性,选择何种行为与生活方式是健康教育与健康促进的重要内容。

(二) 社会性

社会环境与个体的行为生活方式存在相互作用。人是社会中的人,人们选择行为与生活方式会受到社会的影响和环境的制约。在社会和群体的压力下,有人被迫选择了过量饮酒、久坐不动等不健康的行为生活方式。人们在群体活动中不为从众心理和劝导所动是非常重要的。此外,要形成良好的社会风尚,形成群体与个体之间的良好互动,对促进群体健康行为生活方式的形成是非常有益的。

(三) 播散性

不良行为与生活方式的播散性表现在通过模仿、学习及适当的社会和心理环境,使得不良行为生活方式得以传播。控制不良行为生活方式的播散,不仅要注意对个体行为生活方式的教育和矫正,而且要重视群体行为生活方式的教育与矫正,还要注意研究不良行为生活方式传播的社会心理过程。

(四) 多样性

不良行为生活方式具有多样性,按照不良行为生活方式的性质分为失范性不良行为生活方式和差异性不良行为生活方式。失范性不良行为生活方式已经不受社会规范制约,甚至具有违法、违纪特征,对健康造成一定的损害,如吸毒等。不良行为生活方式还可以分为成瘾性和非成瘾性不良行为生活方式,前者较难改变,后者通常只是作为一种消遣。

(五) 家族性

不良行为生活方式形成的原因具有一定的不确定性。例如，喜欢吃甜食往往具有家族倾向，但这种家族倾向究竟是遗传因素的作用，还是长期生活同化的结果，往往很难区分。有学者认为吸烟、饮酒也呈现一定的家族性分布，这些行为生活方式的产生，可能是童年时期对家长行为生活方式模仿的结果。尽管如此，人类行为生活方式有遗传倾向是不可否认的。哪些行为生活方式由遗传决定，哪些基因能够控制某些行为生活方式，都有待于进一步研究。

(六) 可塑性

行为生活方式具有可塑性。尽管有些行为生活方式的改变较困难，如戒断毒瘾是很困难的，但并非不能改变。进行广泛的健康促进和必要的生活方式干预，使用适当的社会医学、环境医学、行为医学措施，可以控制和改变不良行为生活方式。

四、行为与生活方式因素影响健康的途径

(一) 错误的生活观念导致的健康损害

错误的生活观念使患病概率增大。生物学因素已经很好地解释了"病从口入、病从鼻入、病从眼入"的作用机制，细菌、病毒、寄生虫等病原微生物在人体内的繁殖会导致严重的后果。以"病从口入"为例，人们在饮食方面有着许多错误的饮食观念，如"不干不净，吃了没病"，而事实上，早期感染埃博拉病毒的刚果（布）西盆地区的死者生前曾食用过病死的猴、黑猩猩等灵长类动物的肉，提示人类可能通过吃灵长类动物的肉而感染埃博拉出血热。此外，牛海绵状脑病（疯牛病）和新变异型克-雅病也是因为食用变质的朊病毒蛋白质而导致的新型传染病。此外，不良的饮食习惯也影响着人们的健康：随着物质水平的提高，世界上多数人已有足够的食物来源。生产力水平的提高使人们的体力活动减少了，能量消耗也随之减少，加上过度进食，导致过多的热量转化为脂肪堆积，成为高脂血症、高血压病、冠心病以及某些恶性肿瘤发病的重要原因；与之相反的是现代社会追求形体美者趋之若鹜地过度节食，导致了营养不良和内分泌紊乱、低血糖等。都市生活中的加班会导致进食不规律，也是肥胖症产生的重要原因；而为减少进食时间而过多依赖快餐食品和外卖食品，也容易造成人体的营养不平衡。

(二) 生活放纵导致的健康损害

生活放纵既受观念的影响，又受人格的支配。主要可以分为吸烟酗酒对健康，以及网络成瘾综合征两大类别。

1. 吸烟和酗酒对健康的危害 吸烟是严重影响人类健康的行为生活方式。据估计，全世界每年约有超过600万人死于与吸烟有关的疾病，其中男性和女性分别占总死亡数的12%和7%。烟草中含有的化学物质高达4 000多种，在吸烟时产生的烟雾中有近20种有害物质，其中有些具有致癌作用。吸烟可增加人群患多种癌症的危险性。中国是世界上最大的烟草消费国，2018年，中国15岁及以上人群吸烟率为26.6%，男性为50.5%，女性为2.1%。

2. 互联网成瘾综合征 互联网成瘾综合征是一种新的生活方式病。根据临床表现分为色情网络成瘾、网络交际成瘾、网络强迫行为、信息收集成瘾和游戏成瘾等类别。网络成瘾综合征会对身心健康造成损害，例如造成视力下降、肩酸腰痛、头痛及其他症状。长时间僵坐、缺乏必要的体育活动，容易引起腕管综合征、背痛等不良身体反应。网络成瘾还会给家庭和社会带来危害，许多网络成瘾者为享受网上乐趣而不惜支付巨额费用。网络成瘾患者由于长期脱离现实生活，容易产生精神紊乱导致抑郁障碍，影响正常的学习、工作和生活，同时给社会增加不稳定因素。一开始，这些行为生活方式还是习惯性的，后期则显示为依赖性和强迫性。对这

些不良行为生活方式的控制，需要社会、家庭、学校的共同参与。

（三）享乐型行为生活方式导致的健康损害

生物规律遵循"用进废退"的规则，随着生活条件的改善，越来越多的人正在享受科技进步带来的生活质量的提高，这正是人类社会文明进步所期望的。然而，要增强机体的适应力，应当进行体育锻炼。腿部力量减退是导致老年膝、髋疾病的主要原因。青壮年的肌力水平与激素分泌水平呈正相关，中年后激素分泌量呈下降趋势。不运动的中年人，肌力消退加快，导致激素分泌量下降速度加快，人体器官的退化速度也加快。因此，*Global Action Plan for the Prevention and Control of Noncommunicable Diseases 2013—2020*（《2013—2020年全球预防和控制非传染性疾病全球行动计划》）明确提出建议，每个成年人每周都应累计进行150分钟以上的中重度体力活动，这有助于降低全死因死亡率。

（四）生活压力导致的健康损害

激烈的社会竞争对人们的综合素质要求越来越高，不断增加的工作压力和由此带来的心情紧张是人们常见的不容回避的应激源。传统的公共卫生关注职业环境因素与健康的关系，而现代社会则更加关注职业紧张因素与健康的关系。按照人们的收入、教育水平、社会声望和权力可将人们划分为若干个社会阶层，不同的社会阶层的生活期望、家庭生活以及闲暇时间的活动并不相同。其中"职业枯竭"现象值得关注，"职业枯竭"指在工作中压下的一种身心俱疲的状态，属于职业性应激反应范畴。几乎每个年龄段的职业人群都在巨大的精神和体力透支边缘挣扎，形形色色的现代心理疾病无形中影响着人们的身心健康。职业枯竭本质上是由过度的心身紧张导致的，与现代社会竞争激烈、人际关系复杂和个体的适应性差等都有关系。

人的行为与自身健康的关系极为密切，因此，采取健康行为对预防各种与生活方式相关的疾病也就显得尤为重要。行为生活方式的选择不仅取决于刺激物，还取决于每个人的知识水平、心理状态和适应能力，以及不同的需要和动机。健康行为是个体为了预防疾病、保持或促进健康所采取的积极行动，包括改变危险生活方式、减少或消除健康危险行为（如吸烟、酗酒、不良饮食以及无保护性行为等）、采取积极的健康行为（如有规律的体育锻炼、定期体检等），以及遵从医生指导等行为，以达到自我满足、自我实现。健康行为包括良好的生活方式、情绪管理、避免危害健康的行为（如不吸烟、不暴饮暴食、不饮酒等）、体格检查和医学筛查等方面。近年来，世界各国关注培养群体健康生活方式、改善社会环境与自然环境、消除危险因素，从预防的视角为"人人享有健康"创造了条件。建立健康行为生活方式也需要从教育、道德与制度、法律与法规、行政干预与专业干预等方面努力。

第四节　环境因素

根据世界卫生组织的估计，2012年约有1 260万人因在不健康环境中生活或工作而死亡，这占全球死亡总数将近1/4。各种环境风险因素，例如空气、水和土壤污染，接触化学品，气候变化（climate change），紫外线辐射等，可导致100多种疾病和损伤。健康环境是人群健康的基础。如果国家不采取行动创造有益健康的生活和工作环境，将有数以百万计的人生病和过早死亡。

一、气候变化

在过去的50年间，人类活动，尤其是燃烧矿物燃料，释放了大量二氧化碳及其他温室气体。大气层的二氧化碳浓度比工业时代之前增加了30%以上，使更多的热量停留在大气下层，并影响全球气候。在过去的100年中，世界气温上升约0.75℃；过去30年的每一个十年比

1850年以来的任何一个十年都要温暖。同时，海平面上升、冰川融化、降水规律改变、极端气候事件发生得更加剧烈和频繁。气候变化对人类生活造成巨大的直接和间接影响，由此引发一系列健康风险，给全球公共卫生带来巨大挑战。

气候变化可能带来一些地方性的有利影响，如温度升高，使得中纬度的一些地区存在作物增产的可能，中、高纬度地区居民与冬季寒冷有关的死亡率降低，冬季取暖所需的能源减少；某些缺水地区的饮用水资源可能增加。但整体来说，气候变化影响健康的社会和环境决定因素——清洁的空气、安全的饮用水、充足的食物和有保障的住所，对健康的影响很可能主要是负面的。Jonathan A.等通过对过去20年资料的分析，认为气候变化与负面的健康产出相关，而全球卫生可发挥更积极、更重要的作用。

1. 极端天气事件 随着全球气候变化，极端天气事件发生的频率更加频繁——高温、热浪的频率和强度增加，洪涝干旱、城市热岛现象更为明显。超常高温可直接造成心血管和呼吸道疾病患者死亡，在欧洲2003年夏季的热浪中，有超过7万例的额外死亡。同时，高温可以导致空气中污染物（如臭氧）的水平上升，加剧了心血管和呼吸道疾病的发作。其他极端天气，例如暴雨、洪水、台风事件等，可危及健康，并破坏社会财产。在全球范围内，报告的气候相关自然灾害数量与20世纪60年代相比，已经增加了两倍以上，这些灾害每年造成6万多人死亡，并且主要集中在发展中国家。

2. 影响食物和水的供应 水灾可直接造成伤害和死亡，并可增加感染水源性和病媒传播疾病的风险。水灾导致的人群流离失所，可加剧局势的紧张并可能造成冲突。更加多变的降雨模式很可能会危及淡水的供应。目前，全球缺水已经影响到40%的居民生活，缺乏安全的水供应将影响个人卫生，增大腹泻、沙眼的风险——这会造成每年约有220万人有死于腹泻的风险，其中5岁以下儿童有近76万。同时，洪水的频率和严重程度会污染淡水供应，使水源性疾病的风险加大，并为蚊虫等携带疾病的昆虫形成繁殖场所。气温升高和降水变化不定还会影响许多最贫穷地区的主要粮食品种生产。地球气温升高和更多变的降雨预计将使许多热带发展中地区的作物产量下降，而这些地区的食品安全情况已经很糟。

3. 传染病暴发新模式 气候是传染病传播的重要影响因素之一，多数通过昆虫及其他动物传播的传染病对气候变化非常敏感，使得传染病暴发随着气候变化产生了新的模式。疟疾是全世界最为流行的虫媒传染病。随全球气候变暖，越冬蚊子数目剧增，疟疾流行范围不断扩大、繁殖能力增强、繁殖持续时间增强，导致疟疾增生，按蚊传播的疟疾每年造成近80万人死亡。同样，伊蚊传播的登革热也存在同样的现象。作为登革热病媒生物的伊蚊也对气候条件高度敏感。研究显示，到21世纪末，气候变化可使受到登革热传播威胁的人数增加20亿。除虫媒传染病外，气候变化可能会延长重要媒介传播疾病的传播季节并改变其地理范围。例如，气候变化预计将使中国发生钉螺传播的血吸虫病的地区显著扩大。

传统上，气候变化对健康的影响主要分为直接和间接影响两类。而Butler等提出了"初级影响""次级影响""三级影响"的概念*。其中，气候变化主要增加了"三级影响"的部分，即健康风险受到文化、政治、经济、社会和其他诸如贫困、不平等、人口增长、资源稀缺和治理等许多因素的影响。Butler等认为，这些因素导致的健康风险随时间推移会越来越明显，预计到2050年，这些因素导致的健康风险将高于来自热浪、过敏原或媒介传播疾病的数量级。

二、空气污染

世界卫生组织2014年3月发布新的估计数字，称2012年空气污染（air pollution）造成

---

* 初级影响是直接的影响，例如热浪、高温影响健康；次级影响指影响疾病的条件，例如一些虫媒性疾病；三级影响更为深远，如饥荒和武装冲突对健康的损害

约 700 万人死亡,即全球每 8 位死者中就有 1 位因空气污染而死亡。这一调查结论是以前估计数字的两倍多,确认了空气污染是世界上最大的环境健康风险,减少空气污染可以挽救数百万生命。

空气污染包括室内、室外污染两类。室内空气污染的主要来源是燃煤、木质和动物粪便燃料,室外空气污染的来源是交通工具、能源、工业企业废物排放。有不少人受到重叠污染。

除了与急性呼吸道感染和慢性阻塞性肺疾病等呼吸道疾病有关外,新数据特别揭示室内外空气污染与脑卒中、缺血性心脏病等心血管疾病以及癌症之间存在强有力的联系(表 3-1)。

表3-1 2012年空气污染造成的死亡的构成(%)

	室内	室外
缺血性心脏病	26	40
脑卒中	34	40
慢性阻塞性肺疾病	22	11
肺癌	6	6
儿童急性下呼吸道感染	12	3

WHO 的数据还表明,2012 年,城市和农村地区的环境(室外)空气污染估计导致全世界 370 万人过早死亡。其中约 88% 发生在低收入和中等收入国家,世界卫生组织西太平洋地区和东南亚地区负担最大。

可以采取的措施包括:实施全球、地区和国家性的清洁能源政策并进行投资,支持更清洁的交通工具、更清洁的节能住房、更清洁的发电方式、更清洁的工业,以及更好的城市废弃物管理,可减少导致城市户外空气污染的主要来源;减少来自家用煤和生物质能源系统、农业废弃物焚烧,森林火灾,某些农林业活动(如木炭生产)的室外排放,可减少发展中区域农村和城郊地区的主要空气污染源。

减少室外空气污染也就减少了二氧化碳以及黑炭粒子和甲烷等短暂的气候污染物的排放,有助于减缓近期和长期的气候变化。

三、水和土壤污染

传统上,改善水供应和环境卫生设施一直被看作改善人口健康状况的必要公共卫生措施。如果能够实现普遍管道供水,并对供水情况进行监管,便可预防每年 76 亿人次的腹泻病,比现在减少 70%。这对于人口健康,特别是儿童健康至关重要。目前,全球 91% 的人口(66 亿)使用改良饮用水源,与 1990 年时的 76%(26 亿)相比有所增加。全球还有 6.63 亿人无法获取改良饮用水源——人数首次降到 7 亿以下。通过改善饮用水、环境卫生和个人卫生,每年可避免 84.2 万人死于腹泻病。饮用水、环境卫生和个人卫生不佳是导致血吸虫病、沙眼和肠道蠕虫病等被忽视的热带病的主要因素,这些疾病每年影响超过 15 亿人。

土壤中的主要污染物包括重金属、氮和磷、杀虫剂、多环芳烃(PAH)、持久性有机污染物、放射性核素、新兴污染物、致病微生物、抗生素耐药细菌和基因。新兴污染物问题日益令人担忧,这些污染物包括药物、内分泌干扰素、激素制剂和其他生物污染物、废旧电子产品产生的电子垃圾以及塑料等。受到危险元素(如砷、铅、镉)、有机化学物(如多氯联苯、PAH和持久性有机污染物)或药物(如抗生素或内分泌干扰素)污染的土壤会对人类健康构成严重威胁。目前,土壤污染对人类健康和环境的长期影响仍然不清楚。未来与土壤污染控制和修复有关的努力应包括确定这些领域的风险评估方法。FAO 组织修订的 *The World Soil Charter*(《世

四、食品安全（food safety）

获取足量的安全和有营养的食物是维持生命和促进健康的关键。食源性疾病通常具有传染性和毒性，由细菌（沙门菌、弯曲杆菌、肠出血性大肠埃希菌、李斯特菌、霍乱弧菌等）、病毒（诺如病毒、甲肝病毒等）、寄生虫（鱼源性吸虫、猪带绦虫、蛔虫、隐孢子虫、溶组织内阿米巴、贾第鞭毛虫等）或化学物质（自然产生的毒素、持久性有机污染物、重金属等）经受污染的食物或水进入人体后导致。食源性疾病病原体可造成严重腹泻或削弱体力的感染，包括脑膜炎。化学污染物可能引起急性中毒或长期疾病，如癌症，可导致长期残疾和死亡。不安全食品包括生的动物源食品、受粪便污染的水果和蔬菜，以及含有海洋生物毒素的贝类原料。在粮食供应无保障的地方，人们往往转向不太健康的饮食，并消费更多的"不安全食品"——其中化学品、微生物和其他危害物给健康带来风险。

第二届国际营养大会（营养问题罗马宣言）指出，食源性感染及寄生虫侵袭，以及粮食生产至消费整个过程不安全，会威胁健康，危及每个人。婴幼儿、孕妇、老人以及患有原发疾病的人群尤其脆弱。每年有2.2亿儿童感染腹泻病，其中9.6万例死亡。

政府应当将食品安全作为一项公共卫生重点，它们在制定政策和监管框架以及建立和实施有效的食品安全系统方面发挥有重要作用，以便确保整个食品链中的食品生产商和供应商负责地运作，并向消费者提供安全的食品。食品在生产和销售的任何一个环节遭受污染，主要责任都在于食品生产商。但一大部分食源性疾病事件为在家中、食品服务机构或市场中不正确制备或不当处理食品所导致。不是所有食品处理者和消费者都了解他们自己在食品生产、处理过程中应做到的事，如在购买、销售和制备食品时应采取基本的个人卫生措施以保护自身健康和更广泛的社区健康。每个人都应为保证食品安全做出贡献。

五、工作场所健康

健康的工作场所是指由工人和管理者为保护和促进所有工人的健康、安全和福祉的共同采取的持续改进过程以及可持续的工作场所。基于已识别的需求，包括以下方面：实体工作环境中的健康和安全；社会心理工作环境中的健康、安全和福祉，包括工作组织和工作场所文化；工作场所中的个人健康资源；通过参与社区活动，促进工人、家庭及其他社区成员的健康。该定义反映出，对职业卫生的理解已从仅注重实体工作环境，延伸到关注包括社会心理和个人健康行为因素。工作场所越来越多地被用来作为开展健康促进和预防保健活动的场所，这不仅可预防职业伤害，还能评估和改善人们的整体健康状况。

劳动者的健康、安全和福祉对全世界数亿劳动力人口是至关重要的，不仅关系到劳动者个人和家庭，也关系到企业和社区的生产力、竞争力以及可持续发展，甚至影响国家和区域经济。据估计，全球每年约有200万人死于职业性事故、工作相关疾病或伤害；每年发生2.68亿例非致命性工伤事故，平均每例事故损失3个工作日；每年新发1.6亿例工作相关疾病；此外，全球因抑郁障碍导致的疾病负担中的8%可归咎于职业风险。

职业卫生涉及工作场所卫生和安全的所有方面，其中应特别重视危害的初级预防。职工健康受若干因素影响，如工作场所的风险因素。这些因素可能会导致癌症、意外事故、肌肉骨骼疾病、呼吸系统疾病、听力丧失、循环系统疾病、应激障碍，以及传染病和其他疾病等。正式或非正式经济部门的就业和工作条件涉及其他重要因素，例如工时、工资、工作场所产假政策、健康促进和保护规定等。

2007年，WHO世界卫生大会通过了 Workers' Health: Global Plan of Action（《工人健康：全球行动计划》，GPA），为成员国的行动提供了新的动力。该计划是基于1996年世界卫生大会提出的"人人享有职业卫生的全球战略"制定的。"全球行动计划"确立了5个目标：①制定和实施有关健康的政策文件；②保护和促进工作场所健康；③促进职业卫生服务并提高其可及性；④为行动与实践提供和交流所需的证据；⑤将工人健康融入其他政策。

第五节 社会因素

健康及健康不公平是当今国际社会公共政策的重点问题，已经纳入联合国及其成员国优先发展日程中。大量研究证明，健康及其不公平的"原因的原因"是每个人出生、成长、学习、生活、工作和变老的社会经济环境不同。尽管大多数工业化国家拥有比较完善的医疗保障制度和医疗卫生服务体系，每个公民都能获得比较公平的医疗卫生服务，但是不同经济社会地位群体的健康差距并没有显著缩小，其根本原因在于社会依然存在大量健康的社会决定因素等"原因的原因"。所以深入研究健康社会决定因素，在全部社会政策中强化健康政策，从而达到缩小健康差距的目标，已经成为当今卫生改革和发展的核心议题。

事实上，国际社会一直重视健康的社会决定因素。早在1978年，WHO在 Alma-Ata Protocol（《阿拉木图宣言》）中，就把政策重点放在保障每个居民获得安全饮用水、卫生设施、均衡平衡营养以及疾病预防控制等基本公共服务方面，希望通过改善与健康相关的社会政策，实现"2000年人人享有健康"（Health for all in 2000）的目标。

一、健康的社会决定因素理论的发展历程

1948年，Charter of the World Health Organization（《世界卫生组织宪章》）明确提到了社会和政治因素对健康的作用，以及需要农业、教育、社会福利等多个部门合作才可以促进健康。然而在20世纪50—60年代，世界卫生组织和其他全球性健康组织机构都强调针对专门疾病（如传染病等）的医学技术的重要性，而几乎没有提到社会因素。直到1978年9月，世界卫生组织与联合国儿童基金会在阿拉木图共同召开了国际初级卫生保健会议，在会议上发表了《阿拉木图宣言》，其中强调了社会因素的作用——"简而言之是综合卫生政策的需要，不仅提供卫生服务，也重视社会、经济和政策对健康的影响。"此后很多国家秉持该原则开始针对健康社会决定因素的多部门间合作进行各项行动，然而以市场为导向的改革相对于公平，更重视效率，因此它经常会降低弱势群体医疗卫生服务的可及性。20世纪80年代至90年代初期，很多国家开展了一系列关于健康不公平的全国性调查，社会因素对健康的作用逐渐清晰。世界卫生组织欧洲区办公室在20世纪90年代早期开展的各项重要工作为健康公平奠定了新的概念性基础，"健康的社会决定因素"这一词语开始被广泛应用起来。20世纪90年代末至21世纪初期，"健康公平"和"健康的社会决定因素"已经被很多国家接受。2003年，时任世界卫生组织总干事的李钟郁博士承诺促进健康公平和社会公正，并重新让世界认识到健康的价值。在2004年的世界卫生大会上，他首次提出成立"健康的社会决定因素委员会"（Commission of Social Determinants of Health，CSDH）的设想，并断言"旨在减少疾病和拯救生命的干预项目必须考虑到健康的社会因素才会获得成功"。2005年，世界卫生组织健康的社会决定因素委员会正式成立，委员会在3年时间内致力于促进健康的社会决定因素，并于2008年以报告形式提交了工作成果。

二、健康的社会决定因素的概念和框架

健康的社会决定因素是指对健康产生影响的社会因素，包括人们生活和工作的全部社会

条件，被泰勒（Tylor）称为"人们生活的社会环境特征"。按照世界卫生组织给出的定义，健康的社会决定因素是指在那些直接导致疾病的因素之外，由人们居住和工作的环境中的社会分层的基本结构和社会条件产生的影响健康的因素，它们是导致疾病的"原因的原因"（cause of cause），包括了人们生活和工作的全部社会条件，例如贫穷、社会排斥、居住条件等。健康的社会决定因素反映了人们在社会结构中的阶层、权力和财富的不同地位。各国经验表明，健康的社会决定因素是全球大部分疾病和健康问题的根源，研究健康的社会决定因素就是针对健康的"原因的原因"来采取相应的社会政策。

2008年，世界卫生组织健康社会决定因素委员会提交的最终报告《用一代人时间弥合差距》中提出了健康的社会决定因素概念框架（图3-1），该框架对各种健康的社会决定因素进行了整合，并讨论了如何利用健康的社会决定因素理论来解决全球性的健康问题。健康的社会决定因素分为日常生活环境和社会结构性因素两大类。

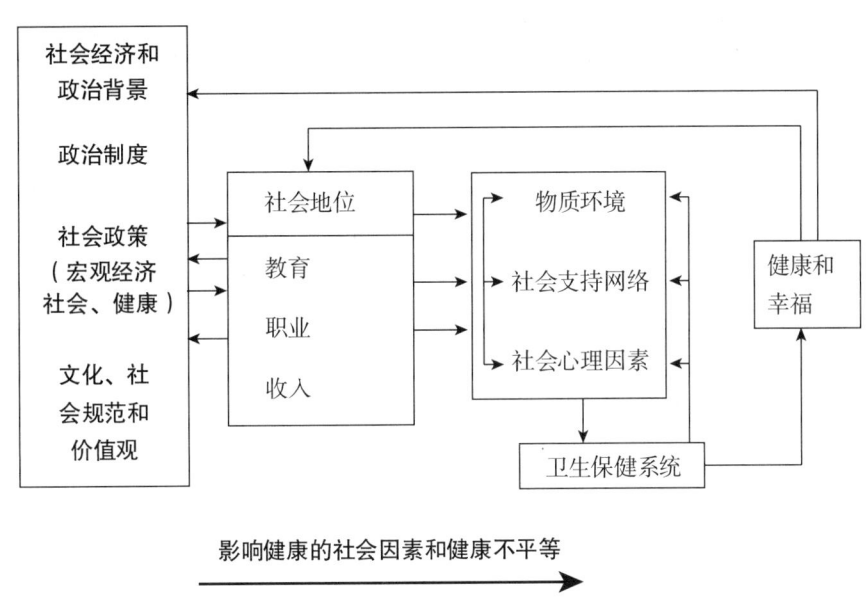

图 3-1 世界卫生组织提出的健康的社会因素的概念框架

1. 日常生活环境 日常生活环境（daily living conditions）是指人们出生、成长、生活、工作以及衰老的环境，包括两部分：第一部分为物质环境、社会凝聚力、心理社会因素、行为因素和生物学因素，第二部分为卫生服务体系。日常生活环境内部的这两个部分相互交叉作用。

2. 社会结构性因素 社会结构性因素（social structural drivers）是指决定日常生活环境的结构性因素，体现了权利、财富和资源的不同分配方式。该因素分为个体层面和宏观社会层面两个层面的因素：前者包括社会地位、教育、职业、收入、性别、种族和民族；后者是指社会政治和经济环境，包括政治治理、宏观经济政策、社会政策、公共健康政策、文化和社会规范和价值观。个体层面和宏观社会层面的各个社会因素可以互相影响。

这个概念框架反映了社会因素对健康和健康公平的作用路径为社会结构性因素，决定了人们的日常生活环境，继而对健康和福利分配产生影响。其中，卫生服务体系除了作为日常生活环境因素的一部分发挥作用之外，还会单独对健康和福利的分配产生较大的影响。反过来，健康和福利的分配也会作为原因影响社会结构性因素，从而构成一个大的循环体系。

三、与健康相关的主要社会因素

1. 贫困 任何社会都存在因病致贫、因病返贫、贫病交加的恶性循环，甚至形成"贫困

的代际转移"，使贫困人群陷入"贫困陷阱"不能自拔。因此，对贫困人群的扶助救济是消除贫困的切入点。但是，国际上大量的实践表明，贫困的实质是"个人免于物质匮乏和饥饿、接受教育与意见表达等自由权利的被剥夺"，扶贫的核心在于保障贫困人口的基本权利，恢复和提高他们自信心以及自救自助的"可行能力"。

国际上的扶贫方式已经不再局限于向贫困家庭提供食品和救济，而是采取"有条件的现金转移支付"等扶贫方式，即要求贫困家庭在只有保证儿童上学、采取健康行为方式的情况下，才能获得扶贫补助。通过扶贫，可以使弱势群体获得更好的营养、清洁的饮用水和卫生设施、更宽敞的住房和清新的空气，使他们有更多的时间和条件锻炼身体，从而促进健康的改善。

2. 教育 知识改变命运。获得基础教育是每个人的基本权益，也是获得基本生产和生活能力的基础条件、改变经济社会地位的阶梯。大量研究表明，教育的普及有利于健康知识的传播、健康意识的养成和健康行为的形成，有利于疾病的预防和控制，从而增进健康。例如，研究发现母亲教育水平与孩子的计划免疫接种率成正比。

3. 男女平等 由于传统文化的影响，特别在一些"老少边穷"地区，对妇女的歧视依然大量存在，针对女性的家庭暴力、性侵犯和伤害严重损害妇女健康。因此，为妇女赋权，保证妇女的教育、就业和政治参与权利的任务仍然任重道远。

4. 就业 在健康社会决定因素的语境中，就业包括：是否有工作和是正式就业还是非正式就业。如果就业，其工作环境如何，是否存在影响健康的有毒有害的因素。就业是民生之本。获得喜欢、稳定、有尊严的工作及健康的工作环境不仅意味着稳定的收入，还能充分体现个人劳动价值和社会价值，也是促进健康的保障因素。

5. 住房保障 "安居乐业"是每个居民和家庭生活最基本的前提和条件。居住环境不良、缺乏最基本的卫生、通风、采光条件以及室内空气污染等，都是健康危险因素。因此，保证居民基本的居住条件和环境对健康具有重要的保护作用，也是住房保障政策的重要目标。

6. 城市化 发展中国家在快速城市化过程中，健康风险最大的群体是城市贫民和流动人口，他们往往被排斥在城市化进程中，不能获得基本的公共服务。例如，流动人口往往缺乏结核病防治的知识，即使出现了结核病的症状也往往由于担心失去工作而延误诊治，即使进行了治疗也容易因症状减轻而中断系统规范的治疗导致疗效不佳，更容易形成耐多药肺结核。

第六节 卫生服务因素

卫生服务是卫生机构和卫生专业人员为了保障民众的健康，运用卫生资源和各种手段，向个人、群体和社会提供必要服务的活动过程。卫生服务是预防疾病，治疗疾病，促进人民健康的基础。联合国可持续发展目标3提出：让不同年龄段的所有的人过上健康的生活，包括全民健康覆盖的具体目标，需要各国做出努力确保所有人和社区都获得高质量、安全且可接受的卫生服务。可持续发展目标强调全生命过程的健康，因此卫生服务也应围绕这一目标进行设计和实施。

一般来说，从服务的内容上讲，卫生服务包括促进、保持和恢复健康的所有服务，这里有针对个人的卫生服务，也包括以人口为基础的卫生服务；包括预防保健服务、临床治疗服务和康复服务。要实现公平的提供各项服务，强大的卫生体系是保障。卫生体系是指提供卫生服务所需要的人、财、物、资源，服务的模式以及治理的方式。

虽然近年来在人类健康和预期寿命方面有重大改善，但正如国家间和国家内部的健康状况不均衡一样，不同国家、不同地区人群拥有的卫生资源和享有的卫生服务也存在着很大差距。全球还有4亿多人无法获得基本卫生保健，而在可以获得的地方，卫生保健服务也往往是分散的或者质量很差。这造成许多国家卫生系统的反应敏感程度低，人民对卫生服务的满意程度也低。许多国家仍然面临卫生服务的地理分布不平等、卫生工作者短缺和供应链薄弱等重大问题。即使对于孕产妇和儿童卫生等重点人群，基本服务覆盖率在许多国家仍然很低。由于转诊系统薄弱，针对许多健康状况的护理持续性不佳。对于以医院为基础、以疾病为基础、各自独立、互不关联的治疗服务模式的专注进一步削弱了卫生系统提供普遍、公平、高质量和财务上可持续的保健的能力。服务提供者往往不对其服务的人群负责，因此对于提供符合用户需求的反应灵敏的保健动力有限。人们往往不能就自身健康和卫生保健做出适当决定，也不能对有关其健康及其社区健康的决定实施控制。其根本原因在于卫生人力严重缺乏，卫生经费不足，卫生治理落后。正因为这些原因，致使那些地方的健康状况远低于世界平均水平。

要实现联合国可持续发展目标的要求，首先要建立一个完善的卫生体系。就卫生服务而言，要以人为本，就必须扩大具有成本效益的有效服务提供方法。综合的、以人为本的思路对于发展卫生系统至关重要。综合卫生服务是指通过管理和提供在卫生部门内外不同级别和地点协调一致的卫生服务，使人们在生命全程均能根据自身需求得到持续的健康促进、疾病预防、诊断、治疗、疾病管理、康复和姑息治疗等服务。以人为本的卫生保健是一种卫生保健服务思路，这种思路要求个人、护理人员、其家庭成员和社区都是围绕人的全面需求，并且尊重社会偏好。以人为本的卫生保健服务还要求患者得到做决定和参与自己的保健所需的教育和支持，护理人员能够在得到支持的工作环境中最大限度发挥职能。以人为本的卫生保健比以患者和个人为本的卫生保健含义更广，不仅涵盖临床接触，还包括关注社区中人们的健康以及在塑造卫生政策和卫生服务方面的关键作用。而这个卫生系统应该能够响应各种正在出现的卫生挑战，包括城市化、不健康生活方式的全球蔓延、人口老龄化、传染病和非传染性疾病双重负担、多病合并、卫生保健费用增长、疾病暴发和其他卫生保健危机。

以人为本的综合卫生服务框架提出了不可抗拒的愿景，即"所有人均有平等机会使用共同生产的高质量卫生服务，该服务满足其生命全程的需求，在整个持续照护过程相互协调并且全面、安全、有效、及时、高效且可接受；而且所有护理人员有积极性、技能熟练并且在支持性环境下工作。"考虑到卫生系统的状况与其所处环境高度相关，框架并未提出一个以人为本的综合卫生服务模式，而是提出了需要通过的5条相互依存的战略。这五条相互依存的战略是：①赋权人民和社区，使其参与进来；②加强治理和问责；③重新定位卫生保健服务模式；④协调部门内部和各部门之间的服务；⑤创建促进性环境。落实这五条战略将有助于建设更有效的卫生服务，某个领域缺乏进展则可能削弱其他领域的进展（图3-2）。

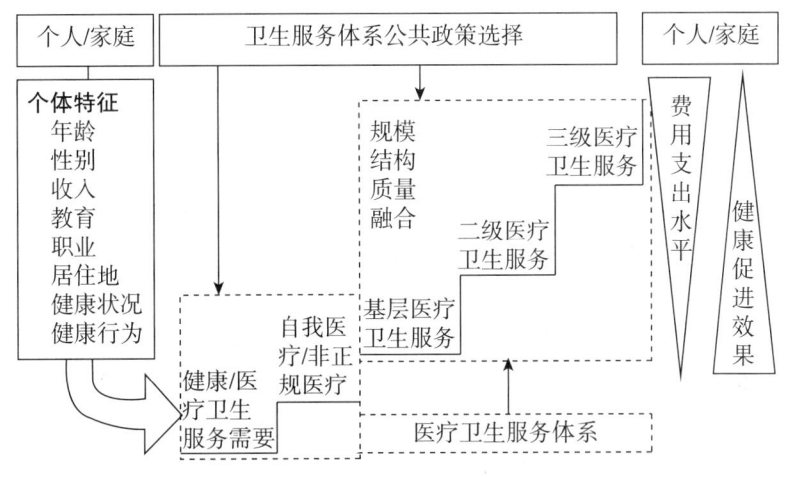

图 3-2 卫生服务体系分析框架

虚线框出了狭义的卫生服务提供方（supply side）

（张拓红　黄旸木　宋多）

第四章 全球健康目标与策略

如前所述,疾病没有国界,健康是全世界共同的关注和期盼。为了提高全球的健康水平,以世界卫生组织为代表的国际组织在不同的阶段,针对不同的健康问题,提出了一系列全球健康的目标和策略。这些目标使全球范围内不同的行为体团结起来、共同努力,以提高全球健康水平。回顾全球健康发展历史,重要的全球健康策略包括:人人享有卫生保健和初级卫生保健、千年发展目标和针对健康的社会决定因素采取行动、可持续发展目标和以全民健康覆盖为核心。尽管全球健康策略处于发展和演变过程中,但贯彻其中的目标不变,即提高全球人民健康水平,促进健康公平。本章将介绍主要全球健康的主要目标和策略的内容及思路。

第一节 人人享有卫生保健与初级卫生保健

一、人人享有卫生保健与初级卫生保健提出的背景

人人享有卫生保健的思想基础,是世界各国在20世纪60、70年代初期开展的大量以社区为基础的国家或地方卫生运动。当时殖民地、半殖民地国家纷纷摆脱殖民者的统治,走向独立,年轻的国家面临着建设各种制度的问题,包括如何建立一个适合国情的卫生体系。当时这些发展中国家的基本国情是:生存条件恶劣、多种疾病并存、健康水平低下、影响健康的不良行为普遍存在、文化教育不普及、经济落后、资源分配不合理等。而50年代的将重点放在医疗技术、药品开发和专项疾病干预手段,并主要依赖高级医疗专业人员的做法,没有满足占人口多数的贫困人群最迫切的卫生需求,也没有实现预期的健康改善目标。为了解决这些问题,世界卫生组织和联合国儿童基金会在70年代组成联合小组,对中国等9个国家的卫生工作进行了深入考察,由80多位国际专家根据调查撰写并在1975年发表了 *Alternative Approaches to Meeting Basic Health Needs in Developing Countries*(《在发展中国家满足基本卫生服务需求的可选择方法》),奠定了初级卫生保健的理论基础和实践依据。报告指出:以社区为基础的卫生运动强调"草根阶层"(即基层民众)参与卫生决策,授权社区采取行动,将改善健康的努力置于基本人权框架之内,并同当地的经济、社会、政治和环境发展需求相协调,由政府而不仅仅是卫生专业部门负起责任。报告同时发现,由当地聘用的社区卫生人员在经过有限的培训之后,能够帮助他们的邻居更好地面对和处理主要卫生问题。除中国的"赤脚医生"和爱国卫生运动被认为是最具代表性的成功案例并广受推崇之外,已有效开展社区卫生运动的国家还有孟加拉国、哥斯达黎加、危地马拉、印度、墨西哥、尼加拉瓜、菲律宾、南非和巴西等。

丹麦医生、公共卫生的专家马勒(Halfdan Mahler)博士于1973年当选为世界卫生组织总干事。他不仅具有超凡的领导魅力,而且深信"社会公正是一个神圣的词汇",因全球性的健康不公平、亿万贫苦人群遭受本可避免的病痛而深为震怒。由于经历过在拉丁美洲和亚洲的单

一而纵向的疾病控制活动，马勒博士确信以疾病为中心不能解决最重要的卫生问题，而且过度强调先进的治疗技术正在扭曲许多发展中国家的卫生系统。他在1976年的世界卫生大会上呼吁，必须携起手来把基本卫生服务扩展到落后社区，采取行动应对非医疗的健康影响因素，才能克服健康不公平并实现"2000年人人享有卫生保健"的目标。"人人享有卫生保健"就是要消除所有的健康障碍，特别是要消除营养不良、社会排斥、不洁饮用水和不卫生的居住环境。针对世界上许多国家的卫生服务不能满足人群需要、大众对卫生服务普遍不满、人群健康差距大、卫生费用迅速增长等问题，世界卫生组织深入研究了"基本卫生服务工作方法与发展"问题，并同联合国儿童基金会等国际机构共同寻求发展国际卫生保健的新途径。1977年5月，第30届世界卫生大会正式提出了一项全球性战略目标：到2000年世界全体居民都应达到使他们的社会和经济生活富有成效的健康水平，即"人人享有卫生保健"。1978年9月6—12日，由世界卫生组织和联合国儿童基金会在哈萨克斯坦的阿拉木图联合主持召开了国际初级卫生保健会议，来自134个国家和67个国际机构的3 000名代表通过了著名的《阿拉木图宣言》，正式提出了"初级卫生保健"的概念，并认为初级卫生保健是实现"2000年人人享有卫生保健"目标的基本策略和关键途径。这次会议被公认为现代公共卫生的里程碑。1979年11月，联合国大会通过决议，接受了人人享有卫生保健的目标。1980年，联合国大会特别会议审议了国际发展新策略。初级卫生保健得到联合国的承认，成为本世纪最后20年全球发展新策略的重要组成部分。

马勒博士在谈及初级卫生保健概念的起源时曾明确指出：初级卫生保健是总结过去全世界的各种卫生保健方法，并吸收了一些新的经验而逐步形成的一个概念。其中，确实受到了中国经验的启示。国际学者至今仍然认为，初级卫生保健的许多要素起源于中国的"赤脚医生"模式和其他以社区为基础的卫生运动经验。在初级卫生保健的进程中，中国为世界做出了不可磨灭的贡献。中国的三级网、赤脚医生、合作医疗、中西医结合的制度，被世界卫生组织总结为"适宜人力，适宜技术"，可以说中国是初级卫生保健的发源地。

二、人人享有卫生保健的目标

第30届世界卫生大会通过的决议提出了"人人享有卫生保健"的目标如下：

1. 所有人至少能够使用初级卫生保健和第一级转诊设施。
2. 所有人在可能范围内参加其个人及家庭的保健以及社区卫生活动。
3. 所有社区都能和政府共同承担对其成员的卫生保健责任。
4. 所有政府对其人民的健康负责。
5. 有安全的饮水和环境卫生设备，人民都能得到足够营养。
6. 所有儿童都接受主要传染病的免疫接种。
7. 发展中国家传染病在公共卫生上的重要程度到2000年时不超过发达国家在1980年的程度。
8. 用一切可能的方法，通过影响生活方式和控制自然、社会和心理环境来预防和控制非传染病，促进精神健康。
9. 人人都得到基本药物供应。

三、初级卫生保健的概念、原则、内容

《阿拉木图宣言》指出："初级卫生保健是一个基本的卫生保健。它是建立在切实可行、学术上可靠而又为社会所接受的方法与技术之上的基本卫生保健，通过社区个人及家庭的参与、本着自力更生及自决精神、使在发展的各个阶段的社区和国家都能负担得起并覆盖所有人的卫生保健。它既是国家卫生系统的组成部分，作为其主要重点并发挥核心功能，也是社区整体社

会经济发展的组成部分。初级卫生保健（primary health care）是个人、家庭和社区同国家卫生系统接触的第一环节，它使卫生保健尽可能接近人民居住及工作的场所，并构成了连续性卫生保健过程的第一步。"

初级卫生保健策略的3个基本原则是：①强调适宜技术，将卫生资源从城市医院转向用于满足农村和弱势人群的基本卫生需求；②强调适宜人力，减少依赖高度专业化的医生和护士，转向动员社区承担起卫生工作的责任；③强调将健康同社会发展联系起来，卫生工作不是孤立的短期干预，而是改善生存环境过程的一部分。

初级卫生保健任务的具体内容因不同的国家和居民团体可以有所不同，但是至少应该包括以下8项要素：①对当前流行的卫生问题以及预防及控制方法的宣传教育；②促进食品供应和适当的营养；③充足的安全饮水供应和基本卫生设施；④妇女儿童保健，包括计划生育；⑤针对主要传染病的免疫接种；⑥预防和控制地方病；⑦常见病和外伤的妥善处理；⑧提供基本药物。第34届世界卫生大会（1981年）在上述8项要素的基础上，增加了"使用一切可能的方法，通过影响生活方式控制自然、社会、心理环境来防治非传染性疾病和促进精神健康"一项内容。

综上所述，初级卫生保健是指最基本的、人人都能得到的、体现社会平等权利的、人民群众和政府都能负担得起的卫生保健服务。初级卫生保健所反映的核心价值观是社会公平，所信奉的理论是"健康是人类的基本权利"，所追求的目标是"人人享有卫生保健"，所采用的技术是适宜技术。

四、初级卫生保健的挑战与发展

在1978年阿拉木图会议之后不久，就有人提出了"有选择的初级卫生保健"，主张至少在短期内，应当集中力量对国家或地区引起死亡或发病的少数主要因素进行符合成本效益的干预，而不是全面加强卫生系统，这实际上也忽略了初级卫生保健原有意义上所包含的影响健康的相关社会和政治因素。他们认为"有选择的初级卫生保健"更实际、经济上更有吸引力、政治上不具威胁性。因此，针对单个疾病的垂直型疾病干预模式被广泛应用，加强卫生服务体系、采取综合性策略的方式被忽略。"有选择的初级卫生保健"在短期内显示了改善特定健康指标的效果，但放弃了《阿拉木图宣言》中有关社会公平和卫生系统发展的核心内容。尽管"有选择的初级卫生保健"的倡导者声称这只是暂时性策略，但实际上它替代和改变了初级卫生保健的宗旨和预定轨道。

在经历了20世纪后期偏离初级卫生保健思想和原则的波折以后，世界各国和国际组织重新思考了卫生发展的方向，探讨如何使卫生系统更公平、更有效。1998年11月27—28日，世界卫生组织在哈萨克斯坦共和国的阿拉木图市召开了面向21世纪的初级卫生保健大会，纪念《阿拉木图宣言》发表20周年，并在回顾、总结过去20年间全球初级卫生保健的成就和经验教训的基础上，提出了21世纪前20年全球初级卫生保健所面临的关键问题及战略指南。会议重申了初级卫生保健必须坚持的五项原则：①全面的基本需要的可及性和覆盖率；②社区和个人参与及自力更生；③强调疾病预防和健康促进的综合卫生保健；④部门间的合作；⑤在可以得到的资源内，采用适宜技术和成本效益。

2008年，在《阿拉木图宣言》发表30周年之际，世界卫生组织发表了 *Primary Health Care-Now More Than Ever*（《初级卫生保健：过去重要，现在更重要》）的报告。该报告认为，卫生系统目前的发展方向几乎无益于维持公平和社会公正，而且未能实现健康投资的最大效益。最令人担忧的3种趋势是：①卫生系统专注于狭义的专业性治疗服务的提供，且比例失衡；②卫生系统中对疾病控制的指挥控制方法仅关注短期效果，使得卫生服务的提供失去完整性；③卫生系统中放任的管理方式使得不规范的卫生服务商业化现象泛滥。该报告分析了全球化、城市化和老龄化引起的社会、人口和流行病学变化，世界正面临着30年前无法预料的巨大挑战；呼吁重振初级卫生保健，并提出了4个方面的改革措施：

- 普遍覆盖的改革：确保卫生系统有助于提高卫生平等性、社会公正并消除社会排斥，向普遍可及的卫生保健和社会卫生保障的方向迈进。
- 服务提供的改革：重新组织卫生服务的提供，以人们的需求和期望为中心，使卫生服务更符合和更好地应对社会变迁，同时取得更佳产出。
- 公共政策的改革：通过整合公共卫生行动和初级卫生保健以及探寻促进各部门发展的良好公共政策来保证社区更健康。
- 领导力的改革：以复杂的现代卫生系统所要求的全面性、参与式及基于谈判的领导风格代替以往一方面政府过度指挥与控制，另一方面又放任自由的领导风格。

2018年，为了纪念《阿拉木图宣言》40周年，全球初级卫生保健大会在哈萨克斯坦共和国首都阿斯塔纳召开，会议发表了 Astana Declaration（《阿斯塔纳宣言》，下文简称《宣言》），它总结了初级卫生保健40周年的经验，将初级卫生保健的定义分为3个组成部分，即系统应对影响健康的社会、环境、商业、经济因素的多部门的公共政策和行动。赋予个人，家庭和社区以掌控自己健康的权力，使其成为促进和保护健康的政策的倡导者、卫生和社会服务的开发者和自身健康和他人健康的守护者；优先将针对群体的（例如，公共卫生服务）和个体的（例如初级保健）关键服务，作为各个水平综合服务提供的核心要素。通过在整个生命周期中全面的健康促进、保护、预防、治疗、康复和姑息治疗，确保人们的主要健康问题得到解决。

在全球初级卫生保健大会上，《宣言》得到世界卫生组织所有会员国一致批准，各国政府在4个关键领域做出了承诺：

- 在所有部门为增进健康做出大胆的政治选择。
- 建立可持续的初级卫生保健服务。
- 增强个人和社区权能。
- 使利益攸关方的支持与国家政策、战略和计划保持一致。

《宣言》还提出，为了推动初级卫生保健，各国政府要加强5个方面的行动。这些行动包括：

1. 加强多部门合作，将健康融入所有政策的政策和行动　将健康融入所有政策（health in all policies，HiAP）是已经证实的在国家，次国家和区域各层面的实现多部门的政策和行动的可靠方法，它为不同层面多部门政策的产生提供了框架和指南。《宣言》强调多部门的政策和行动，要求政府首脑参与协调制定的政策和行动；非卫生部门在其制定政策时，积极评估该政策对健康的影响；卫生部门应加强与其他部门协调，并及时提供技术指导。

2. 赋予民众和社区权力　《宣言》强调了赋予民众和社区权力以使民众和社区成为"多部门政策和行动的倡导者""健康和社会服务的共同开发者"以及"自我健康和他人健康的照护者"。赋予民众和社区权力是基于强调民众和社区是创造健康和福祉的积极参与者，让越来越多的人在确立健康优先事项以及如何在社区中实施这些优先事项方面发表意见，使居民在社区卫生的建设方面发挥着重要的作用。

3. 提供以基本公共卫生职能和初级保健为中心的综合的卫生服务　《宣言》强调初级卫生保健要实现从健康促进、疾病预防到治疗、康复和姑息治疗的完整性、连续性；强调基于群体的服务和基于个体的服务互补，通过整合和协调而增强卫生体系的作用。基于群体的服务主要为公共卫生服务，基于个体的初级卫生保健服务质量的高低往往与服务可及性的增加、更好地早期识别和准确诊断、降低住院治疗有关。

从《阿斯塔纳宣言》可以看出，它和《阿拉木图宣言》所倡导的价值观和原则是一致的，特别是均秉承追求正义和团结互助的价值理念，均强调健康对社会经济发展的重要性和相互依存的关系，均承认加强初级卫生保健服务是增强人们健康和福祉的最有效的方法。《阿拉木图宣言》强调初级卫生保健是实现2000年人人享有卫生保健的关键措施和必由之路，而《阿斯塔纳宣言》提出，初级卫生保健有助于实现全民健康覆盖和与卫生相关的可持续发展目标。两者均强调了政府在推动初级卫生保健中的作用，《阿拉木图宣言》中建议政府应拟订出国家的政策、战略及行动计划，在其他部门的协作下持续开展初级卫生保健；《阿斯塔纳宣言》重申了政府在促进和保护人人享有可达到的最高健康标准方面的主要作用和责任，并要求政府所有部门为增进健康做出大胆的政治选择。此外，在加强社区参与和能力建设、强调部门协调等方面的原则也和《阿拉木图宣言》高度一致。

然而，《阿斯塔纳宣言》在《阿拉木图宣言》的基础上，在实施初级卫生保健上又有了深入的发展。首先，《阿斯塔纳宣言》不仅强调将初级卫生保健纳入国家卫生发展规划，而且强调各利益攸关方对初级卫生保健的支持和在关键政策、战略和计划上和国家保持一致。其次，《阿斯塔纳宣言》不仅强调了初级卫生保健的覆盖，而且强调整合的全生命过程的保健，同时强调提高初级卫生保健的质量。再次，《阿斯塔纳宣言》在《阿拉木图宣言》提出的部门协调的基础上，强调将健康融入所有的政策，这是在对健康的社会决定因素不断认识基础上的对健康的认识进一步的深化。为了进一步推动初级卫生保健的发展，《阿斯塔纳宣言》号召各国政府注重：①知识和能力建设，加强研究和分享知识与经验；②加强卫生人力资源开发，改善初级卫生保健人员的技术水平和待遇；③加强卫生筹资，增加投资等方式来推动初级卫生保健取得成功；④大力推广适宜技术，使用优质安全有效和经济上负担得起的技术。

在《阿拉木图宣言》发表40周年之际，重申《阿拉木图宣言》和《2030年可持续发展议程》中就人人享有卫生保健服务做出的承诺，通过政府和社会以及个人的努力建立起初级卫生保健服务体系，建立有利于健康的支持环境，为各国实现全民健康覆盖和可持续发展目标指明了方向。

第二节　千年发展目标和针对健康的社会决定因素采取行动

一、千年发展目标的提出背景及理论基础

2000年9月的联合国千年首脑会议上，189个国家领导人共同签署了 *United Nations Millennium Declaration*（《联合国千年宣言》），就消除贫穷、饥饿、疾病、文盲、环境恶化和对妇女的歧视，制定了一套量化的、有时限的目标和指标，这是全球首次为改善人类生存状况而做出的一系列承诺，之后这些目标被置于全球议程的核心，统称为"千年发展目标"（millennium development goals，MDGs）。千年发展目标——从极端贫穷人口比例减半，遏止HIV/AIDS的蔓延到普及小学教育，所有目标完成时间是2015年——这是一幅由全世界所有国家和主要发展机构共同展现的蓝图，从而全力以赴来满足全世界最穷人的需求。

千年发展目标的理论基础始自20世纪40年代中期的国际减贫理论（theory of international poverty reduction），该理论经历了4个发展阶段，由世界银行倡导的全球性减贫和促进发展事业也以此理论为基础。千年发展目标正是在这种历史背景下应运而生的：①第一阶段（20世纪40年代中期至50年代中期），发展经济学理论认为，可通过增加生产等方式实现经济发展的良性循环。当时世行减贫与发展业务主要集中在重建和新建基础设施领域，以及帮助发展中国家政府清偿债务平衡预算等方面；②第二阶段（20世纪50年代中期至70年代末），发展经济学家普遍认为经济增长与不平等现象密不可分，主要研究减轻经济增长带来负面影响的方

法，如提供补贴、社会福利等；③第三阶段（20世纪80年代末至90年代），世界经济经历了一系列重大事件，迫使发展中国家对影响和制约其发展的经济政策环境重新进行考量，并对经济政策做出相应调整，世界银行开始从直接解决贫困问题转向帮助发展中国家进行政策改革；④第四阶段（20世纪90年代末至今），多边发展机构的使命逐步明确为解决贫困问题。国际社会认识到，单靠经济增长不足以解决贫困问题，如果贫困或不平等问题解决得不好，经济将难以得到健康、稳定、持续的增长。相应地，世行、亚行等多边发展机构都相继制定了直接针对贫困问题的发展战略。

千年发展目标就诞生于全球性减贫理论发展第四阶段的初期，倡导发达国家和发展中国家携手合作，承诺建立一个减少贫困和饥饿、减少文盲和疾病的更美好公平的世界。千年发展目标为人类在减贫、发展等方面的努力指明了具体方向，并首次全球性地将贫困的概念由单一的关注经济增长扩展到关注人们的健康、生活质量和幸福感，同时也提高了发达国家在全球化背景下的责任感。对于发展中国家而言，一方面，千年发展目标的制定引领全世界关注发展中国家的贫困问题，将国际发展援助的重点投向中、低收入国家；另一方面，千年发展目标的制定有助于发展中国家积极主动地争取国际社会在减贫致富方面的支持，同时为发展中国家民众提供了契机，以满足自身在健康、教育等方面的诉求。对于发达国家而言，一方面，千年发展目标的达成意味着发展不再是某个国家自己的事情，发达国家有义务通过发展援助、债务减免和免征关税等措施，帮助发展中国家实现千年发展目标中的要求；另一方面，千年发展目标中设置的部分指标会成为评判国际社会在全球共同发展方面的努力程度和实际效果的重要依据。

二、千年发展目标的主要内容

1．消灭极端贫穷和饥饿
- 花销平均每日不足1美元的人口比例减半。
- 使所有人，包括妇女和青年人都享有充分的生产性就业和体面的工作。
- 挨饿的人口比例减半。

2．普及小学教育
- 确保男童和女童都能完成全部初等教育课程。

3．促进两性平等并赋予妇女权力
- 到2005年在小学教育和中学教育中消除两性差距，至迟于2015年在各级教育中消除此种差距。

4．降低儿童死亡率
- 5岁以下儿童的死亡率降低2/3。

5．改善孕产妇保健
- 孕产妇死亡率降低3/4。
- 到2015年实现普遍享有生殖保健。

6．对抗人类免疫缺陷病毒以及其他疾病
- 遏止并开始扭转HIV/AIDS的蔓延。
- 到2010年向所有需要者普遍提供HIV/AIDS治疗。
- 遏止并开始扭转疟疾和其他主要疾病的发病率增长。

7．确保环境的可持续能力
- 将可持续发展原则纳入国家政策和方案，扭转环境资源的流失。
- 减少生物多样性的丧失，到2010年丧失率显著降低。
- 到2015年将无法持续获得安全饮用水和基本卫生设施的人口比例减半。
- 到2020年便至少1亿贫民窟居民的生活有明显改善。

8. 全球合作促进发展
- 进一步发展开放的、遵循规则的、可预测的、非歧视性的贸易和金融体制，包括在国家和国际两级致力于善政、发展和减轻贫穷。
- 满足最不发达国家的特殊需要。这包括：对其出口免征关税、不实行配额；强调重债穷国计划的减债方案，注销官方双边债务；向致力于减贫的国家提供更为慷慨的官方发展援助。

三、实现卫生领域千年发展目标的策略——针对健康的社会决定因素采取行动

千年发展目标为各国设定了经济社会发展议程，8项目标中有3项是健康指标，其余5项社会发展指标均是健康的社会决定因素，即消除贫困、普及教育、减少性别歧视、环境保护和加强国际合作，这些社会发展指标在一定程度上都会影响健康和健康公平。因此，为实现千年发展目标和健康公平，各国需要采取健康的社会决定因素这一方针并加以行动。

（一）健康的社会决定因素的价值取向

健康的社会决定因素的概念反映了世界卫生组织所倡导的健康公平和人权的价值取向，这与千年发展目标的价值追求一致。健康公平是健康的社会决定因素这一政策选择的伦理基础，提倡广泛的人权是实现健康公平的结构性基础。实现健康公平必须提高人群（尤其是弱势群体）掌控自己生活的能力。对于健康公平这一价值取向的重视，正是在千年发展目标进程的实践中逐渐体现的。

世界卫生组织认为，健康公平是"从社会的、经济的、人口统计的和地理的角度定义的人群健康公平和无差异状态"。健康不公平是由社会造成的人群总体健康差异和不公正。虽然没有客观标准对健康不公平进行测量，但这其中仍然蕴含着伦理规范的标准。政府承担着实现健康公平的最主要责任。诺贝尔经济学奖获得者阿马蒂亚·森（Amartya Sen）认为，健康是一种特殊的商品，卫生服务的公平分配关系到政治权利问题。健康的不平等与人的权利不平等相关，并且威胁到人的自由。健康与人权互为因果，健康是人权和自由的先决条件，同样，人权和自由等社会条件也影响健康状况。

（二）健康的社会决定因素的具体策略

根据上述概念框架，世界卫生组织健康的社会决定因素委员会提出了相应的策略：

1. 改善日常生活环境 由于社会组织方式上存在不公平现象，因此社会内部以及不同社会之间人们享受生活和健康的程度不一致。这种不公平体现在儿童早期生活环境和就学环境、就业的性质和工作环境，以及建筑环境状况上和所处自然环境的质量上，这些环境的性质决定了不同群体的不同物质条件、心理/社会依托以及行为举止，进而决定了不同群体受到健康不良问题的影响程度。社会分化也造成了不同阶层获得和利用卫生保健的机会不同，从而造成存在于改善健康和福利、预防疾病、促进康复等方面的不公平现象。为了减少这些因素对健康的影响，需要改善人们的日常生活环境，即改善人们出生、成长、生活、工作以及衰老的环境。

2. 针对社会结构性因素，处理权力、金钱和资源分配不公平 要解决健康不公平和日常生活环境的不平等，还必须处理好社会组织方式中存在的诸多不平等。因此，应在足够的资金支持之下，建立有诚信、有能力的强大的公共职能部门。第一，要求强化政府力量和强化治理，包括制定法律、拓宽空间、支持公民社会、支持私立部门承担责任、支持社会各类群体公共利益达成一致，并重视集体行动的价值。第二，要加强公共筹资。为健康公平筹集更多国际资金，通过健康社会决定因素概念框架对增加的资金加以协调。第三，公平配置政府资源。具体来说是评估国际、国内的经济政策对健康和健康公平的影响，并将评估作为一项长期制度坚

持执行。加强政府在提供健康相关基本服务中的主导作用,加强对影响健康的产品(如烟草、酒精等)和服务的管理。消除社会结构性因素中的性别偏见,这些社会结构性因素包括法律的制定和执行、组织行为的方式、干预措施的设计以及国家衡量经济贡献的方法。设计并资助缩小教育和技能差距的政策、项目,以更好地支持妇女参与经济活动。解决性与生殖健康问题,使其成为全民享有的权利。让健康公平成为一项全球发展目标,通过采纳健康的社会决定因素框架来加强多边发展行动。

3. 评估和解决问题,加强行动的影响力 首先评估健康和健康公平相关问题的严重程度以及背后的原因,然后根据评估结果制定解决政策和规划项目,达到全民健康福利最大化的目的。社会因素对健康的影响无法预测,因此要制定有针对性的措施,就必须首先建立相关的数据监测体系,并收集针对健康不公平问题和健康问题的社会决定因素,在这些数据的基础上制定更有效的根本措施。此外,要让更多的人了解健康的社会决定因素,使其更深入地理解社会决定因素如何影响人群健康,这种理解的程度直接与相关项目能否顺利开展有直接关系。各国还要加强能力建设,通过加强对健康公平政策的影响力和提供有关健康社会决定因素的技术支持来巩固自身的引导作用。此外,充分分享全球范围内有关健康社会决定因素以及健康公平的研究成果也尤为重要。

(三)针对健康的社会决定因素采取行动的五大领域

在 2011 年的健康的社会决定因素世界大会上,来自 125 个会员国的代表和来自联合国系统其他组织和民间社会的代表以及技术专家一起,共同发表了 *Rio Political Declaration on Social Determinants of Health*(《健康问题社会决定因素里约政治宣言》),确定了通过解决社会决定因素来增进健康、减少不公平和促进发展的 5 个主要的行动领域,呼吁在每个领域内采取全球和国家行动。

1. 在国家层面需要改善健康治理与发展治理方式 与社会决定因素有关的良好治理方式包括提高决策程序的透明性与包容性,使所有相关群体和部门均有机会发表意见;制定政策要具有明确和可衡量的结果,以确立问责制;要在政策制定方式和拟实现的成果两方面都保持公正。

2. 在政策制定和实施过程中提高参与性 广泛参与十分重要,有助于在健康的社会决定因素方面实行有效治理,尤其有助于增强社区赋权和提高民间社会的贡献程度,以确保那些最弱势群体的需要得到满足。

3. 卫生部门需要进一步调整方向,以注重减少健康不公平现象 卫生保健和公共卫生服务的可及性、可得性、可接受性、可负担性和高质量都至关重要,可促进享受最高而能获致之健康标准,这是每个人的基本权利之一。卫生部门应坚决采取行动减少健康不公平现象。

4. 加强全球治理与合作 国际合作与团结对实现全民的公平利益甚为重要。多边组织在制定规范、阐明指导方针和确定最佳实践以支持针对社会决定因素的行动等方面具有重要作用。多边组织还应积极获取资金、拓展技术合作、审查,并酌情从战略角度修改不利于人民健康与福祉的政策和做法。

5. 加强问责制和对进展的监测 在考虑不同国家具体情况的前提下,必须监测健康不公平趋势并评估改善健康公平措施的效果及影响。要利用信息系统工具以确立社会分析与健康结局之间的关系。

四、卫生领域千年发展目标的挑战

在全球的共同努力下,千年发展目标取得了巨大的进展。但与此同时,就像各国的社会经济发展不平衡一样,健康的公平性也遇到很大的挑战。许多国家在 2015 年未能达到所设定的

目标,尤其是非洲和南亚的发展中国家。卫生领域千年发展目标无法按时实现主要有两方面的原因:一是千年发展目标自身设计存在制度和技术上的缺陷,二是21世纪以来全球健康形势发生了重要变化。

(一) 卫生领域千年发展目标的设计缺陷

1. 不平等现象被掩盖 千年发展目标设置得标准和指标多以全球或地区水平的形式出现,这对于消除不平等和防止最贫困人口边缘化缺乏足够的促进作用。例如,Barros 等对54个国家在妇幼健康方面的 MDG 进展研究发现,尽管一些干预措施被证明非常有效,总体覆盖率也比较高,但是,不同干预措施和不同国家内部的覆盖率差异很大,需要特别关注那些贫困国家的贫富差异所带来的干预措施覆盖率的悬殊差距。

2. 全球目标向国家政策转换不当 千年发展目标的实现必须依托一国操作层面上的政策载体,由此产生了无法将全球目标有效转换为国家政策的问题。千年发展目标由于强调宏观的、国家层面的平均水平,忽视了国家内部和国家之间的平等而受到诟病。此外,千年发展目标强调统一目标,而事实上不同国家处于不同发展阶段,以放之四海而皆准的标准去衡量不是很妥当。

3. 发达国家参与动力不足 千年发展目标的制定和实施基本是由一小部分发达的援助国全权负责,但同时对发达的援助国又缺乏必要的激励机制;发展中国家政府投入偏少,而项目受益方往往又是贫困国家。这种参与程度的巨大差别引起部分发达国家的不满,导致千年发展目标的可持续动力不足。

4. 缺乏时间节点及量化指标 千年发展目标的大多数进展监测指标只笼统规定了截止日期,而没有设置具体的中间结点目标,有部分具体指标缺乏量化指标,这些都影响了指标的可操作性和可监测性。此外监测数据的可得性和时效性也成为问题,远不能满足公众及利益相关者对信息及时性的需求。

(二) 卫生领域千年发展目标不能适应全球健康形势新的变化

千年发展目标跨越2000—2015年,期间世界人口、经济、环境等诸多方面均发生了显著变化,这些变化也造成了卫生领域千年发展目标的部分失效。

1. 重要的卫生与健康事项被遗漏 千年发展目标对于卫生系统关注不足,而这对于国家如何提高可及性和卫生服务质量是非常重要的。由于对公平性关注不足,人权和健康的社会决定因素也相应地未得到强调。此外,千年发展目标关注一个个相对独立的卫生问题,造成干预措施彼此孤立,对健康的促进作用也比较分散,甚至不同疾病之间还会存在资源冲突和竞争。

2. 人口与老龄化问题 世界人口由2000年的60亿增加到2015年的73亿,急剧增长的人口产生巨大的卫生服务需求和对生存环境的依赖。人口结构的老龄化所带来的疾病谱的变化,产生的养老、医疗、护理、心理治疗等的费用,以及资源压力也是空前的。

3. 南方国家的崛起 近年来许多发展中国家迅速崛起,开始在全球卫生舞台上崭露头角。这种话语权和其他权利的多元化趋势对第二次世界大战后世界主要格局的形成原则提出了挑战。来自南方国家的呼声越来越高,它们要求国际治理框架更具代表性,并能够体现民主和公平原则。

4. 发展合作实质性的改变 传统发达国家经济体地位下降,新兴市场经济体地位上升,国际发展合作实质也在发生着改变。传统的援助大国由于自身的经济原因,对《联合国千年宣言》的承诺无法兑现,导致国际援助资金严重不足。而部分发展中国家正逐渐从传统受援国向援助国转变。

千年发展目标虽然并没有完全如期实现,但它自提出以来为人类健康和发展做出了巨大贡献,以此为基础的健康的社会决定因素策略为所有利益相关者的参与提供了机会,也为之后千年发展目标的设计提供了有益的参考。

第三节 可持续发展目标与以全民健康覆盖为核心

2013年1月召开的世界卫生组织(WHO)132届执委会和5月召开的第66届世界卫生大会,全面总结了2000年联合国确立的千年发展目标的最新进展,其中婴幼儿死亡率、孕产妇死亡率以及控制AIDS、结核病和疟疾等重大疾病等卫生方面的指标取得显著进步。同时,这两次重要会议确定了2015年之后全球发展议程,其中一个重要目标是实现全民健康覆盖(universal health courage,UHC),这是实现人人公平享有最高可得健康水平的基础和前提。

一、可持续发展目标的背景

随着2015年即将来临,本世纪初联合国所提出的"千年发展目标"(millennium development goals,MDGs)的终点也越来越近,国际社会因此面临着如何制定2015年后全球发展议程(以下简称2015年后议程)的巨大挑战。从2010年起,在全球范围内人们已经开始广泛地关注和讨论如何建构一个2015年后的全球发展议程(框架)来接替现有的千年发展目标,并以此来指导未来的全球发展合作。由于现有的千年发展目标框架在总体上取得了引起世人瞩目的巨大进展,因此为了保持千年发展目标所带来的全球空前的积极发展势头,国际社会应当在联合国架构内通过会员国政府间谈判,迅速由世界各国领导人就后续的接替计划达成一致,以便帮助实现造福人类的美好愿景。毫无疑问,新框架应立足于《联合国千年宣言》,并继续巩固和推进千年发展目标迄今已经取得的成果,但同时也应该与时俱进,根据全球发展的新形势而做深入的调整。然而恰恰就是在这一问题上,国际社会内部存在着不同的声音。

制定卫生领域2015后发展目标的各项行动主要由WHO领导、协同UNICEF、UNAIDS、UNFPA等其他组织开展。一方面,2012年5月上述组织共同发布了一个理论文章 Health in the Post-2015 UN Development Agenda(《卫生在联合国2015年后发展目标进程中的地位》),该文章为联合国2015年后发展目标任务组的指导性文件起草工作提供了基础。另一方面,卫生主题的咨询工作由瑞典政府和博茨瓦纳政府、UNICEF和WHO负责进行。卫生主题的全球咨询工作在2012年10月至2013年2月期间进行。讨论的主题包括:①从卫生相关MDGs中可以吸取哪些经验教训?②2015年之后的15年内,什么是卫生发展的优先领域?③卫生如何被纳入到2015年后发展目标中去?④有关卫生的最佳测量指标和目标有哪些?⑤各国政府、市民社会组织和其他利益相关方如何能够齐心协力参与到目标的制定过程中来?

二、可持续发展目标

2015年9月25日,联合国可持续发展峰会在纽约总部召开,联合国193个成员国正式通过了可持续发展目标(sustainable development goals,SDGs),确定了在未来15年全球社会经济发展议程,力求在15年内解决社会、经济、环境3个维度的发展问题。具体包括表4-1的17项目标和169项具体目标。

表4-1 可持续发展目标

目标1	在全世界消除一切形式的贫困。
目标2	消除饥饿,实现粮食安全,改善营养状况和促进可持续农业。
目标3	确保健康的生活方式,促进各年龄段人群的福祉。
目标4	确保包容和公平的优质教育,让全民终身享有学习机会。

续表

目标 5	实现性别平等，增强所有妇女和女童的权能。
目标 6	为所有人提供水和环境卫生并对其进行可持续管理。
目标 7	确保人人获得负担得起的、可靠和可持续的现代能源。
目标 8	促进持久、包容和可持续的经济增长，促进充分的生产性就业和人人获得体面的工作。
目标 9	建造具备抵御灾害能力的基础设施，促进具有包容性的可持续工业化，推动创新。
目标 10	减少国家内部和国家之间的不平等。
目标 11	建设包容、安全、有抵御灾害能力和可持续的城市和人类住区。
目标 12	采用可持续的消费和生产模式。
目标 13	采取紧急行动应对气候变化及其影响。
目标 14	保护和可持续利用海洋和海洋资源，以促进可持续发展。
目标 15	保护、恢复和促进可持续利用陆地生态系统，可持续管理森林，防治荒漠化，制止和扭转土地退化，遏制生物多样性的丧失。
目标 16	创建和平、包容的社会以促进可持续发展，让所有人都能诉诸司法，在各级建立有效、负责和包容的机构。
目标 17	加强执行手段，重振可持续发展全球伙伴关系。

同千年发展目标反映相对局限的一系列人类发展结果相比，可持续发展目标反映了范围更加广泛的一系列环境、经济和社会问题。关于健康的目标3是17项目标之一。有些评论者认为，与在千年发展目标的8项目标中占有3项相比，健康的地位下降了。实际上，所有可持续发展目标都相互关联与交叉，例如在国家内部和国家之间减少不平等（目标10）现象本身就明确为一项可持续发展目标并适用于其他目标，包括健康目标，因此只存在一个健康目标是合乎逻辑的。此外，健康处于为其他可持续发展目标做出重大贡献的地位：没有健康，许多目标就不能实现，健康也受益于其他可持续发展目标的进展情况。

三、实现卫生领域可持续发展目标的策略——以全民健康覆盖为核心

在2030年可持续发展议程中，健康相关目标集中列为一个大的目标，即目标3——确保健康的生活方式，促进各年龄段人群的福祉。在健康领域，除了促进母婴健康、遏制传染病蔓延之外，可持续发展更关注到了由非传染性疾病、物质滥用、交通伤害、环境污染带来的疾病负担，并提出了相应的具体目标，充分体现了新时期国际社会所共同面对的健康挑战。目标3中共有13项具体目标：

目标3.1　到2030年，全球孕产妇每10万例活产的死亡率降至70人以下。

目标3.2　到2030年，消除新生儿和5岁以下儿童可预防的死亡，各国争取将新生儿每1 000例活产的死亡率至少降至12例，5岁以下儿童每1 000例活产的死亡率至少降至25例。

目标3.3　到2030年，消除AIDS、结核病、疟疾和被忽视的热带疾病等流行病，抗击肝炎、水传播疾病和其他传染病。

目标3.4　到2030年，通过预防、治疗及促进身心健康，将非传染性疾病导致的过早死亡减少1/3。

目标3.5　加强对滥用药物，包括滥用麻醉药品和有害使用酒精的预防和治疗。

目标3.6　到2020年，全球公路交通事故造成的死伤人数减半。

目标3.7　到2030年，确保普及性健康和生殖健康保健服务，包括计划生育、信息获取和教育，将生殖健康纳入国家战略和方案。

目标3.8 实现全民健康保障,包括提供金融风险保护,人人享有优质的基本保健服务,人人获得安全、有效、优质和负担得起的基本药品和疫苗。

目标3.9 到2030年,大幅减少危险化学品以及空气、水和土壤污染导致的死亡和患病人数。

目标3.a 酌情在所有国家加强执行《世界卫生组织烟草控制框架公约》。

目标3.b 支持研发主要影响发展中国家的传染和非传染性疾病的疫苗和药品,根据《关于与贸易有关的知识产权协议与公共健康的多哈宣言》[下文简称《多哈宣言》(Doha Declaration)]的规定,提供负担得起的基本药品和疫苗。《多哈宣言》确认发展中国家有权充分利用《与贸易有关的知识产权协议》中关于采用变通办法保护公众健康,尤其是让所有人获得药品的条款。

目标3.c 大幅加强发展中国家,尤其是最不发达国家和小岛屿发展中国家的卫生筹资,增加其卫生工作者的招聘、培养、培训和留用。

目标3.d 加强各国,特别是发展中国家早期预警、减少风险,以及管理国家和全球健康风险的能力。

上述具体目标可以分为"继承和加强千年发展目标的具体目标""增加的具体目标"以及被称作"执行手段的具体目标"3类(图4-1)。全民健康覆盖是所有具体目标的核心。

图 4-1 2030年可持续发展议程中关于健康和福祉的可持续发展目标3及其具体目标的框架

全民健康覆盖成为具有核心地位的一个具体目标,它是所有其他具体目标的基础和关键。全民健康覆盖意味着所有人都可以不受歧视地获得国家确定的一套必要的促进性、预防性、治疗性、康复和姑息治疗基本卫生服务,以及必不可少、安全、负担得起、有效、优质的药物和疫苗,同时确保使用这些服务不会使人们面临经济困难,尤其是贫困、脆弱和边缘化群体。这些基本卫生服务与可持续发展目标3下的各项具体目标紧密相关。有越来越多的复杂的突发事件妨碍实现全民健康覆盖,而采取协调和包容性方针(包括通过国际合作)保障在突发事件情况中的全民健康覆盖至关重要,从而确保国家按照人道主义原则持续提供基本卫生服务。此外,全民健康覆盖可以加强一致性,减少卫生部门中各自为政的现象,并促进强有力的卫生系

统的发展。同时，只有卫生系统具有抗御力且反应灵敏，才能通过采取广泛的公共卫生措施来预防疾病、保护健康，以及通过各部门政策处理健康决定因素，实现有效且可持续的全民健康覆盖。

2019年9月23日，第74届联合国大会关于全民健康覆盖的高级别会议召开，将国际社会对全民健康覆盖的重视程度提升至联合国大会层面，会议通过了 Political Declaration of the High-level Meeting on Universal Health Coverage（《全民健康覆盖问题高级别会议政治宣言》），重申了：①要采取最有效、高效力、有质量保障、以人为本、循证、注重性别及残疾因素的干预措施，以满足所有人在整个生命过程中的健康需求，特别是弱势或处境脆弱人群的健康需求，从而确保人们在各级医疗服务场合普遍获得国家确定的综合、优质医疗保健服务，及时得到预防、诊断、治疗、护理服务；②以实现全民健康覆盖为重点，优化医疗卫生预算的分配方式，充分拓宽财政空间，在公共支出中优先考虑医疗卫生支出，同时确保财政的可持续能力；③加强立法和监管框架，促进政策一致性，以实现全民健康覆盖，包括为此颁布立法和执行政策，让更多人获得基本保健服务、产品和疫苗，在服务、产品和医疗卫生人员的做法方面提供质量与安全保障，以及确保防范财务风险；④通过采取全政府参与和把将健康融入所有政策的做法，在最高政治级别对全民健康覆盖进行战略领导，以及推动提高政策的一致性及采取协调行动，并制定协调统筹的全社会、多部门应对办法。

（谢铮 卢颖 尹慧）

第五章 全球健康促进

实现全球健康的目标需要动员广泛的资源和力量,共同开展健康促进的工作。本章将主要介绍全球健康促进的有关内容,包括全球健康促进的概念、健康促进的核心策略、全球健康促进的主要理念,以及全球健康促进的国际经验。

第一节 全球健康促进概述

一、全球健康促进的涵义

健康促进(health promotion)一词最早在20世纪20年代已见于公共卫生文献,最近20余年来广受重视。世界卫生组织曾经给健康促进做如下定义:"健康促进是促进人们维护和提高他们自身健康的过程,是协调人类与他们环境之间的战略,规定个人与社会对健康各自所负的责任。"美国健康教育学家劳伦斯·格林(Lawrence W. Green)指出:"健康促进是指一切能促使行为和生活条件向有益于健康改变的教育与环境支持的综合体。"其中教育指健康教育,环境包括社会的、政治的、经济的和自然的环境,而支持即指政策、立法、财政、组织、社会开发等各个系统。1995年WHO西太平洋地区办事处发表重要文献——*New Horizons in Health*(《健康新视野》),指出"健康促进是指个人与其家庭、社区和国家一起采取措施,鼓励健康的行为,增强人们改进和处理自身健康问题的能力"。

健康促进是一个综合策略,是调动社会、经济和政治的广泛力量,从政策上、法律上、组织上、管理上、财政上等方面,创造有利于健康的条件,改善人群健康的活动过程。它不仅包括一切旨在直接增强个体和群体知识技能的健康教育活动,更包括那些直接改变社会、经济和环境条件的活动。从狭义的角度讲,健康促进强调了在改变个人和群体行为过程中环境、政策支持的重要意义;从广义角度讲,环境、政策等对健康的贡献不仅表现为促进健康行为生活方式的形成,还会表现在环境条件改善本身对健康的贡献,政治承诺、促进健康的政策对健康的直接影响。

全球健康促进既是健康促进在全球化背景下衍生出的理论和实践,也是实现全球卫生目标的重要方式和手段。全球化并不是一个新的现象,人类的历史一直是不断地挑战边界、探索、交易、扩展、征服和吸收边界的过程。在全球化的进程中,人与人之间通过日益增加的经济一体化、日益频繁的文化传播和旅行而变得紧密联系和相互依存。全球化带来了健康风险的传播,这需要进行严格的评估和国际的合作。全球化也带来了健康益处:新健康技术的快速传播,数字化联系的全球卫生活动网络的建立以创造更有益健康的社会和环境条件,多边协定的制定以保护环境和维护人的健康权等。越来越多的健康促进者、发展机构和非政府组织开始围绕"全球卫生"问题参与健康促进工作;例如,由于贫困国家和贫困群体所面临的疾病负担

更大,一些健康促进者便致力于在非洲降低 HIV 流行率、在拉丁美洲实施改善母婴健康计划、或在南亚创建性别赋权项目。他们所开展的计划和项目,一方面是他们在自己国家范围内所做的健康促进工作在国际层面的延伸;另一方面,支持这些工作的资金通常是来自发达国家的有限资源,无论是以官方渠道还是通过非政府组织渠道,都是为了帮助发展中国家的健康发展,也与全球卫生安全和全球卫生公平的两大追求一致。

世界卫生组织 2005 年通过的 The Bangkok Charter for Health Promotion in a Globalized World (《关于全球化世界中健康促进的曼谷宪章》),是最早确定通过健康促进处理全球化世界中健康决定因素所必须采取的行动、承诺和保证的全球纲领性文件。针对全球化对健康问题的关注,该宪章提出健康促进必须成为"全球发展议程的中心"。该宪章强调如果不建立更大、更好的合作伙伴关系,"全球化世界中的健康促进"将无法实现。同时,与加强当地卫生能力建设一样,增强全球卫生能力也意味着精心选择伙伴,以应对全球化的健康挑战。道义上的当务之急是倡导更为公平的全球卫生资源分配机制。

二、全球健康促进的活动领域与策略

(一)健康促进五大领域

1. 制定能促进全球健康的公共政策 政策对于健康、健康行为的影响至关重要,各个部门、各级政府和组织的决策者都要把健康问题提到议事日程上,使他们了解他们的决策对健康后果的影响并承担责任,特别是非卫生部门(如工业、农业、教育、财政等)在决策中能预先评估政策可能对健康产生的影响,进而使本部门制定的公共政策能对健康产生积极的促进作用。

2. 创造支持性环境 生产、生活环境乃至生态环境与人类的生存与健康息息相关,保护自然环境与资源,创造安全、舒适、愉快和健康的生活和工作环境,也是健康促进的重要活动领域。该领域的工作内容包括评估环境对健康以及健康相关行为的影响,通过政策倡导和有针对性的环境策略为行为改变提供支持性环境,合理开发、利用自然资源等。

3. 加强社区的行动 社区的特点是有一定的组织形式、资源,有一定规模、特点相近的人群,有共同的生产生活环境和政策,因此,社区能力的提升与参与行动,是健康促进的重要保障。加强社区行动首先要赋权(empowerment),激发社区领导、居民的主人翁意识,分析发现社区的健康问题、确定社区的健康目标;然后,提出解决问题的办法,并充分发动社区力量,挖掘社区资源,积极有效地让社区群众参与卫生保健计划的制定和执行,最终解决社区健康问题,实现社区健康与发展目标。

4. 发展个人技能 通过提供健康信息,开展教育并帮助人们提高做出健康选择的技能,来支持个人和社会的发展。个人技能是多方面的,包括基本的健康知识、疾病预防与自我保护技能、自我与家庭健康管理能力、保护环境与节约资源的意识,维护公共健康与安全的意识和能力等。不仅要鼓励个体不断地从生活中学习健康知识,积累经验,有准备地应付人生各个阶段可能出现的健康问题;学校、家庭、工作单位等功能社区和居民社区也都有责任帮助人们发展个人技能,从个体和群体水平预防疾病、增进健康。

5. 调整卫生服务方向 长期以来,世界范围内都将临床医疗作为卫生服务的主体,疑难及重症疾病的治疗占用了大量的卫生资源,而人们的卫生需求却是以预防保健、基本医疗服务为主,形成了卫生投入及资源配置与人群卫生服务需求之间的不对等。调整卫生服务方向意味着需要转变观念,真正体现预防为主的思想,将健康促进和预防作为提供卫生服务模式的组成部分,逐步使卫生投入和资源配置与人群的卫生需求更好地统一起来,以适应广大群众日益增长的公共卫生服务需求,让最广大的人群公平受益。

(二) 健康促进三大策略

1. 倡导（advocate） 针对政策决策者运用倡导的策略，促进有利于健康的公共政策的制定和出台。此外，倡导的策略还可用于说服和动员多部门关注健康，激发各部门和人群参与的积极性，共同创造促进健康的社会氛围与环境。

2. 增能（enable） 开展社区及人群的能力建设，使其具备维护健康的意识、掌握科学的知识和可行的技术；激发社区和个人的潜能，最终使社区、每个家庭和个人具备承担起各自的健康责任的能力，并能付诸行动。

3. 协调（mediate） 健康促进涉及政府、各部门、社会团体、非政府组织、社区、个人，使各方面力量有效发挥作用，并能互相支持、配合，需要运用协调策略，关注到各自的利益与行动，形成促进健康的强大联盟和社会支持体系，努力实现维护和增进全社会健康的共同目标。

三、历届全球（国际）健康促进大会及理念演变

1988 年在澳大利亚阿德莱德召开的第二届国际健康促进大会和 1991 年在瑞典的松兹瓦尔召开的第三届国际健康促进大会，主题分别为"制定促进健康的公共政策"和"健康的支持性环境"，两次大会发表的 *Adelaide Declaration*（《阿德莱德宣言》）和 *Sundsvall Statement on Supportive Environments for Health*（《松兹瓦尔宣言》）分别强调了"健康的公共政策""支持性环境"在提高民众的健康能力，使民众的健康选择能够更为容易地实现中的作用。WHO 指出"健康的公共政策"和"支持性环境"所体现的内涵已经超越了卫生保健，健康促进需要整合社会与经济发展，重新构建健康与社会改革，建立合作伙伴关系。

1997 年，在印度尼西亚首都雅加达召开了第四届全球健康促进大会，会议以"新时期的新角色：将健康促进带进 21 世纪"为主题，并发表了 *Jakarta Declaration on Leading Health Promotion into the 21st Century*（《雅加达宣言》）。《雅加达宣言》在《渥太华宪章》的基础上，进一步思考有效的健康促进经验，重新审视明确社会、经济和环境是健康的决定因素。2000 年 6 月，在墨西哥城召开了第五届全球健康促进大会，主题为"架起公平的桥梁"，再次强调为了实现人人健康和平等，健康促进必定是各国卫生政策和规划的基本组成部分。要在地方、地区、国家和国际的卫生政策及项目中，把健康促进摆在首要位置。WHO 西太平洋地区办公室指出：在迎接 21 世纪挑战的时候，两个中心概念尤为重要——健康促进和健康保护。由此可见，健康促进是未来卫生工作的方向，WHO 已把健康教育与健康促进列为当前预防和控制疾病的三大措施之一，列为 21 世纪前 20 年全世界减轻疾病负担的重要政策策略。

2005 年，第六届全球健康促进大会在泰国曼谷的召开，正值 WHO 提出"健康的社会决定因素"理论之际。该理论认为，健康不仅受到生物、环境、卫生服务及行为生活方式等因素的直接影响，这些"原因的原因"，包括教育、社会阶层、人们的生活与工作条件等，是决定健康状况与健康公平的深层次社会因素。而自《渥太华宪章》以来，国家间和国家内部健康不公平加剧、城市化进程加速、信息与沟通技术快速发展，加上对健康的社会决定因素的揭示，都为全球健康促进带来了机遇。大会发表的《曼谷宣言》明确提出：要通过政策制定和伙伴行动改善健康的决定因素，与会国家共同承诺健康促进成为全球性发展中心，成为国家所有部门的共同实践和各级政府的核心职责，成为社区和社会团体的核心工作。

2009 年，在肯尼亚首都内罗毕召开的第七届全球健康促进大会重申健康促进是公共卫生体系的重要组成部分，是综合的、具有成本效益的公共卫生策略，并强调了健康促进实践中的关键问题：社会赋权、健康素养与健康行为、加强卫生体系建设、伙伴关系与跨部门行动，以及健康促进能力建设。

2013 年，在芬兰赫尔辛基召开的第八届全球健康促进大会发表了 *Declaration of Helsinki*

（《赫尔辛基宣言》），正式提出了"将健康融入所有政策"。该次大会是第一届大会提出的"制定健康的公共政策"的延续和发展，充分考虑健康的决定因素，强调政府和相关部门的责任，呼吁将"健康融入所有政策"作为实现《联合国千年发展目标》的重要策略，并推动将其纳入 Post-2015 Development Agenda（《2015年后发展议程》）。

2016年，第九届全球健康促进大会在上海举行，主题为"可持续发展中的健康促进"，围绕"健康城市""跨部门行动""社会动员""健康素养"4个主题进行研讨，旨在运用健康促进的理论与实践实现联合国2030可持续发展目标，为健康促进在21世纪的发展注入新的活力。发布了成果文件《2030可持续发展中的健康促进上海宣言》和《健康城市上海共识》。

至此，健康促进以实现"人人享有卫生保健"的目标为出发点，通过构建健康促进基本理论、探索和实践，提出了"将健康融入所有政策"的核心理念，为"促进健康以实现可持续发展目标"奠定了基础。

历届全球健康促进大会举办时间及地点见图5-1。"全球健康促进"相关政策文件和事件见表5-1。

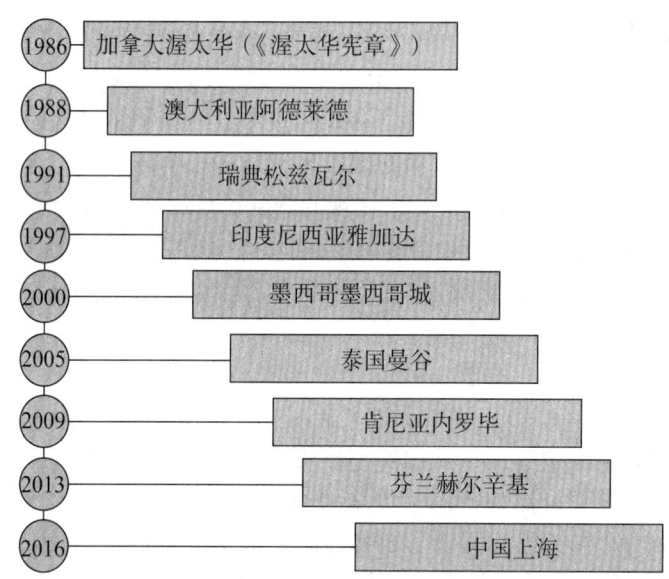

图 5-1　历届全球健康促进大会及举办地点

表5-1　"全球健康促进"相关政策文件和事件

时间	名称	发表地点或提出者	内容
1978	阿拉木图宣言	哈萨克斯坦共和国阿拉木图，WHO	初级卫生保健是实现"2000年人人享有卫生保健"目标的关键和基本途径
1986	渥太华宪章（Ottawa Charter）	加拿大渥太华，WHO	第一届国际健康促进会议。提出了健康促进的5点策略
1988	阿德莱德健康的公共政策宣言（The Adelaide Recommendations on Healthy Public Policy）	澳大利亚阿德莱德	第二届国际健康促进会议。所有政策领域必须考虑到健康和平等，并对健康负有责任。健康的公共政策的目的是创造支持性环境以使人们能够健康地生活
1991	松兹瓦尔宣言（Sundsvall Statement on Supportive Environments for Health）	瑞典松兹瓦尔	第三届国际健康促进会议。创造健康的支持环境
1999	哥德堡健康影响评估共识（The Gothenburg Consensus Paper on Health Impact Assessment 1999）	瑞典哥德堡	阐释了健康影响评估的主要内容，对在各个层次（国际、国家和地区）执行健康影响评估的可行方法提出建议
2006	将健康融入所有政策	芬兰	芬兰担任欧盟轮值主席国期间提出这一理念

续表

时间	名称	发表地点或提出者	内容
2007	将健康融入所有政策宣言（The Declaration on Health in All Policies）	意大利罗马，欧盟成员国卫生部长级代表团	强调了欧盟各国在欧盟、国家以及地方层次上加强多部门合作的方法和过程，主张将健康评估有效地纳入所有公共政策的考虑之中
2008	用一代人时间弥合差距：针对健康社会决定因素采取行动以实现健康公平报告	WHO "健康社会决定因素委员会"	国家之间以及国家、地区内部，健康不公平现象普遍存在。造成健康不公平的因素除了医疗卫生服务体系不合理外，其根源是在全球、国家、地区和地方层面上广泛存在着政治、经济、社会和文化等制度性缺陷
2010	所有政策中的卫生问题阿德莱德声明（The Adelaide Statement on Health in All Policies）	澳大利亚阿德莱德，WHO、南澳大利亚州政府	健康融入所有政策国际会议声明强调，当所有部门把健康和良好的状态作为政策制定的关键因素时，政府的目标才能得到最大程度的实现
2011	健康问题社会决定因素里约政治宣言	巴西里约热内卢	健康融入所有政策，形成多部门合作解决健康社会决定因素的合力，促进健康公平性和包容有效的社会系统
2013	赫尔辛基宣言 实施"将健康融入所有政策"的国家行动框架	芬兰赫尔辛基	呼吁各国重视健康的社会决定因素，为实施"将健康融入所有政策"策略提供组织和技术保障

第二节　全球健康促进的核心策略——社区参与

健康促进定义指出，社会公正与平等是人们获得较好的健康状况和幸福生活的先决条件。民主和对人权的尊重是社会公正、和平的内在品质。因此，如果没有个人和社区居民的参与，就不可能创建欢乐和健康的环境。然而在政策制定时往往未能充分想到社区的健康和生活质量。卫生部门有时掌握着领导权，缺乏动力先倾听居民的意见再操纵整个政策过程。因此，若要把追求实现健康方面的人人平等作为全球健康促进的期望结果，那么，实施社区参与的策略应该是全球健康促进的主要目标。社区参与不仅在把健康目标转化为社会目标方面与健康促进完全一致，同时它采取的一系列综合的、高效的动员社会、政治和群众方面的策略。社区参与与健康促进策略也是不可分割的整体，体现了先进的公共卫生理念。

联合国儿童基金会给社区参与做了如下定义："社区参与是一项人民群众广泛参与，依靠自己的力量，实现特定的社会发展目标的群众性运动，是一个寻求社会改革与发展的过程。"它以人民群众的需求为基础，以社区参与为原则，以自我完善为手段。

一、健康促进与社区参与

（一）社区能力既是健康促进的先决条件，又是健康促进的结果

社区能力既是社区发展过程的一部分，也是发展的结果。社区能力是通过社会参与、领导机制、社区权利和社区意识来建立的。但社区能力建设不是一件容易的事情。由过去自上而下转变成自下而上的决策过程，需要所有有关人员包括社区成员本身的巨大努力和时间投入。其中，领导层和居民所受的挫折可能导致这个过程的失败。因此，这个过程最重要的是要得到政府高层自上而下的支持。有足够的证据显示，自下而上的运动可以正面影响社区健康状况的

发展和改善，委内瑞拉 Zamora 小城的社区运动经验就是一个例子。他们自上而下，通过对地区、州直至国家有关部门施加压力，制止一个水泥厂造成的环境污染。在文献中很难找到有关负面经验的报道。但并不是所有自下而上的努力都是成功的，因为在健康促进实践中专业人员和领导层受到挑战是非常常见的。

（二）推动社区参与是实现公平的不可少的原则

推动社区参与是实现公平的不可少的原则，然而这一目标在卫生服务提供方和需求方都不满意的环境下是难以实现的。在这种环境下，广泛的公共卫生措施和健康倡议正在消失，由技术专家管理保健服务部门的现象占了主导。卫生体制改革可能带来不平等状况的加剧，并对社会造成破坏，人们的健康状况也可能恶化，这就使得获得社区能力的支持很难。因此，有必要确立卫生体制改革的新模式，支持发展社区能力，开展卫生工作，从而缩小不平等的差距。

社会参与策略与社会结构的变迁相关联，因此与自下而上的社区能力建设和赋权过程有紧密联系。制定卫生政策既是自上而下的运动，也是自下而上的运动，旨在获得政策保障对社区需求和优先问题的承诺。很显然，卫生政策作为社会综合政策的一部分，是社区能力建设的一个结果。社会结构变迁的目标在于社区在政府部门的支持下能够解决自身健康问题。当前社会结构的变迁受到全球化的影响。全球化迫切需要鼓励和促进个人、集体、社区和国家改善相互之间的关系，以寻找解决全球范围的不平等的办法。令人遗憾的是，在国家宏观经济全球化进程加快发展的同时，缩小健康不平等差距的目标却远远滞后。

二、社区参与的层次

（一）决策层的参与

社区决策层应大力宣传，积极主动争取各级领导政策上的支持，增加"健康投资"，保证提供必需的卫生资源，制定正确的方针、政策，并且督导执行。领导层动员的具体措施包括游说、汇报、举行学术交流会等。

（二）社区、家庭、个人的参与

大力开发和动员社区的决策者，使之充分了解各种社会卫生项目的意义和方法；发挥家庭成员在健康促进、健康保护中的作用；认识到人人有权享受基本卫生保健，同时又有义务参与。要提供有关的知识和技术，促使个人和家庭参与社区的项目规划、设计和评价。

（三）非政府组织的参与

共青团、妇联、工会、宗教团体（尤其在少数民族地区）的作用不容忽视，应提高关键人物的认识，让其向居民宣传卫生项目的意义。

（四）专业人员的参与

专业人员（尤其是基层卫生工作者）是卫生服务的提供者，直接影响人们的健康意识和健康行为，他们的参与至关重要。加强对专业人员的培训，提高其技术水平，明确其职责、权利和义务。

三、通过赋权实现社区参与

赋权是与政治密切相连的。要想实现促进人民健康的明确目的，需要了解和应用赋权策略。世界卫生组织对赋权的定义是："在健康促进中，赋权是一个过程，通过此过程，人们得到更大的控制其健康的决策和行动的能力。"

仅在最近的20年里，赋权的概念才被引用到与健康有关的理论和实践中。最初的说法是："赋权是推动人群、组织和社区参与的社会行动，其目的是提高个人和社区支配能力及政治效能，以改善社区生活质量和社会公正程度。"

对个人赋权和对集体赋权的理解存在一定的矛盾。世界卫生组织对个人和对社区赋权区别的说明是：对个人赋权和对社区赋权是有区别的，对个人赋权主要是指个人来做决策和控制他们个人的生活的能力；对社区赋权是指以许多人的集体行动，更大地影响和控制他们所在社区的决定健康与生活质量的因素，这是社区健康行动的重要目标。还有一种观点认为，对个人赋权是指个人控制自己健康的能力。在健康促进中，改变个人行为是一个目标，然而，这种赋权并不意味着真正有权改变生活条件和环境（健康决定因素）以影响健康。只在个人层面上讨论赋权存在一定的风险，因为个人的转变只是集体转变的结果。

在健康领域里，关于赋权的学说大体可总结为两种：一种观点认为，赋权最重要的用途是在以人为本的文化中，强调以改变人群健康水平为目标的个人行为改变。这是一种强有力的观点。它强调行为改变，并将"采取健康的生活方式"作为健康促进的主要目的。持这种观点的部分学者重视降低健康危险因素，而对难度更大和更复杂的社会文化和政治环境的改变并未足够重视。然而，有充分的证据表明，集体的行为不是个人行为的简单相加。也有证据表明，人的行为受社会力量支配，要改变个人行为，必须要改变社会条件。

关于社区参与，有许多文献提供了有用的实际的能促进社区参与健康过程的方法和技术。社区参与不能在真空中进行，它是由影响人们生活的共同问题和事件引发的，这是"如何"使社区参与和发展自身能力的关键。无论使用什么方法（如小组访谈、德尔菲法、共识决策法、参与计划法、逻辑框架法等）激发社区参与，都需要着重了解居民对社区现状的评估以及居民优先考虑的问题和需求。确定问题和需求是社区能力建设最佳的起点，它的目标是使从来没有机会发表意见的人参与进来。健康管理人员、领导和政治家应当倾听社区自身确定的健康问题，取得社区的支持和信任。

四、社区参与的策略、技巧和资源

社区参与主要包括5个步骤：①作为卫生技术人员，首先对自身的资源和期望成为社区合作伙伴的兴趣做出评价；②为在社区开展工作建立社会网络并确定领导人；③应用建立共识技术，确定社区优先卫生问题；④在干预过程中确立社区参与的策略；⑤进行社区参与的效果评价。参与的过程不同于处方，它应该详细描述以后的步骤和为建立健康的合作伙伴关系要做的承诺。这个方法适用于社区参与健康服务管理的高层决策、参与质量控制活动及在机构内建立透明的财务管理机制。在社区层面，可以开展培训和教育活动，以改善社区组织和供应，对社区给予技术援助，提供讨论、协商和谈判的合适场所。

在健康促进活动和社区参与中找出重要的投资者是关键的因素。尽管投资方式多种多样的，但应尽可能地邀请一些知名的投资者参加所有的社区能力建设和赋权倡议，以改善社区健康和生活质量。常见的投资者有当地政府、健康和教育主管部门、公共卫生从业人员、社区组织、领导人（官方的和非官方的）、大众媒体、非政府组织、健康专业协会、科研单位、商业和私人企业、消费者等。卫生部门在支持社区参与过程中所扮演的角色应当予以修正和进一步明确。从事健康工作的人员有必要明白，他们有责任帮助社区组织动员自身的资源。健康专业机构，如医院和卫生服务中心应该邀请社区共同参与。卫生技术人员应接受有关社区参与方法和策略的培训。作为改进社区健康的途径，他们必须懂得倾听人们意见，这是与社区协作的最重要技能。

在健康促进活动中使用大众媒体是一个复杂的问题。在健康教育者和健康传播者之间还存

在着分歧,许多人认为,健康促进中媒体的使用需要重新定义。但是在制定公共卫生政策中,社区能力建设和社会动员要考虑媒体强大的影响力。

在与社区协作中除技术和其他专家外,其他资源也是重要的。加强社区能力需要资金。经验表明,在管理者中常常有这样的错误认识,以为社区工作不需要资源投入。确切地讲,发展联盟和建立合作伙伴关系的条件之一就是在适当的时机内资助社区发展计划。时间是另外一个重要资源。在最佳条件下,社区能力建设和赋权也仍然需要一定的过程。积极效果的获得需要成熟的社区参与。

五、健康促进中社区能力和赋权的评价

评价社区能力和赋权就像评价任何一个社会经济干预活动一样复杂和困难。这个问题无论是过去还是现在,都是人类发展领域里的一个有争议的问题。尽管如此,社区健康促进工作的评价仍然取得了一些进展。第一,评价健康促进应该根据实施项目的当地具体情况来进行,即并没有通用的评价指标。第二,评价应是参与式的,社区也应该参加评价过程和评价指标的选定过程。第三,评价应是既定性又定量的,这一点是公认的。解决健康问题需要社区参与和社会环境的支持,但是无论是在测量社区参与方面,还是在测量环境支持方面,传统的定量指标(如发病率和死亡率)的作用都是非常有限的。评价应着重于"为什么"和"如何做",而不应该仅仅是"什么"和"多少"。第四,评价社区过程需要多学科和跨学科的方法;也就是说,各学科需要在一起制定一个共同的框架,用于对问题和解决方案做出解释,以便调整他们的测量方法。第五,参与过程应该是持久的,寻找评价社区能力和赋权的指标很重要。可用于评价社区参与度的指标可包括:①范围,谁参加了或谁没有参加;②深度或强度,人们参加了哪些活动;③方式,人们以什么样的方式参加;④效果,取得了什么健康效果;⑤可持续性,今后如何使参加的人更多、效果更好。

尽管需要寻找评价社区能力和赋权的标准方法,但结合实地情况的、定性的评估始终应该是评价的一部分。每一个社区都存在影响自身变化的有利和不利因素,如果以发展社区能力为目标的话,了解这些因素就非常重要。

总之,社区能力和赋权策略是引起社会结构变迁的具体机制,取得成功最实用的方法就是激发和支持社区参与。卫生部门的领导和卫生工作人员应当创造参与、协商和取得共识的好时机。政府行为,如社会政策的制定和实施,是减少贫困负担的最好方法。社区需要通过赋权,以要求应用这些政策,并向各级政府申请赋权。

各级政府部门有责任支持以人为本的策略,并以此作为达到"人人享有健康"这一目标的基础。公共卫生工作人员有责任监测他们所实施的政策和项目的效果。居民应承诺要求发展民主过程,使得他们自身的声音以倾听,他们的意见得以考虑。人与人、社区与社区之间的团结、广泛尊重和信任是构建和平与平等社会的基础。

全球化形势下的社区比以往任何时候都更需要发展机构的支持。社区能力建设和赋权策略都需要精心选择,以避免发生强迫性的干预。应当组织听众讨论评估社区参与的实际经验,并以此作为不同社会文化背景下改变健康决定因素的强有力的机制。

第三节 将健康融入所有政策

一、"将健康融入所有政策"共识的形成

(一)"将健康融入所有政策"的提出

2006年,芬兰的卫生部门率先提出并发展了"将健康融入所有政策"(Health in All

Policies，HiAP）的概念，并将其作为轮值主席国期间主要的公共卫生议题。HiAP 的原理非常简单：健康受到生活方式和环境的巨大影响，例如，人群如何生活、工作、饮食、活动以及如何休闲等均影响到自身的健康。因此，人群健康不仅关系到卫生服务的提供或者"卫生政策"，其他领域相当多的政策也决定着人群健康。芬兰卫生部门认为，欧盟及其成员国在制定卫生以外的政策时，很少考虑其健康影响。因此，借助作为欧盟轮值主席国的机会，芬兰探索并推出了"将健康融入所有政策"的策略和措施。HiAP 的前提是：良好的健康能够提高生命质量、增强学习能力、加强家庭和社区联系、改善劳动生产力。而且，许多健康问题和健康不公平存在着超出卫生部门和卫生政策以外的社会和经济根源，所有部门制定的政策都会对人群健康及健康公平产生深刻影响。"将健康融入所有政策"是改善社会决定因素，提高健康水平和实现健康公平的重要策略。

（二）国际社会对"将健康融入所有政策"的认同

2010 年 4 月，在澳大利亚阿德莱德，由 WHO 和南澳大利亚州政府共同主办的"健康融入所有政策"的国际会议上，来自不同国家各个部门的 100 位资深专家，共同讨论实施健康融于各项政策的方案，并发表了《所有政策中的卫生问题阿德莱德声明》（下文简称《阿德莱德声明》）。该声明旨在联合地方、区域、国家和国际的不同管辖层次的领导者与决策者共同参与到"健康融入所有政策"的实践之中。声明概述了一个新的管理框架，该框架是对在所有部门间建立新的社会契约，以促进人类的发展、可持续性、公平性，以及提高健康产出需要的回应；提出了将健康融于所有政策的方法，包括：明晰地授权让整合型政府成为必要，考虑跨部门间的影响和各种利益间的调解，要有问责制、透明度和分担机制，有非政府的利益相关者的参与，以及有效的跨部门激励以求建立合作关系与信任。同时，为了更好地将健康融于所有政策，卫生部门必须学习与其他部门合作，共同开展政策创新，探索新型方法、机制和更好的管理结构。为此，需要一个具有必要知识、技能和授权的外向型卫生部门，同时也需要提高卫生部门内部协调和处理问题的能力。

HiAP 的概念提出以后，国际社会倡导从全球、国家、地区以及地方层面做出高度的政治承诺，采取"将健康融入所有政策"的策略，建立跨部门的合作机制，动员社会组织和居民广泛参与，改善人们的日常生活和工作环境，从法律、政策和规划等各个方面采取行动，逐步弥合健康差距。

二、"将健康融入所有政策"的实施

"将健康融入所有政策"成为 2013 年 6 月在芬兰赫尔辛基召开的第八届全球健康促进大会的主题。会议审议通过了《赫尔辛基宣言》和 *Health in All Policies Framework for Country Action*（《实施"将健康融入所有政策"的国家行动框架》），呼吁各国重视健康的社会决定因素，为实施"将健康融入所有政策"策略提供组织和技术保障。自 2006 年 HiAP 的理念提出后，不到 5 年，国际社会就予以接受，并将其理念和实施建议以文件的形式予以固定。2006 年，芬兰在欧盟提出了 HiAP 的主张后，HiAP 经历了两个历程：第一，2007 年，欧盟通过了《健康融入所有政策宣言》，表明该主张被欧盟正式接受；第二，以 2010 年 WHO 的《阿德莱德声明》为标志，HiAP 成为 WHO 面向世界的倡导政策。

HiAP 是公共政策制定部门的一项策略，它通过系统地考虑决策给健康带来的后果、寻求协作及避免损害健康，达到改善人群健康及健康公平的目的。各级决策者需要把公共政策对卫生系统、健康决定因素、健康状况，以及完满状态和可持续发展的影响纳入思考。近年来的实践证明，政府可以通过部门间、部门内部的协调合作，实现健康、社会、环境与经济协调发展的目标。为此，大会提出了 HiAP 的国家行动框架（图 5-2），建议各个国家在落实"将健康融入所有政策"时,需要遵循询证决策的原则,制定国家 HiAP 策略与行动计划,建立支持性组织机构,以促使国家行动计划的制定和落实。

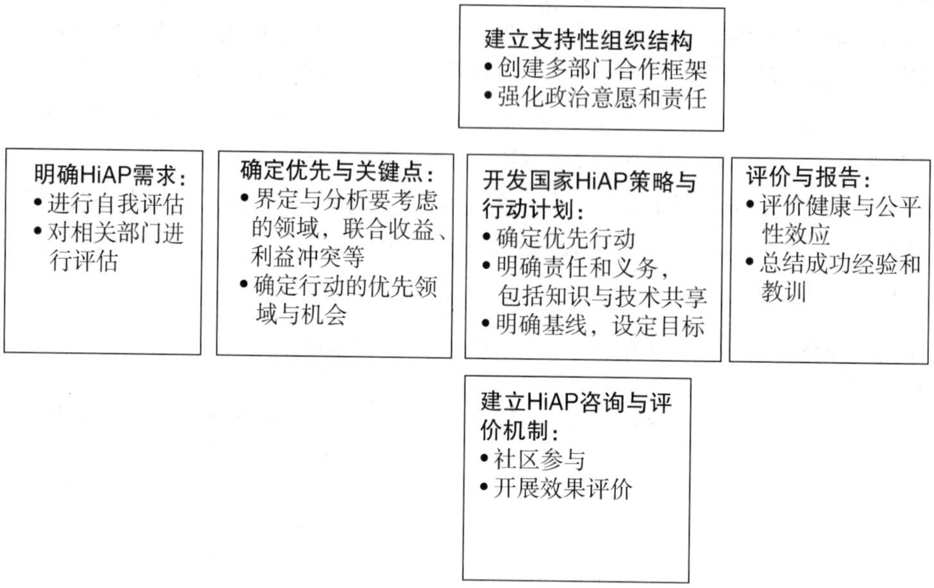

建立支持性组织结构
- 创建多部门合作框架
- 强化政治意愿和责任

明确HiAP需求:
- 进行自我评估
- 对相关部门进行评估

确定优先与关键点:
- 界定与分析要考虑的领域,联合收益、利益冲突等
- 确定行动的优先领域与机会

开发国家HiAP策略与行动计划:
- 确定优先行动
- 明确责任和义务,包括知识与技术共享
- 明确基线,设定目标

评价与报告:
- 评价健康与公平性效应
- 总结成功经验和教训

建立HiAP咨询与评价机制:
- 社区参与
- 开展效果评价

图 5-2　HiAP 的国家行动框架

第四节　全球健康促进的国际经验

一、澳大利亚的健康促进立法与维多利亚健康促进项目

1988 年澳大利亚通过 *Health Act in Victoria*(《维多利亚健康法案》)的修订,推行立法强制实施跨部门健康行动。虽然法案最终并未颁布,但其健康促进的观点被融入卫生政策中,并形成了很多行之有效的健康促进项目。下面以维多利亚州的健康促进项目(维康)为例简要介绍。

1. 项目的特点　依靠本国的部分烟草税收,项目有稳定的经费来源,每年约有 2 500 万澳元的经费支持,并得到政府及多部门领导、社会团体的支持。市长、议员经常参加维康组织的活动,包括在社区、工厂、学校、医院、文体场所、公园的活动等。对控烟、营养、运动、高血压、意外损伤、不安全性行为及其他危险因子进行干预。项目把工作重点放在调动基层积极性上,开展简便易行,民众乐于接受的活动,他们的想法是活动要简单,但参加者要广泛,不搞小范围程序复杂的活动。将评价的重点放在过程评价上,了解活动是否进行、程度如何。活动不仅强调个人行为的改变,而且要加强各类健康机构的发展,在不同场所开展活动、建立多单位的伙伴关系;还要争取政府,社区的支持,有税收和立法的保证;并要求医疗卫生人员提供有效服务。

2. 战略模式
- 目标人群:母亲和其子女、青少年、工人、老年人、残疾人、性病患者、少数民族和农村人群。
- 危险因素:非传染性疾病,包括吸烟、酗酒、吸毒、不良膳食习惯、缺乏运动和肥胖;传染性疾病,包括免疫接种服务覆盖率不足、不安全性行为、肺结核和肝炎危险因素;精神疾病危险因素,包括药物滥用、工作压力、自杀、暴力等。

- 主要场所：居民社区、卫生部门、教育部门、工作场所。

3. 不同场所开展的活动

- 社区：利用宣传品、集会、午餐会，妇女组织、社团开展活动。建立无烟环境，交通安全环境。墨尔本的健康中心负责14.4万人的社区，其中包含112个不同的民族。提供的服务有宣传教育、家庭服务（主要针对妇女和儿童）、心理咨询。
- 工厂：发挥健康中心的作用，建立制度，创造无烟环境；动员群众参加步行运动，对活动过程用图表连续报道。
- 学校：每周有一次健康教育课（有教材），学校提供必要物资进行控烟、营养、预防日晒等活动，收到实效。学校活动与社区相结合，共同组织牙科服务、体育运动等；与家长密切配合，邀请家长参加多种活动。
- 托儿所：进行营养教育。
- 医院：把争创第一流医院与健康促进的整体计划相结合。
- 性病中心：工作对象从政府官员到基层人员达到广泛覆盖。主要针对四类人群。在学校开展预防性病教育。
- 文体活动场所：教育运动员不吸烟。

4. 取得的成绩 取消了烟草广告，制定并执行长远和全面的健康促进规划，发展了针对不同人群特征和场所的健康促进模式，为全澳洲及其他国家提供了经验，促进发展一种健康的文化。维多利亚州人群的健康行为指标（吸烟、酗酒、运动、肥胖）水平好于全国。

二、泰国健康促进工作

泰国健康促进工作网络以国家公共健康部（Ministry of Public Health，MOPH）为主导，下属地方管理机构、社区组织、研究机构、公民社会组织、非政府组织［如控烟行动（Action on Smoking and Health）、国家健康基金会（National Health Foundation）］等。泰国健康促进工作显著的特点之一就是从国家级组织到基层组织在内的所有社会部门都积极地合作。其中，以公共卫生部（Ministry of Public Health，MoPH）和泰国健康促进基金会（Thai Health Promotion Foundation，Thai Health）为核心，吸收当地组织和社区团体参与到健康促进行动中。许多非政府组织，如卫生系统研究办公室（Health System Research Office，HSRO）、卫生系统研究机构（Health System Research Institute，HSRI）和国家健康基金会（National Health Foundation，NHF）都在知识宣传和社会动员方面起到关键作用。此外，现有体系中的大批乡村卫生工作者也起到了关键作用。

泰国健康促进服务的经费主要有两个来源：其一，来自于"全民健康计划"。2001年开始，泰国政府推行了"全民健康计划"（Universal Coverage Scheme，USC），即"30泰铢医保计划"，使4 700万没有医保的泰国人民单次健康促进或疾病防治服务仅需自付30泰铢。其二，来自于泰国健康促进基金会（Thai Health）。该基金会经费来源于政府向烟酒生产商征税的2%，每年可达5 000万～6 000万美元。基金会的合作伙伴包括公共卫生部（MoPH）、卫生系统、其他政府机构、当地管理部门、私有部门和社区组织。基金会支持各类组织机构的健康促进项目和政策倡导活动，包括健康影响评价、健康城市、烟酒限制政策等。

健康促进寺庙项目由泰国公共卫生部在2003年发起，是健康泰国议程的一部分。目前该项目已经覆盖了800多个寺庙。因为大多数泰国人都是佛教徒，寺庙和僧侣对泰国人民和他们的生活也有巨大的影响，所以寺庙被认为是实施健康促进活动的理想场所。寺庙原来通常是社区活动中心，开展教育、卫生保健和文化活动等。30年前，泰国刚刚开始实施初级卫生保健时，寺庙的僧侣被称为"光头医生"，这时他们就得到了各种社区卫生保健技术的培训。这些卫生保健技术之一就是给社区居民介绍非处方药的用法。例如，僧侣告诉农民们治疗贫血的

正确药物,并告诉居住在偏远地区的人们,非法销售药物非常流行,但购买它们有一定的危险性。在20世纪80年代,泰国全国有20多万僧侣和3万左右的寺庙曾作为所谓的"民间医生"运动的主要部分。在过去30年中,公共卫生的重点一直是医疗服务。但最近公共卫生的重点开始转向健康促进和疾病预防,僧侣也从中看到了为社区服务的机会。健康促进寺庙运动具有很重要的意义,因为该运动促进了人们的健康,同时也有助于重新发挥宗教信仰在社区中的作用。

虽然泰国没有实现人人享有卫生保健的目标,但通过健康志愿者策略,泰国重新恢复了社区的最初功能,并进一步将其延伸到不同的背景和文化方面,取得了很大的成功。一方面,在许多传染病的控制中,它们都扮演着重要角色,如HIV/AIDS的控制、新发疾病[如严重急性呼吸系统综合征(SARS)和禽流感]的控制。另一方面,志愿者的无偿服务也得到了激励,如他们的家人可以得到免费医疗保健。志愿者会接受基础医疗保健技能培训,一旦他们掌握这些技能,就可以很好地作为社区卫生工作者,照顾他们的家人和邻居。受过培训的志愿者通过各种不同的方式为人人享有卫生保健的目标做出自身的贡献。例如,通过促进水封式厕所的使用,改善人们的卫生条件。通过他们的努力,泰国的农村人群现在也都在使用这种厕所。在过去的20年中,他们在降低学龄前儿童恶性营养不良方面也起到了很重要的作用。泰国初级卫生保健的另一个重要内容是基本药品的提供。泰国公共卫生部为当地社区提供了药品预算,也负责管理药品经费的使用,这样可以确保在需要的时候得到这些药品,并将这些社区纳为卫生服务财政管理基本要素。志愿者的参与已经成为泰国社区事务的一个重要部分,并整合到政府和非政府组织发展策略中。志愿者活动被纳入2001年的国家卫生立法,并被纳入到了最近的泰国国家卫生系统改革中。

三、芬兰的北卡项目

芬兰北卡是世界上少有的通过改变生活方式,预防心血管病成功的范例。

1. 北卡项目的特点 以社区为基础,主要针对心血管病的危险因子进行干预,有良好的设计、长期规划,设立对照组,连续开展20多年的非传染病防治工作,使心血管病的危险因子有效下降。实际工作和现场试验紧密结合,在非传染性疾病社区一体化防治、监测、传媒利用等方面均有系统的经验,并将经验上升为理论;发挥政府、群众团体、保健中心的作用,通过多年努力,从领导到群众保健意识明显提高,政府把人民的保健和福利作为本职工作,群众自觉接受良好的生活方式,重视环境保护,遵守公共道德。

2. 北卡项目的目标和干预框架 主要目标是降低心血管病死亡。降低主要慢性病及其危险因子。中间目标是降低危险因子,改变生活行为,促进健康。国家目标是通过示范研究为全国提供经验和疾病预防健康促进模式。

3. 项目策略和措施 项目将流行病学框架与社会行为学框架相结合。主要干预措施针对心血管疾病的危险因素来展开,这些危险因素的确定来自循证的国际文献研究,结果表明芬兰心血管疾病的3个主要危险因素是高胆醇、高血压和吸烟。根据流行病学框架,项目利用社区层面的活动向全体社区成员介绍社区内常见的心血管疾病危险因素。根据社会行为学框架,项目设计了如下行为学改变的基本内容:

- 改进预防性服务,帮助人们识别危险因素,必要时向高危人群提供服务。
- 向人们提供危险行为导致的健康危害的知识。
- 激励并说服人们加强采纳健康行为的信念。
- 培训人们自我管理健康、改变环境以及采取必要行动的技能。
- 提供社会支持,帮助人们维持最初的行为改变。

- 改善环境,为健康行为的养成创造条件。
- 组织开展广泛的社区活动(通过加强社会支持和改变环境),帮助社区整体接受新的生活方式。

4. 干预效果 该项目选择了一个与北卡条件相近的 Kuoplo 省(人口 25 万)作为对照,自 1978 年后纳入全国的干预计划。北卡与对照省相比,人群吸烟率、血胆固醇水平、血压值、脂肪摄入均较低。20 年来,北卡冠心病死亡率下降了 60%,脑卒中死亡率下降了 2/3,冠心病死亡中 1/2 可由生活方式的改变来解释。通过将流行病学模型和社会行为学模型结合,有效地降低了社区内的危险因素。项目实践证明,以社区为基础,针对危险因子,改变生活方式的干预是成功的。

(常 春 尹 慧)

第六章 全球各国卫生系统

第一节 卫生系统概述

卫生体系是指所有致力于改善人民健康的组织、机构、资源和人力的整体。这包括所有直接改善健康的活动,以及间接影响健康决定因素的努力,目的是更有效地使用卫生资源,促进健康及健康公平。一般来说,一个国家的卫生体系通常包括:卫生服务体系、卫生筹资体系(包括保障体系)和卫生管理体系。卫生服务体系是提供卫生服务、保障人民健康的基础,卫生筹资是保障卫生服务得以实现的经济基础,卫生管理体系是卫生服务的制度保障。

1. 卫生服务体系 卫生服务体系是以卫生资源为基础为居民提供预防保健、诊断治疗及护理和康复等服务的体系。其中,卫生资源包括卫生人力、卫生经费、卫生技术及其设施、卫生信息等,如医院、疾病预防与控制中心、社区卫生服务中心等。

2. 卫生筹资体系 卫生筹资体系是为了保障居民能够获得卫生服务而建立的资金筹集和分配体系,国际上常见的筹资体系有以英国为代表的税收筹资体系、以德国为代表的以就业为基础的社会筹资体系和以美国为代表的商业筹资模式。中国现有的医疗保障体系主要包括公费医疗、城镇职工医疗保险、城镇居民医疗保险和农村合作医疗。

3. 卫生管理体系 卫生管理体系是政府为了维护和促进居民健康而制定的法律、规章、制度等。卫生管理体系保障服务体系和筹资体系的正常运行。主要管理机构包括卫生部、卫生厅和卫生局等。

(一)卫生系统的组成及其目标

世界卫生组织(WHO)于 2010 年提出"卫生系统六大基石"(six building blocks)。这六大基石包括:卫生服务提供、卫生人力资源、卫生信息系统、基本药物可及性、卫生筹资、领导与治理。

1. 卫生服务提供 包括向每个个体及整个人群提供安全、有效的卫生服务,是卫生系统直接的绩效表现,就是能够提供什么样的服务,服务是否及时,各类服务数量和质量(包括安全)如何,以及服务效率是否有保障。从服务类型看,卫生系统提供的服务应当包括疾病预防控制、医疗救治、妇幼保健、康复服务等。

2. 卫生人力资源 所有参与促进健康活动的人员都可称作卫生工作者。不论是在公立还是私立卫生机构,不论全职还是兼职,所有接受过专业知识技能培训的人员都是卫生系统中必不可少的一员。一个地区全体卫生工作者可以看作当地的"卫生人力资源"。

3. 卫生信息系统 卫生信息是指关于人群健康状况、健康的影响因素、卫生体系的运行等信息。卫生信息系统具有数据生成与收集、数据编辑、数据分析与整合,以及数据交流与利用四大功能。健全可靠的信息是卫生系统决策制定的基础，是保障政策规划和实施、卫生管理、卫生研究、人力资源发展、卫生教育和培训、卫生服务提供和筹资的关键。除此之外，及时、完善、准确的卫生信息系统可以起到早期预警作用，确保相关卫生研究的规划，并获得支持和激励，进而提供健康状况和趋势的分析结果。

4. 基本药物可及性 包括各种高质量、安全可靠、高效、经济的医疗制品、疫苗与其他医疗科技，并保证科学、安全而经济地使用它们。在 WHO 概念框架下，基本药物可及性是保障个人在 1 小时路程内能到达公共或私立卫生机构，获得安全、有效、性价比高、支付得起的基础药物和疫苗。为实现这一目标，需要药品相关政策支持，让药物价格与国际接轨，保障国内药物生产质量，减少药物采购、提供、储存和配送过程中的浪费，并合理使用药物。

5. 卫生筹资 狭义的卫生筹资是指卫生资金的筹集，而广义的筹资既包括资金筹集，也包括资金的支付。卫生筹资的渠道包括国家税收、保险、使用者付费、捐赠等。一个健全的卫生筹资系统应当保证每个人在需要时都能获得负担得起的卫生服务，同时还能够限制过度使用服务。

6. 领导与治理 卫生治理涉及高层领导对卫生系统的愿景和定位、卫生相关领域的问责机制、智力动员、规制手段以及部门合作模式，目的是保证卫生体系的安全性、高效性和可靠性。治理为卫生系统营造了外在的政策环境，卫生政策制定、执行、评估的全过程，都受到当地卫生治理模式的影响。

在 WHO 提出这一框架下，卫生系统六大基石相辅相成，共同影响卫生系统的功能完善和绩效提升。例如领导与治理、卫生信息系统为其他模块提供政策和规章基础，卫生系统投入离不开卫生筹资和卫生人力资源，医药产品和技术等卫生服务提供反映了卫生系统的产出、可评估医疗保健的供给和分配。6 个关键构件影响了卫生系统中服务可及行、覆盖面、质量和安全，进而又影响到卫生系统的总体目标和产出，即健康改善、反应性、社会及财务风险保护和效率提升。基于这个模型，卫生系统的运作模式如图 6-1 所示。

（二）卫生系统的功能及其运行

哈佛大学的学者基于对卫生改革的研究，在 2002 年出版了 *Getting Health Reform Right: A Guide to Improving Performance and Equity*（《通向正确的卫生改革之路：提高卫生改革绩效和公平性》）一书，书中阐述了卫生体系的功能及其运行机制，即著名的卫生系统改革"五个控制柄"（five control knobs）模型（图 6-2）。同 WHO 卫生体系框架类似的是，这个框架也总结了卫生体系的目标：促进健康和健康公平，提高人们财务风险保护能力及其民众对所享受的卫生服务的满意度。不同的是，WHO 的框架侧重于卫生体系的组成，而哈佛大学的框架侧重于卫生体系的功能及其运行机制。后者着重关注了能够改变卫生系统绩效的 5 种力量，即筹资、支付、组织、规制和行为，并把这 5 种力量形象地称作"控制柄"。换言之，卫生政策的决策者可以通过调节卫生系统的筹资水平或方式、变革支付制度、重构卫生组织架构、变换规制手段、推动供需双方行为改变，进而影响卫生系统的中间绩效和终末绩效。

1. 筹资 如前所述，筹资是指增加卫生部门各种活动经费的所有机制。这些机制包括税收、保险金和患者直接支付。筹资机构的设计（如保险公司、社会保障基金）、不同优先项目之间的资源分配，都是这个控制柄的组成部分。

2. 支付 支付是指把资金转移给卫生保健提供者（医生、医院和公共卫生人员）的方法，如薪水、按人计费、预算拨款。这些方法都会产生激励，影响医生的行为。患者直接付费也是这个控制柄的组成部分。

3. 组织 组织是指改革者用于组织卫生保健市场中服务提供者的各种机制，以及他们的角色、功能和提供者内部运作形式。这些机制通常包括影响竞争、分散，以及政府对服务提供

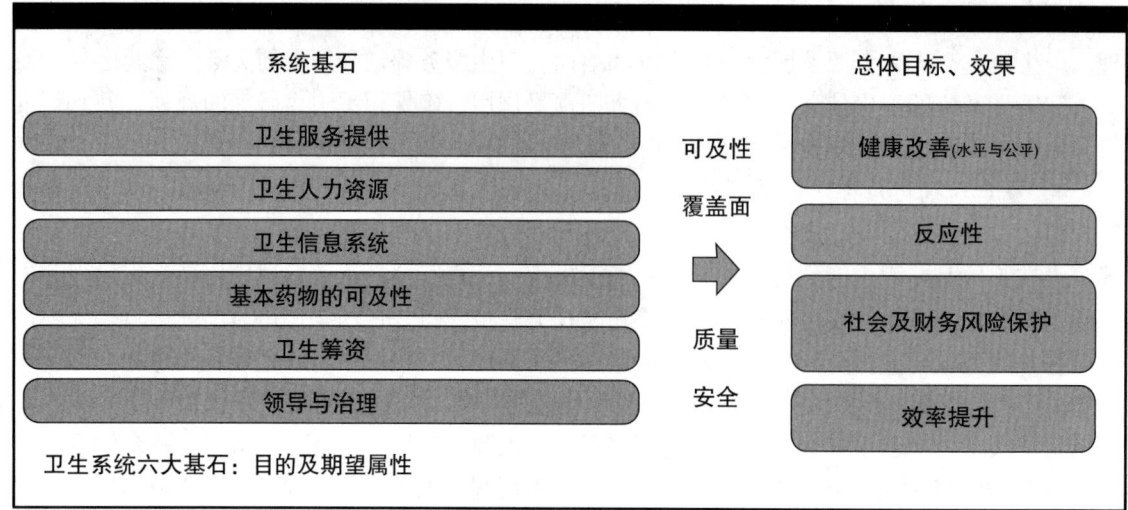

图 6-1　世界卫生组织卫生系统框架图

来源：WHO．监测卫生系统的构成要件：指标及测量策略手册．Geneva：WHO．

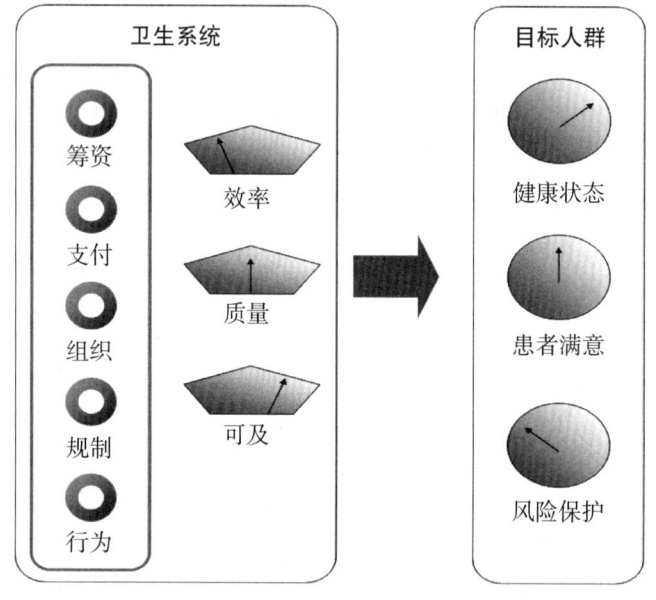

图 6-2　卫生系统改革的"五个控制柄"模型

者的直接控制。它包括谁做什么、谁与谁竞争，也包括提供者内部的管理方式，例如如何选择管理者和如何给雇员报酬。

4．规制　规制是指运用国家强制性手段改变人们的行为，就卫生系统而言其对象包括服务提供者、保险公司和患者。一项规制写在纸上，并不意味着它能被执行并发挥作用。改革者必须切记要保证规制的如期实施。

5．行为　行为是指影响个体在健康和卫生保健相关问题上的表现所做的努力，既包括患者，也包括服务的提供者。这个控制柄包括大众媒体的控烟运动，为了预防 HIV 感染而改变性行为，通过医疗社团影响医生的行为，劝说公众接受选择医生的限制等。

筹资决定可以获得什么资源，支付决定在什么条件下服务提供者可以获得那些资源。组织决定现存的服务提供者组织类型及其结构，这些结构反过来造就了这些组织的行为。规则给这些行为者以约束。最后，改变行为所做的努力影响了个体对卫生部门组织的反应，这反过来又为组织造就了机会。

第二节 国际上不同类型国家的卫生体系

人类与疾病做斗争有几千年的历史。但是有组织的卫生服务的提供仅有 1 000 年的历史。11 世纪，欧洲教会开始设立隔离院收容麻风和鼠疫患者，后来这一隔离机构发展为养老和治疗场所，这就是医院的雏形。到了 12—13 世纪，欧洲医院的数量越来越多，规模各异：大的医院可达到几百张床位，小的仅有几张床。18 世纪法国大革命前，由于当时医院卫生条件恶劣以及法国大革命孕育的人权意识，人们曾要求取消医院而建立家庭护理。但是人们很快就发现这并不能改善健康状况，法国政府通过立法建立起新型的中央政府控制的服务体系。19 世纪初，法国成立了一系列国家卫生机构。1802 年，在马赛省成立了欧洲第一个卫生委员会。1822 年，法国成立了国家卫生委员会。几乎同时，英国在 1831 年也成立了卫生委员会。1848 年，英国国家议会通过了第一部国家卫生法——*Public Health Act*（《公共卫生法》）。

社会保障制度产生于实行工业化最早的英国，以 1601 年英国政府颁布 *The Poor Law*（《济贫法》）为标志。济贫法制度规定了贫困人群的救济政策，其中包括对患病者和身体不健全者提供救济和医疗服务。医疗救助制度是这一时期健康保障的主要形式，但政府所起的作用还很弱。医疗保障尚未作为一个独立的制度进行安排；而且，国家承担的保障责任仅限于保障特定的贫困人群，保障水平也仅限于有限的医疗服务。但这是现代社会保障制度和福利国家的早期尝试。

1883 年德国颁布了全世界第一个医疗保障法律《企业工人疾病保险法》，标志着用社会保险机制实现医疗保障的一种新制度的诞生。其后，很多国家颁布法律，建立医疗保险制度。这一时期的健康保障制度的保障对象大多局限在城市的产业工人及其家属。保障内容主要涉及这些行业的特殊工种，以补偿因疾病蒙受的直接利益损失为主要目标，各项保障措施大多分散且不成体系。

目前国际社会比较公认的卫生体系的代表有以英国为代表的贝弗利奇（Bevesidge）型社会保障模式，以德国为代表的俾斯麦（Bismarck）型社会保障模式和以美国为代表的商业筹资模式等。

一、英国

如前所述，英国的卫生体系建立于 1948 年就建立了"国家卫生服务体系"（National Health Service，NHS）。这个系统由联邦政府集权领导，有计划地为所有 6 700 万英国公民提供医疗服务。在这个系统内，所有英国公民如果有需要，都可以获得费用低廉的基本的医疗保健服务，包括初级卫生保健服务（primary healthcare）、二级医疗服务（secondary healthcare）和三级医疗服务（tertiary healthcare）。NHS 体系建立的目的在于实现医疗服务的可及性，一直秉持"全民享有，优质医疗及按需要获得服务"的理念。对于那些 NHS 不能满足的医疗服务需求，英国公民可以选择购买私人医疗保险来解决。另外，老年人长期护理、精神卫生服务等针对"弱势人群"的服务也纳入了相应的"医疗救助"计划。

近几年英国的卫生总费用占英国 GDP 的比例为 8%～10%（图 6-3a）。政府的直接投入一直是英国卫生费用的主要筹资渠道。政府在卫生领域的投入占英国政府总支出的 20% 左右（图 6-3b）。整个卫生费用中，来自政府的投入自 2002 年以来一直保持在 80% 左右的比重，私人花费所占的比例一直控制在 20% 以下（图 6-3c）。

英国的 NHS 系统主要通过税收（超过 3/4 的筹资比例）筹集资金。卫生部确定本年度的

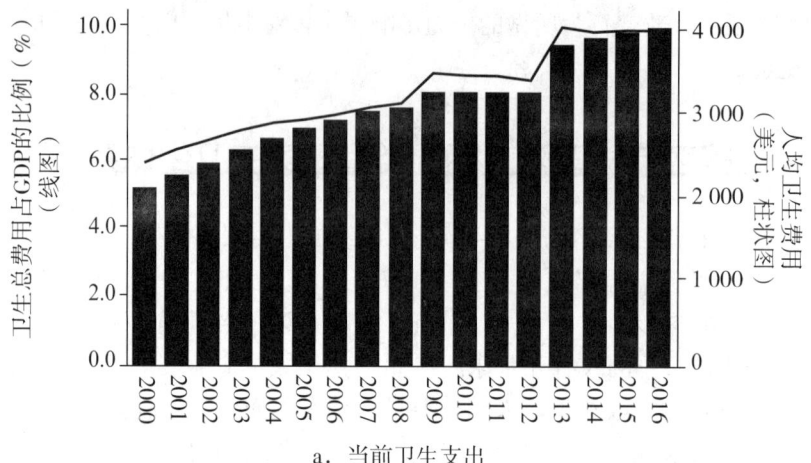

a. 当前卫生支出

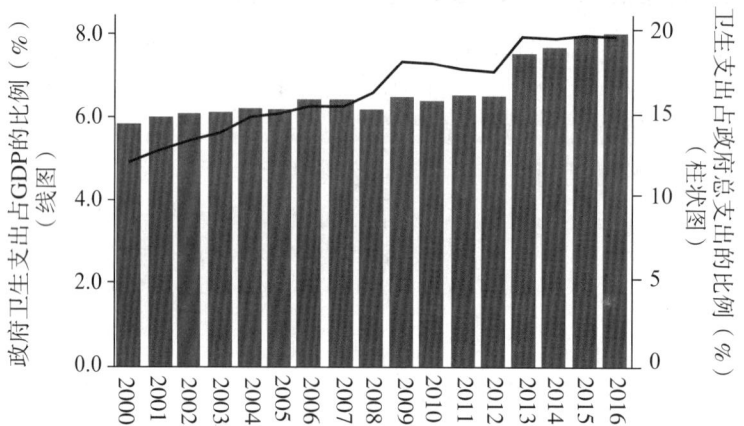

b. 政府卫生支出和卫生优先程度（政府卫生支出占GDP的比例，以及政府卫生支出占政府总支出的比例）

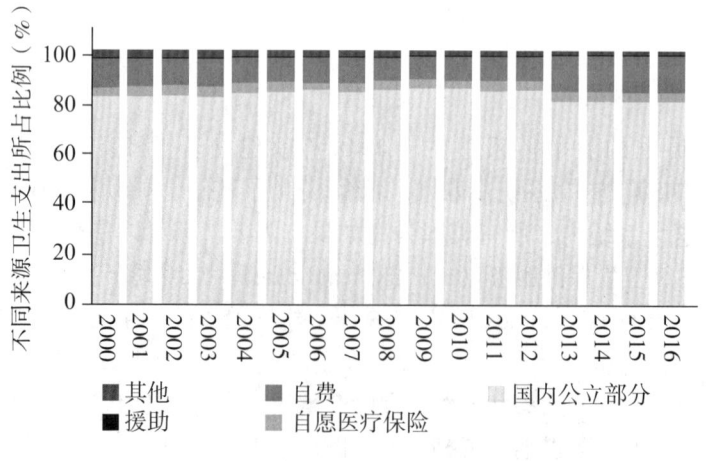

c. 当前卫生支出（按来源）

图 6-3　英国卫生总费用及构成

医院诊疗总预算和初级卫生保健总预算，并由资源分配工作组依据其需求（考虑人口数量、年龄、死亡率等各种指标），将总预算划拨到各"初级卫生保健信托基金"（primary care trusts，PCTs）。PCTs 雇佣家庭医生（general practitioner，GP）为当地居民提供初级卫生保健服务，并购买医院诊疗服务（图6-4）。

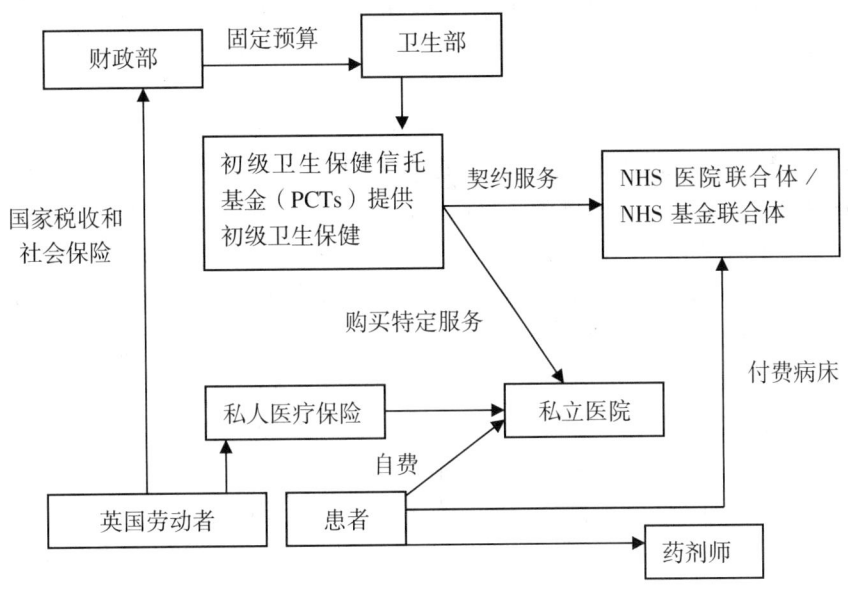

图 6-4　英国 NHS 的基本框架

英国的医生大致可以分为家庭医生（全科）和医院医生（专科）两类。在 NHS 系统中，执行严格的"守门人"制度，每个 NHS 受益人都有约定的家庭医生，患病时首诊必须到家庭医生那里，只有经过家庭医生的转诊，患者才能获得医院的专科服务。

英国的家庭医生均受雇于某个 PCT，具体形式是家庭医生独立地与该 PCT 签订劳动合同。家庭医生可以独立开业，也可以几个家庭医生组成全科医生组联合办公。每名全科医生负责为约 1 800 名的居民提供初级卫生保健服务。

NHS 系统内的医院基本都是公立机构。当 PCT 向医院购买服务时，医院组成 NHS 医院联合体，NHS 医院联合体以独立法人的身份与 PCT 进行谈判，以合同的形式确定医疗服务的数量、种类和报酬。

PCT 对医院的支付费用之中涵盖了对患者在医院所付药费的补偿。每张由全科医生开的处方，患者都需要支付少量的定额处方费给药店的药剂师；其余的费用由 NHS 下的处方药定价局（prescription pricing authority）支付给药店。

伴随着人口老龄化程度加深、医疗卫生技术的不断革新，民众对医疗服务的数量和质量提出了更高的需求。而 NHS 作为自上而下的卫生行政管理中枢，其弊端逐渐凸显：组织臃肿，管理成本高昂，效率不高，很难做到快速、有效的反应。为了满足民众需求，缩减财政，解决患者候诊时间过长、医疗工作者积极性不高等问题，NHS 一直致力于改革，基本原则是：决定权力下放，增加基层医疗机构自主性，鼓励社会资源和私人医疗机构参与。

20 世纪 80—90 年代，英国政府逐步取消了从中央到地方的中间层级，成立了 28 个战略卫生局（strategic health authority，SHA）。SHA 作为政府机构，不再是卫生服务的提供者，仅负责监管和协调卫生服务提供方（如 PCT）的运营工作。同时开始设立私有资助项目（private finance initiative，PFI），鼓励私有资金参与、增加竞争，提高卫生服务质量。

2008 年，受到全球金融危机的影响，英国国民失业率上升、收入降低，这使高度依赖税收收入的 NHS 面临更大的财务挑战。2011 年，英国议会通过了《医疗和社区健康服务法案》，

该法案于次年4月正式生效,将卫生经费的控制权进一步从卫生署下放到基层临床单位。由于多年来的"守门人"制度,临床一线的全科医生非常了解社区内可提供的各项医疗服务的水平和质量,因此由全科医生牵头成立的临床服务购买组织(clinical commissioning groups,CCGs)在医疗服务购买的职能上取代了PCTs。自2013年起,全英范围内的240余家CCGs掌握了NHS 60%左右的预算,其运营接受NHS的监管。CGGs的建立是英国卫生体系"管办分离,购买者和提供者分离"(purchase-provider split)的分权改革中的重要进程。

二、德国

德国被公认为是第一个引入国家社会保障制度的国家,其卫生保健系统绩效同样得到公认。据德国统计局2019年公布的资料,目前,德国超过8 300万人口(其中,65岁以上人口所占比例超过21.4%)的卫生费用占GDP的比例为11.5%,政府在卫生领域的投入占德国政府总支出的25%以上(图6-5a、b),人均健康花费5 064美元左右。其卫生筹资水平在经济合作与发展组织(OECD)国家中排在较前位置。德国的健康水平同样居于世界较高水平。据2017年统计数据,德国的男性期望寿命为78.4岁,女性为83.2岁。

德国具有强制性的法定健康保险(statutory health insurance,SHI)。年收入高于规定水平的居民可以选择不参加法定健康保险,而选择加入其他保险。法定保险大约覆盖了85%的人群,另外10%的人群加入了私人医疗保险。另外一些特殊人群如士兵、警察等被特殊的计划所覆盖。法定健康保险覆盖了预防服务、住院和门诊服务,涵盖了医生服务、精神卫生、口腔保健、处方药、康复、疾病误工补助等一系列服务。自1995年开始,长期护理服务由一项独立的保险计划覆盖。2015年1月,《增强长期护理第一法案》颁布实施,增加了家庭护理的报销比例和非医学专业看护人员待遇。

2018年,德国政府除社保外对卫生的直接投入占整个卫生花费的3%左右,强制性的法定健康保险及其他社会保险支出占70.1%,私人保险支出占8.3%,个人负担支出占13.4%(表6-1,图6-5c)。

表6-1　2015—2018德国卫生费用来源(欧元)

	2015	2016	2017	2018[1]
卫生总费用	344 364	358 651	375 562	387 151
除外社保基金的政府一般性支出	15 470	17 037	15 772	15 411
强制性医疗保险	198 907	207 161	214 181	221 285
社会长期护理险	27 808	29 431	37 207	39 404
强制性养老金	4 442	4 529	4 692	4 825
强制意外险	5 364	5 576	5 742	5 922
私立医疗保险	30 536	31 017	31 605	32 168
雇主	14 472	15 011	15 561	16 144
私立个人/私立非营利组织[1]	47 365	48 889	50 801	51 992

[1] 基于已有和更新的数据进行的估计

数据来源:https://www.destatis.de/EN/Themes/Society-Environment/Health/Health-Expenditure/Tables/sources-of-funding.html?view=main[Print]

德国实行非集权的卫生行政管理,16个州各自负责辖区的医疗服务,联邦政府仅负责监管。德国通过强制性健康保险费筹集资金。筹资及基金管理工作基本上是由政府批准的疾病基金会(sickness funds,类似于非营利的保险公司)负责的。德国各个州都有多个疾病基金会,

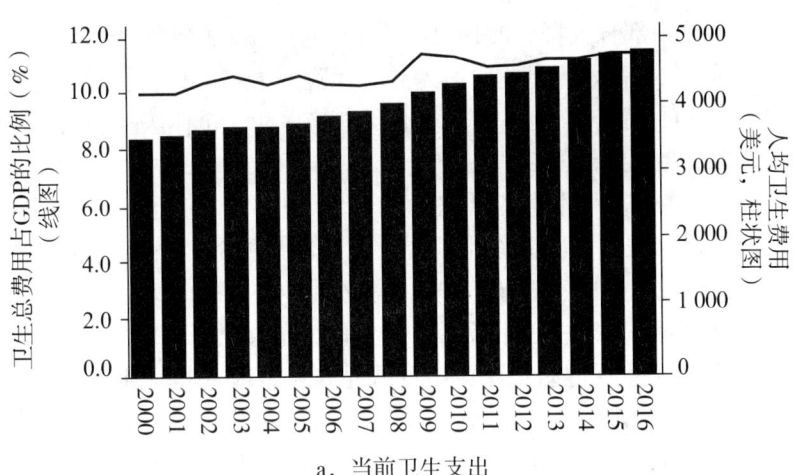

a. 当前卫生支出

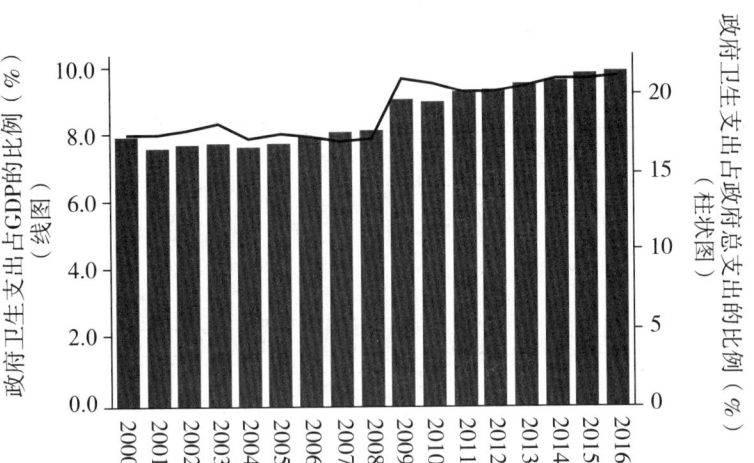

b. 政府卫生支出和卫生优先程度（政府卫生支出占 GDP 的比例，以及政府卫生支出占政府总支出的比例）

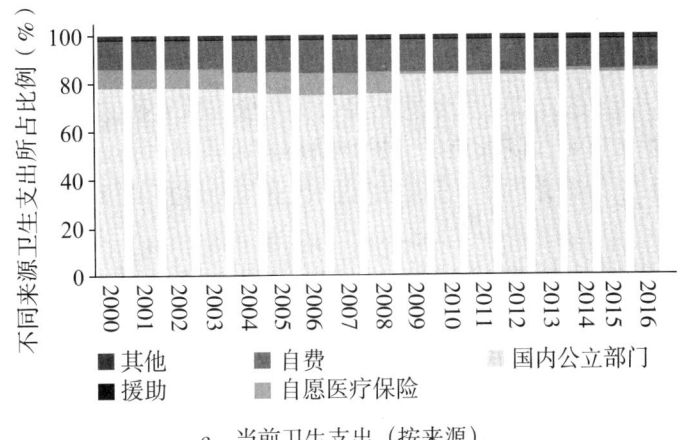

c. 当前卫生支出（按来源）

图 6-5　德国卫生总费用及构成

注：GDP，国内生产总值

每个疾病基金会覆盖一部分人群。2019年，德国共有疾病基金会109家，不同保险机构的保费稍有差异，所提供的保障水平基本没有差异。保险费由雇员和雇主缴纳给所在的基金会。基金会将资金注入中央重分配池，池中基金支付给相应医院、个体医生和初级保健的医生，为被保险者购买门诊及住院服务（图6-6）。

在德国，门诊服务和住院服务有严格的区分，一般来讲，开业医生只提供门诊诊疗服务，不在医院提供住院诊疗服务；驻院医生只提供住院诊疗服务，不在医院以外提供门诊诊疗服务。住院服务需要经过开业医生的转诊。只有极少数（约5%）开业医生在医院提供住院诊疗服务，这主要是因为某些医院中手术较少，仅允许少量外科开业医生利用医院手术室做手术。德国医院在1993年《卫生保健组织法》出台后允许为门诊患者提供日间手术服务。一般开业医生将患者转往医院进行住院服务并进行手术，在患者出院时接其出院，并完成术后的门诊服务。另外，只有极个别以研究和教学为目的的大学医院设有门诊服务，但它们的服务主要集中在门诊的特殊服务上，如化疗等。

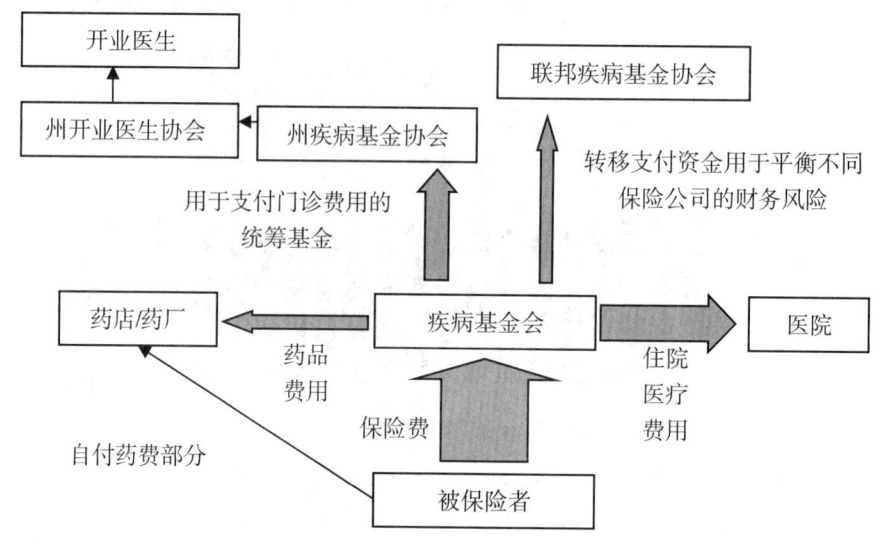

图6-6　德国社会健康保险系统的基本框架

州是德国基本的行政区域单位。在州层面，开业医生和疾病基金会都有自己的"协会"。州开业医生协会与州疾病基金协会协商本州内开业医生的服务补偿细节。德国的医院，无论是公立或私立，都可以作为独立法人与疾病基金会协商住院服务补偿的细节问题。

无论是开业医生，还是医院及康复、护理机构，收入只来自诊疗服务收入，与药品无关。所有药品费用，除了患者自费部分，都是由保险机构与药店直接结算。

三、美国

美国的卫生投入主要采用商业筹资模式，高度依赖市场作用。医疗保险体系以私人商业医疗保险为主，社会医疗保险为辅。政府及个人医疗费用负担高、医疗保险覆盖率偏低、公平性不足一直是美国医疗体系面临的挑战，也是历代医疗改革尝试解决的问题和着力点。根据WHO官方公布，2018年美国人均卫生支出达到10 586美元，是英国的2.6倍，德国的1.8倍。卫生总费用占GDP的比例达到17.1%，预计2023年将超过20%。私人花费占比高一直是美国卫生系统的特点。2002年以来，私人花费占卫生总费用的比例始终大于50%。花费的65%左右用于购买私人医疗保险。根据2015年OECD评估，在整个卫生支出中，政府负担了46%，远低于大多数发达国家的平均值72%（图6-7）。

美国的地理版图（937万平方千米）大体上与整个欧洲相等，人口构成多样化、收入差距较大。因此对于美国来说，建立一个可持续的、有效的卫生体系不是一件易事。与英国自上而下由政府统一管理的 NHS 相比，美国现行卫生系统则显得相当松散和庞杂。提供医疗服务的多数是私立机构，提供医疗保险的也主要是私人保险公司。公共医疗保险只覆盖联邦雇员、军警和土著人等特殊群体以及老人、残疾人、失业者等弱势群体，如 Medicare（老人、残疾人）、

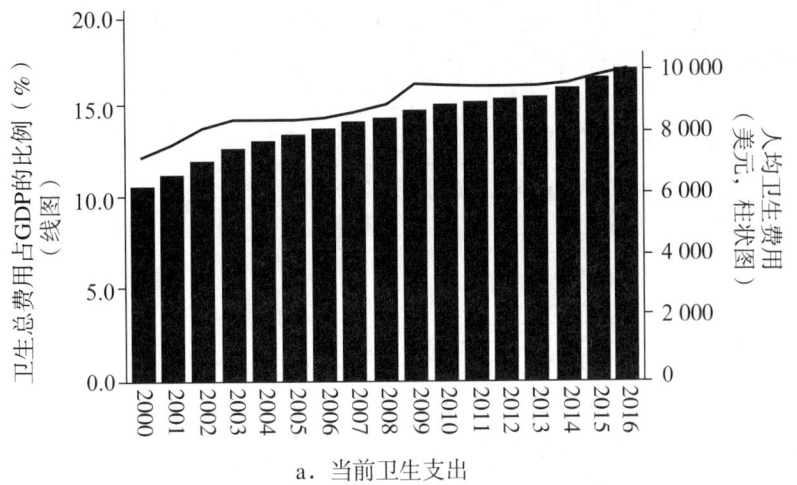

a. 当前卫生支出

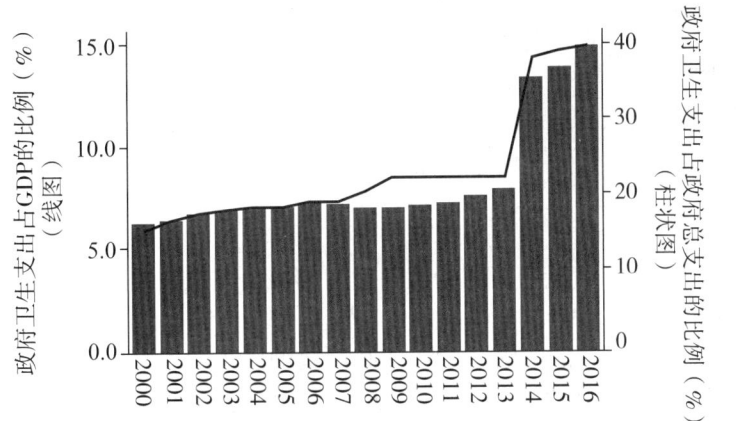

b. 政府卫生支出和卫生优先程度（政府卫生支出占 GDP 的比例，以及政府卫生支出占政府总支出的比例）

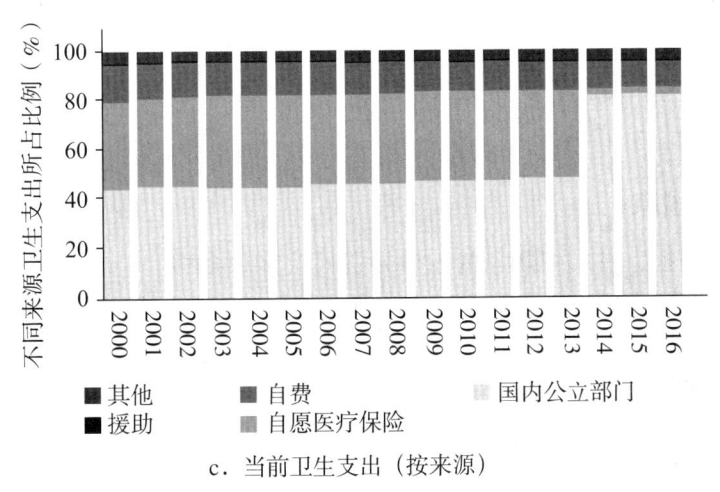

c. 当前卫生支出（按来源）

图 6-7　美国卫生总费用及构成

Medicaid（低收入人群）。在2012年，*Patient Protection and Affordable Care Act*（《病人保护和平价医疗法案》，ACA或Obamacare）实施之前，约15.9%（0.50亿/3.15亿）的美国公民没有任何医疗保险覆盖。ACA强制州政府将低收入人群加入Medicaid。2015年，无医保国民占比降至10.7%。正因为美国目前没有全国统一的医疗保险，私人保险和公共保险各司其职，因此有学者称美国的医疗保险制度为"混合型"。这些保险组织分别为各自的受益人向医疗服务提供者购买医疗保健服务。在诸多的医疗保险中，Medicare是公共医疗保险的代表，而"管理保健组织"则是私人保险的代表（图6-8）。

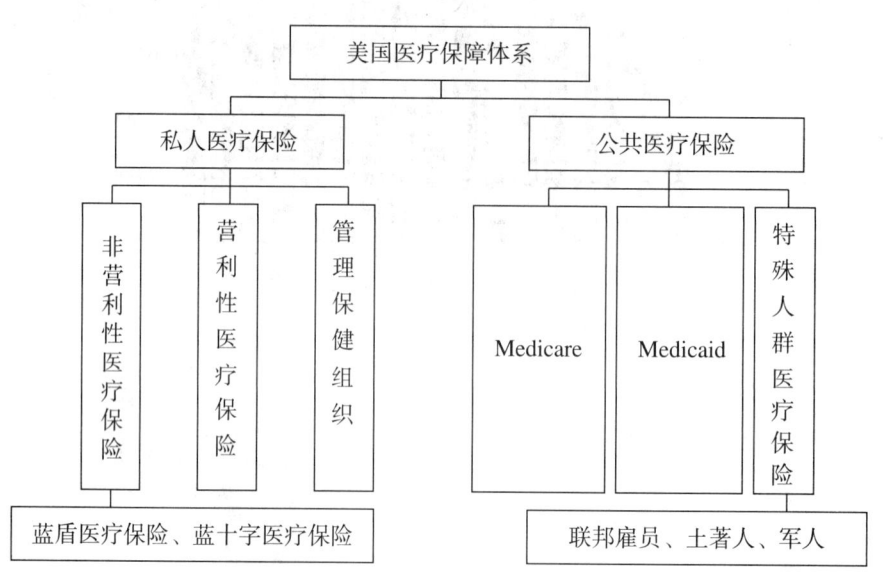

图6-8 美国医疗保障体系概貌

Medicare保障的对象是老人和残疾人，受益人群约占美国人口的17%。Medicare主要由"卫生和公众服务部"下属的"医疗照顾和医疗救助服务中心"（CMS）和"社会保障署"（SSA）两部门管理。Medicare的筹资来源于社会保障税、受益人的保险费以及美国国库收入。卫生和公众服务部与蓝十字医疗保险组织及其他商业医疗保险公司达成协议，各州代理机构充当住院医疗保险管理的财务中介人。财务中介人从医院、护理机构或家庭健康部门接收单据和决定支付金额，从联邦政府获得基金，负责对医疗服务提供者的记录进行审计。

近60%的美国人通过雇主向私人医疗保险公司购买医疗保险。其中，大部分雇主提供的医疗保险属于管理保健组织。管理保健组织与传统保险组织的主要差别在于这些组织选择一些医疗服务提供者建立长期的合约关系，形成"服务网络"，利用市场力量以较低价格"批量"购买服务。

四、发展中国家

不同于发达国家，发展中国家的卫生筹资模式多种多样。一般来说，卫生费用由政府、外部资金和个人共同支付，而个人支付占比则直接影响卫生服务的可及性和可支付性。根据2015年统计数据，发展中国家的人均卫生支出明显低于大多数发达国家。经过生活成本调整，差异依然显著。在国家层面，发展中国家卫生支出在总体GDP中的占比也低于发达国家（如图6-9）。

当然，也有一些发展中国家在相对有限的经济条件下，结合本国特点，建立起了颇为成功的卫生体系，例如泰国、巴西、古巴等。

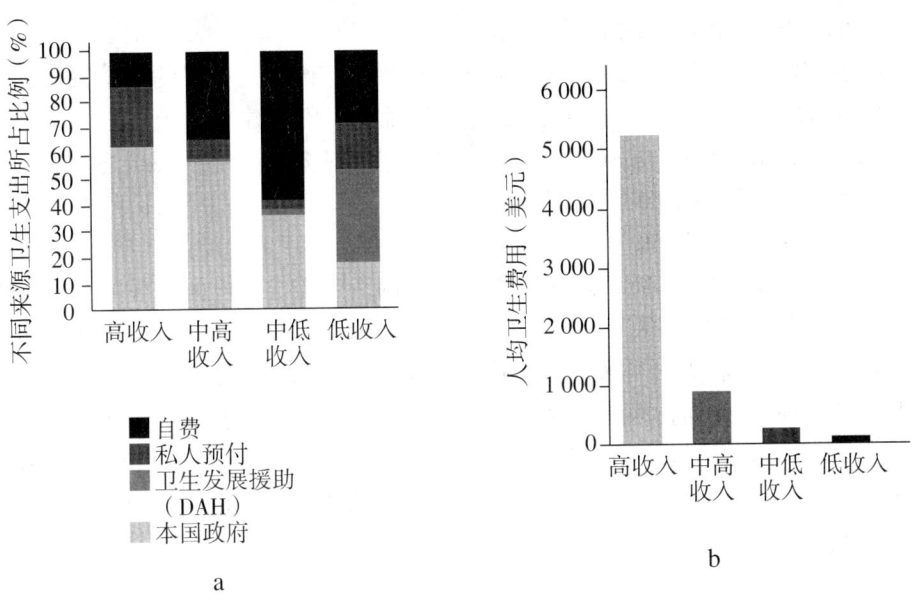

图 6-9 不同收入国家卫生总费用与人均卫生费用

a. 不同收入水平的人群的卫生支出来源;b. 不同收入水平的人均卫生费用(2014)

(一)泰国

根据 WHO 数据,2014 年泰国人均卫生支出为 600 美元,卫生总费用占 GDP 的比例为 4.1%。2016 年,泰国男性期望寿命为 72 岁,女性为 79 岁。泰国的卫生筹资主要来源是税收。

WHO 曾评价泰国有着"长期且成功的卫生系统发展史"。1997 年,"泰国政府有义务无偿保护公众健康,有效防止传染性疾病"被写入泰国宪法。2001 年,泰国实施卫生体系改革,提出医疗保险全民覆盖计划——"30 泰铢计划",即患者每次看病只需个人支付 30 泰铢即可获得所需的医疗服务,其他费用由政府承担。到 2002 年,除"30 泰铢计划"外,泰国共有 3 个并行的医疗保险制度:全民覆盖计划、公务员医疗福利计和社会保障计划(针对私立部门雇员),泰国公民医保覆盖率由 1 年前的 71% 上升至 97%,医保覆盖项目包括急救、门诊和住院服务、预防保健服务、康复服务等。2006 年,泰国政府进一步取消了全民健康覆盖计划的 30 泰铢的支付费用,覆盖项目也逐步扩展,例如 HIV/AIDS 的抗病毒治疗、肾透析治疗等。

全民覆盖计划实施后,支付方式和资金流向也进行了配套改革:各地区的初级医疗机构成立了区域医疗联合体(district health system),与国家医保局签订集体购买服务合同,起到"守门人"作用,居民需要到相应初级医疗机构进行首诊才能获得免费医疗服务,由基层医生判断是否需要转诊到二、三级医疗机构。如患者直接到更高级别医院就医,将自付医疗花费。资金方面,用于支付门诊服务的资金直接从中央划拨到区域医联体,按人头支付;住院服务则从中央拨到二、三级医疗机构,采取按病种支付和总额预付。多种支付方式结合既保障了基层医疗机构财政支持、人力发展和服务利用率,也保障了患者能够及时转诊获得更高级别医疗服务,提高了医疗体系的总效率。

(二)巴西

20 世纪,得益于国家经济的高速健康发展,巴西的卫生系统建设也取得了巨大进展,2004 年,巴西的居民健康就已达到中等发达国家水平。根据 WHO 公布的 2014 年数据,巴西人均卫生支出为 1 318 美元,全国卫生总支出占 GDP 的 8.3%。2016 年,巴西期望寿命男性为 71 岁,女性为 79 岁。政府投入占整个卫生总支出的 50% 左右,联邦、州和市政府必须至少

预留一定比例的财政收入用于来年的卫生支出。

巴西的卫生体系类似北欧。1988年，宪法明确指出"健康是公民的基本权力，国家有责任为公民提供广泛、平等的卫生服务"。在宪法基础上，巴西建立了统一卫生体系（sistema único de saúde，unified health system，SUS），是当时世界上很大的卫生系统之一。SUS覆盖了70%左右的国民，提供免费初级医疗服务。此外，巴西又建立了由私人医疗机构和保险公司组成的补充医疗体系，覆盖25%～30%的国民，为患者选择更优质的医疗服务提供了保障。1994年，为了满足偏远地区和城市地区低收入人群的医疗需求，巴西政府陆续推出了家庭健康计划和内地化计划。家庭健康计划在社区医院内组建家庭健康小组，每个医疗小组一般由1名医生、1名护士、1名辅助医师和6名社区卫生工作者组成，负责社区内1 000个左右家庭的初级医疗服务。在30年间，家庭健康小组从4 000余个增加到约35 000个，承担了80%的就诊量，市、镇二级医疗机构承担的就诊量占15%，州、联邦的三级医疗机构仅承担5%的就诊量（复杂和危重病例）。内地化计划主要为偏远地区执业的医生提供工资补助，力度是城市公立医院医生的两倍左右，以此鼓励人力资源向偏远地区流动。

（三）古巴

古巴是一个经济相对落后、政治环境不稳定的拉丁美洲国家，但在卫生方面却一直受到WHO及国际社会的广泛赞誉。古巴的人均拥有医生数量全球领先。2010年数据显示，古巴每159个居民有1名医生，是美国的两倍。其他的主要健康指标也逐步提升，如人均期望寿命（男性77岁，女性81岁），5岁以下儿童死亡率（5‰），孕妇死亡率（35/10万）。古巴的全年人均卫生支出为2 475美元，卫生总支出占GDP的11.1%。

古巴的卫生体系为国民健康服务系统，筹资来自国家预算，全民可享受免费医疗服务。1961年，古巴建立公共卫生部（Ministry of Public Health），全国医疗机构归国家所有，所有卫生服务人员成为政府职员，医疗资源由国家集中分配。依托国家行政体系，成立三级医疗体系：以社区为基础的初级医疗、以专科为核心的中级医疗和治疗重症为主的高级医疗。其中由社区联合诊所组成的初级医疗网是整个体系的基础和重点，提供健康促进、预防与首诊服务，与中、高级医疗实行双向转诊。1984年，古巴推行了家庭医生计划，国家通过各地区健康需求调配人员，每个家庭医生配备一名护士，负责120个左右家庭，起到提供初级医疗、计划免疫、妇幼保健等国家项目和建立健康档案等重要职能。

为了保证足够的卫生服务人员服务于国家卫生体系，古巴自1970年免除了医学生的学费，并扩大了医学教育的投资与规模，大量来自低收入家庭的年轻人得到了学习医学的机会，医学生人数和卫生工作者人数大幅增长。毕业之后，实行偏远地区轮换服务制，保证了各地区的公平发展。医学教育计划以公共卫生和初级保健为重点，毕业时只有成绩达到前列的医学生才能被选中进入公共卫生领域。随着医疗教育体系的逐渐完善和发展，古巴的卫生工作者不仅满足了本国的需求，还大量以医疗援助或劳务派遣形式输出到世界各地，进行医疗外交或换回本国急需的石油和外汇。优质的医学教育水平和低廉的服务费用，吸引了大量来自周边拉美国家，乃至欧美国家的患者前往进行旅游医疗，使其成为国家一个重要外汇来源。

此外，古巴重视本国的药物研发与制造，尤其是草药和替代疗法的研发与应用。举世闻名的古巴生物医药集团（Bio-Cuba Farma）隶属于国务院，每年投入大量研发经费。在古巴的881种基本药物目录中，有560种可由国内生产；13种疫苗中，8种实现自主生产。

第三节 加强卫生系统的策略——全民健康覆盖

一、全民健康覆盖的提出背景——从"人人享有卫生保健"到全民健康覆盖

全民健康覆盖思想提出最早可以追溯到1946年世界卫生组织成立前所制定的《世界卫生组织组织法》。《世界卫生组织组织法》对健康的界定为:"享受可能获得的最高健康标准是每个人的基本权利之一,不因种族、宗教政治信仰、经济及社会条件而有区别",可作为健康公平的理论基础。

20世纪60年代,针对世界上许多国家的卫生服务不能满足人群需要、大众对卫生服务普遍不满、人群健康差距大、卫生费用迅速增长等问题,世界卫生组织深入研究了"基本卫生服务工作方法与发展"问题,并同联合国儿童基金会等国际机构共同寻求发展国际卫生保健的新途径,初级卫生保健理念和策略得以形成。1977年,第30届世界卫生大会提出了"人人享有卫生保健"的目标。1978年,世界卫生组织和联合国儿童基金会在哈萨克斯坦的阿拉木图联合主持召开的国际初级卫生保健会议上,正式提出了"初级卫生保健"的概念,并认为初级卫生保健是实现"2000年人人享有健康"目标的基本策略和关键途径。

第51届世界卫生大会再次肯定了《阿拉木图宣言》的历史作用,认为其所倡导的平等、参与和协同发展、呼唤社会公正的价值观,仍然是21世纪初级卫生保健的主要任务。会议通过的 *Health for all by the Year 2000*(《21世纪人人享有卫生保健》)的文件,明确了21世纪的全球总目标是:①使全体人民期望寿命延长、生活质量提高;②在国家间和国家内部促进健康公平;③使全体人民获得可持续的卫生系统和服务。实现这些目标需要坚持的政策导向是:信奉人人享有健康的价值观念,使健康成为发展的中心,开发可持续的卫生体系。

2005年,世界卫生大会通过了一项决议,要求成员国"计划向全民覆盖过渡,以满足人群对卫生保健的需求、提高卫生服务的质量、消除贫穷、实现国际议定的发展目标"。以卫生筹资系统为主题的 *The World Health Report 2010 —Health Systems Financing: the Path to Universal Coverage*(《2010年世界卫生报告——卫生系统筹资:通向全民健康覆盖之路》,下文简称《2010年世界卫生报告》)以此为基础,提出了不同收入水平的国家在不断修改其卫生筹资系统时需要牢记全民健康覆盖的具体目标。

2012年联合国大会的一项促进包括社会保护和可持续筹资在内的全民健康覆盖的决议,重申了确保卫生服务和经济风险保护可及性的双重目标。这项决议进一步强调了全民健康覆盖在实现千年发展目标、扶贫和实现可持续发展中的重要性。在此基础上,世界卫生组织发布了 *The World Health Report 2013: a Path for Research on Universal Health Coverage*(《2013年世界卫生报告:全民健康覆盖研究》,下文简称《2013年世界卫生报告》)的报告,系统阐述了包括预防与治疗、个人和政府怎样支付卫生服务及其对人群和个体健康的影响和怎样通过卫生部门和非卫生部门的干预措施改善健康。全民健康覆盖的首要目的是改善健康的干预措施,其他部门的干预措施(包括农业、教育、财政、工业、住房及其他)也可能会带来巨大的健康收益。包括WHO在内的联合国系统讨论2015年发展议程时,再次强调2015年之后全球必须面对的一个重大挑战是制定一个全球能够普遍接受且可行的全民健康覆盖的目标。

随着对全民健康覆盖适用范围的理解加深,目前很多国家政府把实现全民健康覆盖的目标视为卫生系统发展和人类发展的一个指导原则。全民健康覆盖是所有发展水平的国家的一个共同追求。

二、全民健康覆盖的内涵

WHO 早在 2005 年就提出了实现全民健康覆盖的目标,对其内涵做了初步界定,并逐步取得国际共识:"卫生资源的公平享有、卫生服务的公平享有、保障制度的公平享有"。这个概念框架与世界银行倡导的医疗服务体系的目标模式(Availability,Accessibility,Affordability,3As)是比较契合的。

《2010 年世界卫生报告》从 3 个维度阐述了全民健康覆盖的内涵:所需的卫生服务、需要卫生服务的人数和需要支付的费用(图 6-10)。

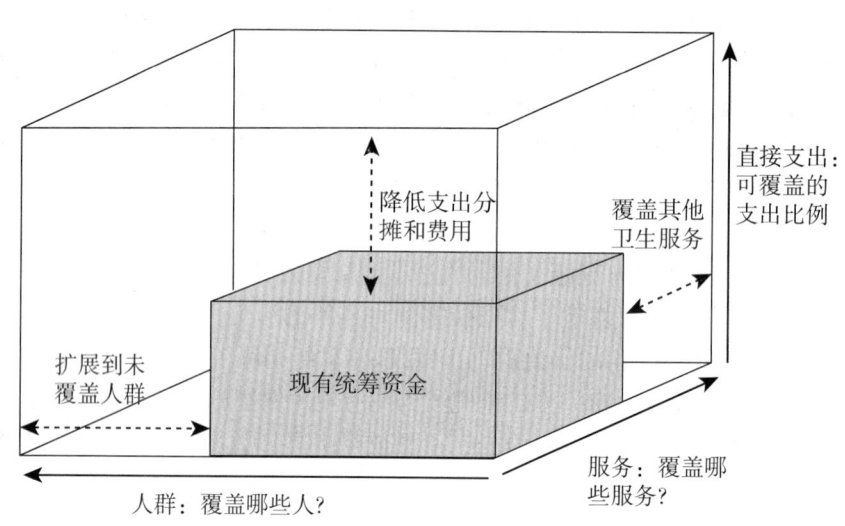

图 6-10　衡量全民健康覆盖的 3 个维度

第一,保证卫生资源的可得性,就是必须在供给侧能够为每个居民提供足够的卫生服务。卫生服务范围包括预防、促进、治疗、康复和姑息治疗等服务。这些服务必须在质量和数量上都满足卫生需求,同时也要为自然灾害、化学或核能源意外、疾病大流行等预料之外的情况做好准备。

第二,医疗费用的可负担性和对疾病风险的保护。经济风险保护程度,主要是由个人自费支付比例决定的。全民健康覆盖要求消除超出可承受范围的自付费用。对于贫困和其他弱势群体来说,自付费用应该为零。图 6-10 中大盒子的总体积表示特定时间内覆盖所有人所有卫生服务所需的总费用。灰色小盒子表示国家政府可以覆盖到的卫生服务及其费用。全民覆盖的目标是使所有人能够以个人和国家都可承受的费用获得所需的卫生服务,确保医疗服务的可及性和可负担性,这主要通过 3 个途径:①尽可能扩大现有卫生服务覆盖的人群,尤其是贫困及弱势群体。②增加覆盖的卫生服务内容,从门诊、住院、急诊,拓展到健康促进、疾病预防、康复保健、老年长期护理和临终关怀等。③提高经济补偿比例,以减少个人支付。实现经济风险保护广泛覆盖一般是通过各种形式的预付费,来源可以包括税收、其他政府收费或健康保险等。预付费可以使各种资金得到统筹、再分配,从而减少缺乏支付能力人群的经济负担。这将疾病的经济风险分散于全人群中。

第三,保证每个居民获得所需的安全优质有效的医疗卫生服务,也就是实现按照需要,而不是按照支付能力提供医疗卫生服务,保证医疗卫生服务利用的公平性。由于健康影响因素的多样、疾病的自然衍变、新技术的研发和应用,实现全民健康覆盖的总目标会发生变化,所以国家也需要不断做出相应的政策调整。

社会保障制度中,健康经济风险保护是其重要组成部分,它与其他保障制度相互促进、协同作用,如失业补偿、养老金、子女抚养补贴、住房补贴、创造就业机会计划、农业保险等,这其中很多都对健康有着间接的影响。

不管是发达国家还是发展中国家,每个国家可用于卫生系统的资金都是相对有限的。为了使效果最大化,多种干预措施需要联合使用。如图6-11,以吸烟和健康为例,资金被用于药物、其他健康产品和基础设施建设。人群中吸烟者所占的比例(结果)是肺部疾病、心脏疾病和其他疾病(影响)的一个危险因素,而它可以受到各种健康促进干预和政策的共同影响,包括面对面咨询、反吸烟运动、禁止公共场所吸烟和征收烟草税政策。这些干预措施同时施行,才可以有效地从多维度控制吸烟人数比例。

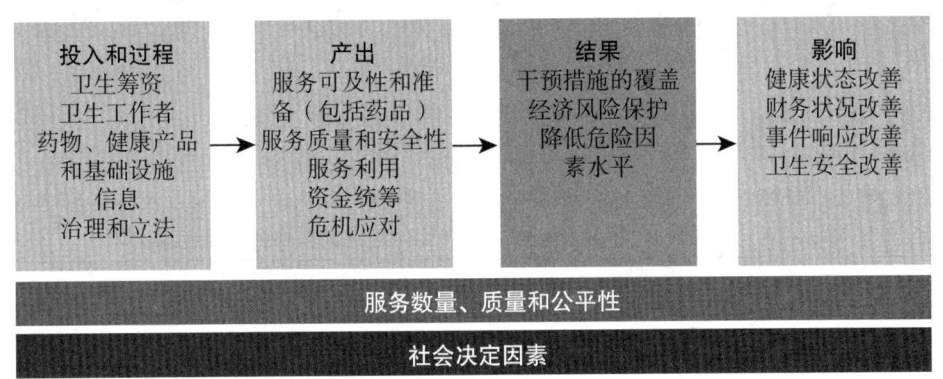

图 6-11 专注于结果的全民健康覆盖的结果链

注:每一项结果都有赖于投入、过程和产出(左边),并最终对健康产生影响(右边)。可获得的经济风险保护也可以看作是一种产出。所有政策都不应只考虑卫生服务的数量,还应考虑其质量和可获得的公平性(第一个横条)。覆盖的公平性受到"社会决定因素"(第二个横条)的影响。所以,从收入、职业、残疾等方面对投入到影响的各个环节进行评价和测量十分重要。

三、全民健康覆盖的测量

根据全民健康覆盖内涵,测量全民健康覆盖也需要建立在3个维度上,即人群的覆盖的衡量、经济风险的衡量,以及人群中卫生服务覆盖的衡量。《2013年世界卫生报告》中指出的有效指标包括以下几点:

(一)经济风险测量指标

经济风险保护的测量在理想的情况下应该包括参加某种医疗保险制度的人数和符合要求使用并可负担由政府、私营部门或公民社会提供的卫生服务的人数。然而,判断谁实际上受到了经济保护以及受保护的程度是存在一定困难的,例如如下两种情况:①医疗保险无法保证保护所有的疾病经济风险。很多形式的医疗保险只覆盖了最基本的一些医疗卫生服务,以致于被覆盖人群仍然需要承担各种自付费用。②政府支付的卫生服务可能是不充足的。例如,由于卫生工作者的数量太少或者缺少药物,这些服务可能在所需的地方难以获得,或者被认为是不安全的。

相反,测量未受经济风险保护的人的结果更加直截了当,也更加准确。表6-2描述了经济风险保护的4种直接指标和2种间接指标。

表6-2 经济风险保护的直接和间接指标

直接指标	
由自付费用造成的灾难性卫生支出的发生率	每年用其收入水平不成比例的钱进行直接支付的人数或者在人群中所占的比例。经济灾难定义为自付费用超过了除去生存需要后的家庭收入的40%
超出灾难性卫生支出的平均费用	受灾难性卫生支出影响的家庭支付的超出灾难性卫生支出阈值的平均费用
由自付费用造成的贫困的发生率	由于自付费用而进入贫困线下的人数或在人群中所占的比例。贫困线设定为日收入水平低于当地设定的阈值的水平，通常为1~2美元/日。对于那些生活在贫困线附近的人来说，很小的自付费用就可以使他们进入贫困线之下
由自付费用造成的贫困缺口	自付卫生费用使预先存在的家庭贫困水平恶化的程度
间接指标	
自付费用占卫生总支出的比例	该指标与灾难性卫生支出的发生率有很高的相关性
政府卫生支出占GDP的比例	这表明在所有国家的贫困人群需要被来源于一般政府收入的经济风险保护措施覆盖的比例。当这一比例<5%时，他们很难全部被覆盖

（二）卫生服务覆盖的测量指标

全民健康覆盖中所包含的卫生服务，既包括治疗，也包括预防、康复等，需要衡量从上至下整个卫生系统。

图6-12中组成每一行的要素表示被认为必需的服务。预防性服务（如疫苗）和治疗性服务（如药物治疗）必须针对疾病的主因。图6-12的每一栏代表卫生服务多样化所在的多个水平：社区水平、个人水平（包括在初级保健中心、二级或者三级医院）、全人群水平（非个体）。正如其在图6-12中位置一样，一个强大的初级保健系统对于一个有效的卫生体系来说是至关重要的。"非个体"服务是指应用于社区和人群的行动措施；广泛地说，它包括在一些影响健康的领域开展的教育、环境、公共卫生和政策方面的措施。

理想情况下，应该测量所有组成卫生服务的干预措施的覆盖情况，但这是不可能的。然而，选择一些干预措施和指标作为整个全民覆盖进步的"追踪物"却是可行的。图6-13和图6-14通过对菲律宾和乌克兰的卫生覆盖的概述，显示了孕产妇和儿童卫生服务覆盖的追踪物是怎样与经济风险保护测量指标相结合的。

我们通过孕产妇和儿童卫生服务覆盖的3个追踪物和经济风险保护的3个测量指标对菲律宾和乌克兰的卫生覆盖进行概述。卫生服务覆盖的3个指标为生产时技术熟练的接生员、百白破三联疫苗（three-dose diphtheria-tetanus-pertussis，DTP3）免疫接种和进行4次产前检查的孕妇占所有孕妇的比例（%）。经济风险保护的3个指标为由自付费用导致的经济灾难、贫困和贫困缺口增大的发生率。在图6-13和图6-14中，100%的卫生服务覆盖和经济风险保护位于雷达图的外边缘，所以填满的正多边形代表全民覆盖。然而，经济风险保护是通过缺少时产生的结果来测量的，所以这三个指标的比例量表是相反的。

这六个追踪物可以被其他补充。例如，描述进展的标准指标存在于AIDS、结核病、疟疾和一些非传染性疾病中。随着更多指标的加入，图中的多边形趋向于接近一个圆。

除此之外，还应考虑到社会人口学信息，真正的全民覆盖是每个人都可以获得所需的卫生服务，但是部分覆盖可能只使某些人群受益。为了监测卫生服务供应和需求的公平性，测量指标需要按照收入或财产、性别、年龄、残疾情况、居住地（如农村/城市，省或地区）、移民

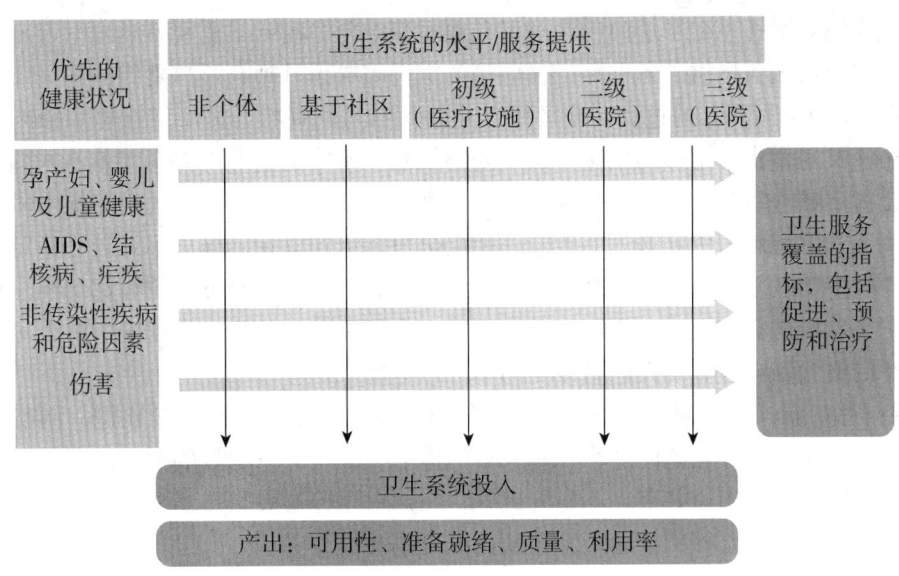

图 6-12 卫生服务覆盖的测量和监控框架

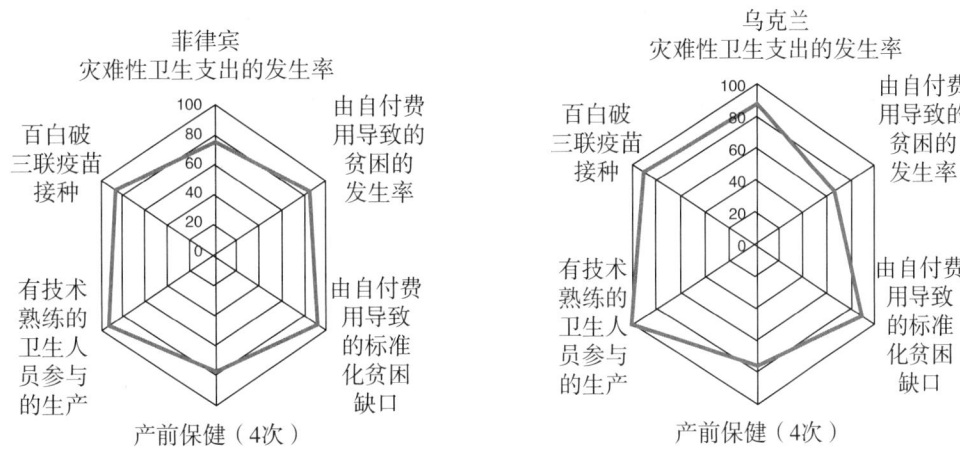

图 6-13 使用追踪物追踪菲律宾卫生服务全民健康覆盖的进展

图 6-14 使用追踪物追踪乌克兰卫生服务全民健康覆盖的进展

地位和种族起源（如原住民）进行分项。此外，不仅仅提供的卫生服务的数量很重要，其质量也很重要，也应加以考虑和衡量。

四、实现全民健康覆盖的国际共识

根据国际社会保障协会统计和世界卫生组织的分析，在世界卫生组织全球 191 个成员国中，80 个国家基本实现了覆盖全民的基本医疗保障（占 42%），包括亚洲的泰国、蒙古和菲律宾，北美洲的墨西哥，南美洲的秘鲁、巴西、阿根廷和哥伦比亚，非洲的埃及，以及欧洲的土耳其等。另外，印度、印度尼西亚和南非等国家也已提出了建立全民基本医疗保障制度的设想。

经过多年的实践与摸索，在推行全民覆盖的进程中，国际社会就以下 3 个要点达成了广泛共识：

1. 卫生系统是"复杂的自适应系统"，其中的关系是不可预测的，各个环节以意想不到

的方式相互作用。医疗卫生系统内的参与者在面对变革阻力时常常需要不断地学习和适应。尽管我们为实现全民覆盖提供了各种路径，但是各国仍需要预见到有意料之外的情况。

2．规划实现全民覆盖的过程需要各国首先估计自身的现状。需了解社会和社区是否对实现和维持全民覆盖做出了足够的承诺。这个问题虽然在不同的情况下将意味着不同的内容，但是能反映出大多数人对社会稳定和自力更生的态度。鉴于任何有效的全民经济保障体系都依赖于富人资助穷人、健康人资助病人的意愿，因此全民覆盖的实现同样离不开社会稳定。最近的研究表明，大多数（并非所有）的社会，在谈到卫生服务和卫生服务费用时都会存在社会和谐的概念，尽管这些感觉的性质和程度因国家不同而有所差异。从另一个角度来看，每个社会都有社会公平的概念，它限制着人们可接受的不公平程度。

3．从长远来看，政策制定者需要决定统筹基金支付卫生服务费用的比例，同时在使用统筹基金的过程中平衡不可避免的冲突，对人口的覆盖、卫生服务项目的覆盖和卫生费用的覆盖进行权衡。一些国家巩固一些来之不易的成就，在面对迅速发展的技术和不断变化的年龄结构以及疾病方式时，持续监控和不断调整将变得十分重要。

为了实现全民健康覆盖，切实可行的办法包括以下3点：

（1）在必要的时候筹集更多的医疗卫生资金或者在面对供需竞争时继续提供医疗卫生资金。

（2）提供和维持适当的经济风险保护能力，以便人们在需要卫生服务时不会因经济问题而不去治病，也不会因治病而承受灾难性支出或陷入贫困。

（3）改善资金使用的效率和公平性，朝着有效确保可利用的资金实现全民覆盖的目标而努力。

（郭　岩　宋　多）

第七章 全球健康治理

全球健康是一门新兴学科。全球健康治理不仅为学术界所关注，成为研究的课题，也是国际组织、各国政府官员和非国家行为体所关注并实践的领域。本章将阐释什么是全球健康治理，它兴起的原因何在、有哪些基本要素、最重要的议程是什么，以及如何审视这些议程。

第一节 全球健康治理的基本原理

全球健康治理是全球治理理论在健康领域的应用，而全球治理则是国家层面的治理在国际层面的延伸。本节首先简要概述治理理论，然后介绍全球治理理论和基本要素，最后着重阐释全球治理理论和要素在全球健康治理的应用。

一、治理

治理（governance）理论的主要创始人之一詹姆斯·罗泽瑙（J. N. Rosenau）认为，治理与统治不同，治理是"一系列活动领域里的管理机制，它们虽未得到正式授权，却能有效地发挥作用"，它是"一种比统治更宽泛的现象，由共同目标支持的活动，目标本身可能来自法律的和正式规定的责任，而且无须依靠警察的力量迫使人们服从"。近年来，在政治学、经济学、外交、国际关系、社会学和管理学中"治理"的概念频繁出现并成为新的重要课题。这一变化的产生有其深刻的政治、经济和社会背景。

较早引入和发展了西方学者提出的治理理论的国内学者俞可平在《治理与善治》中曾指出："西方的政治学家和管理学家之所以提出治理概念，主张用治理替代统治，是他们在社会资源的配置中既看到了市场的失效，又看到了国家的失效。"这里，作者对治理概念的兴起提出了两方面的原因：一方面，仅仅依靠国家的计划和命令等手段，无法达到资源的最优化配置。20世纪80年代以后，面临经济增长低迷、财政赤字加大、失业不断上升、贫富差距加剧、劳资关系紧张、犯罪问题严重等一系列经济社会问题，西方主要国家政府传统官僚体制效率低下，回应公众需求乏力；另一方面，市场机制存在固有的"自发性""盲目性"和"滞后性"，在限制垄断、提供公共产品、约束个人极端自私行为、克服生产的无政府状态等方面存在内在局限，仅靠市场手段也不可能实现社会资源的最佳配置。于是，寻求一条新的发展道路便是时势所趋。作为对国家和市场手段的补充的"第三条道路"，治理理论便应运而生。

20世纪90年代以来，西方学者，对治理有很多讨论，做出许多新的界定。学者格里·斯托克（Gerry Stoker）对流行的治理理论进行了梳理，总结出学术界对此理论的5种观点：

1. 治理意味着一系列来自政府，但又不限于政府的社会公共机构和行为者。
2. 治理意味着在为社会和经济问题寻求解决方案的过程中存在的界限和责任方面的模糊性。

3. 治理明确肯定了在涉及集体行为的各个社会公共机构之间存在权利依赖。

4. 治理意味着参与者最终将形成一个自主自治的网络。

5. 治理意味着办好事情的能力并不仅限于政府的权力，不限于政府的发号施令或运用权威。

虽然治理可以弥补国家和市场在调控与协调过程中的某些不足，但它也存在许多局限。它不能代替国家行使政治强制力和合法的暴力措施，也不可能代替市场自发地对大多数资源进行有效的配置，治理也存在失效的可能。于是，一些学者和国际组织提出了"善治"（good governance）的概念。善治就是政府与公民对公共生活的合作管理，是国家的权力向社会的回归，是一个还政于民的过程。学者俞可平综合各家在善治上的观点，提出了善治的10个基本要素，即合法性、法制、透明性、责任性、回应、有效性、参与、稳定性、廉洁和公正。

二、全球治理

20世纪90年代，全球化迅猛发展，最初把全球经济联成一体，继而不断地冲击人类生活的各个领域，对人类社会带来了深刻的变革，催生了全球治理的兴盛。

首先，随着全球化的进程的加速，全球问题不断凸现。环境污染、生态失衡、气候变化、疾病传播、粮食危机、能源短缺、人口爆炸、金融动荡、国际犯罪、毒品泛滥、核扩散、恐怖行动、民族与宗教冲突等全球公共问题的不断涌现，需要一种超国家的机制来处理。其次，在全球化的世界中，国家间相互依存加剧，发端于一国内部的危机能迅速波及周边国家乃至全球，要求各国不无选择地加强协调与合作，甚至一定程度地让渡主权，以维护共同的利益。

进入20世纪以后，尤其是冷战结束后，大批非国家行为体日益登上国际舞台。它们运用不断增长的资源和实力，积极参与甚至影响全球议程的讨论和确定，为共同解决多层次、多维度的全球治理提供了组织机制方面的条件。此外，计算机互联网的广泛应用和交通方式与工具的不断革新，增强了公民社会在信息和知识方面的占有量，密切了政府、社会组织和公民个人之间的沟通，为全球公民社会参与全球治理创造了技术条件。

综上所述，全球性问题的出现以及国家相互依存程度的加深，使全球治理成为必要；而信息革命和非国家行为体力量的壮大，又使全球治理成为可能。

对全球治理至今还没有一致的、明确的定义。詹姆斯·罗西瑙认为，"全球治理是在一个世界无政府的状态下管理互相依存的一种有目的性的秩序。"有目的性的全球治理就是规则、程序、制度的一套系统，这套系统在全球层面运转，并为行为体提供了一个就行动重点和方向进行互动和决策的框架。被学术界引证较多的全球治理委员会认为，"从全球角度来说，治理事务过去主要被视为处理政府之间的关系，而现在必须做如下理解：它还涉及非政府组织、公民的迁移、跨国公司以及全球性资本市场。伴随着这些变化，全球性的大众媒体的影响大大加强了"。

全球治理包括五大要素：

价值，就是在全球范围内治理健康问题所要达到的理想目标。这些目标应该是超越国家、种族、宗教、意识形态、经济发展水平之上的全人类的普世价值。

规制，就是处理全球性事务、维护国际社会正常秩序、实现全球治理目标的规则体系，包括各种正式和非正式的规制安排。

主体，指制定和实施全球规制的行为体。概括起来包括国家行为体、政府间国际组织和非国家行为体3类。

对象，指已经或将要影响全人类的跨国性、全球性问题。这些问题的解决必须依靠国际社会的共同努力才能解决。

结果，主要是指全球治理绩效的评估，集中体现为国际规制的有效性和执行效果。

随着对全球化认识的深入，一些中国学者开展了对全球治理的研究，为全球治理在中国的研究奠定了重要基础。有的比较全面客观地介绍与引进世界上具有代表性的全球治理观点，并对这个领域的知识进行发展、做出贡献；有的对如何在全球化环境下实现全球治理进行了有益的探讨；还有的重视与关注中国作为全球化世界的重要组成部分在全球治理中的角色和作用。

三、全球健康治理

（一）全球健康治理兴起的背景

全球化催生了全球治理兴盛，也驱动了全球健康治理的兴起。

在伴随全球化进程而出现的全球公共问题中，健康问题占据重要地位。这些问题既包括新发和重发传染病、也包括各种慢性非传染病，还包括社会、经济和环境因素对健康带来的影响。20 世纪后半期，尤其是 90 年代以来，以 AIDS、SARS、禽流感和甲型 H1N1 流感以及埃博拉出血热疫情的暴发为典型代表的新发和再发传染病的全球传播激起了国际社会对卫生问题全球化的关注；发达的交通运输和自由化贸易使得局限于某一地区的病毒或有害物质能在数小时内跨越万里之遥；繁荣的野味、家禽、牲畜和肉类市场为动物源性新发传染病的跨国传播提供了条件；全球性药品倾销、药物滥用与误用，导致抗微生物药物耐药的加剧，加大了对传染病有效控制的难度；信息革命在传播健康知识的同时，也扩散着不良的思想观念和不健康的行为；跨国公司强劲的营销策略，可以使一些不健康的生活方式和产品，潜移默化地影响卫生体系和健康教育尚不完善的国家人群的消费模式；在传染病依然是重要健康威胁的同时，慢性非传染性疾病，成为发展中国家的双重负担之一，并形成全球蔓延的趋势；全球化把人类赖以生存的家园变为为一个小小地球村，人们同呼吸，共命运，环境、气候、生态的恶化威胁整个人类的健康……所有这些问题，都需要全球健康治理机制来应对。

（二）全球健康治理的定义

目前对"全球健康治理"（global health governance）也没有统一的定义。2002 年伦敦卫生和热带病学院全球变化与卫生中心的 Richard Dodgson 等学者提出，全球健康治理是指"在全球化背景下，为促进和保护人民健康而采取的被广泛接受的行动和理念，它通过建立正式或非正式的机制和规则，作用于国家、国家间和全球等不同层面"。2008 年，日内瓦高等研究院 Ilona Kickbusch 把全球健康治理定义为"在不同层次，通过不同形式的机构和行为体的互动关系，为增进健康而集体解决问题的机制。"2010 年，美国学者 David Fidler 指出，全球健康治理是"国家、政府组织、非国家行为体为需要通过跨境的集体行动来有效应对卫生挑战而采用的正式、非正式的制度、规则、程序"。虽然这些定义的表述各异，但都在某种程度上都把制定规则置于全球健康治理的核心。

（三）全球健康治理的要素

全球健康治理是全球治理理论在健康领域的应用。我们同样可以运用全球治理的五大要素来审视全球健康治理。

全球健康治理的价值是开展全球卫生合作的基础。《世界卫生组织组织法》开宗明义，指出"健康不仅为疾病或羸弱之消除，而系体格、精神与社会之完全状态"，而"享受最高而能获致之健康标准，为人人基本权利之一。不因种族，宗教，政治信仰，经济或社会情境各异，而分轩轾。"这一崇高的价值观在 1966 年联合国大会通过的 *International Covenant on Economic, Social and Cultural Rights*（《经济、社会及文化权利国际公约》）得到重申。它缔约各国"承认人人有权享有能达到的最高的体质和心理健康的标准"。可以说，人人享有健康、

实现健康的公平性,是国际社会普遍认同的核心价值。

全球健康治理的规制在全球健康治理中处于核心地位。规则的制定是在具有立法权的国际组织平台上谈判的结果。世界卫生组织(世卫组织)是由《世界卫生组织组织法》赋予的具有国际卫生立法职能的唯一联合国机构。2003年,世卫组织会员国经历了4年谈判,在第56届世界卫生大会(世卫大会)上通过了首个也是迄今唯一的国际卫生公约——《烟草控制框架公约》。同年,世卫组织启动了对《国际卫生条例》1969年版的修订,并于2005年在第58届世卫大会通过了 International Health Regulations (2005)(《国际卫生条例(2005)》)。《烟草控制框架公约》和《国际卫生条例(2005)》是世卫组织自成立以来制定的两部具有约束力的卫生法规。世卫组织更多的是通过制定大量的不具约束力的决议、指南和标准等,对全球的公共卫生事务进行指导、规范与协调。

在非卫生领域,联合国及其他一些国际组织制定的国际法规也可能对健康有重要意义。如世界贸易组织的 Agreement on Trade-Related Aspects of Intellectual Property Rights(《与贸易有关的知识产权协议》,TRIPS 协议)与药品的公平可及密切相关。因此,全球健康治理也必须关注其他发展领域对健康有重要影响的规制。

全球健康治理主体的多元化是全球健康的基本特征。它们既包括民族国家,也包括政府间组织,还包括非国家行为体;不仅有以健康为主要使命的行为体,也有以其他和平和发展为职责的行为体。除了传统的民族国家和政府间组织,近20年来,还涌现出了一批新兴行为体,包括私人基金会和公私合作伙伴关系,如比尔及梅琳达·盖茨基金会,全球疫苗免疫联盟,全球抗击艾滋病、结核病和疟疾基金,国际免疫融资机制和国际药品采购机制等。这些新型的非国家行为体不仅增加了全球健康问题治理的灵活性,还给全球健康贡献了重要的技术和资金。2016年,世卫组织把参与全球卫生的非国家行为体归纳为四大类:非政府组织、私营部门实体、慈善基金会和学术机构,认为他们为全球卫生带来大量的资源,"包括知识、专长、商品、人员和资金","在全球健康的所有方面都发挥着重大作用",应该"加强对非国家行为体的资源利用"。行为体的多元化也给合作伙伴之间的协调,以及对健康结果的问责等带来挑战。表7-1 是从性质、职能和时间等不同角度对参与全球健康治理行为体的归类举例。

表7-1 全球健康领域行为体的多元化

		卫生领域	非卫生领域
老的行为体	国家	卫生部	外交部、贸易部、财政部、国际开发署等
	政府间国际组织	世卫组织(WHO)	联合国儿童基金会(UNICEF)、联合国人口基金(UNFPA)、联合国开发计划署(UNDP)、世界银行(WB)、国际货币基金组织(IMF)、世贸组织(WTO)、亚太经合组织(APEC)、欧盟(EU)等
	非政府组织	洛克菲勒基金会、福特基金会等	
新的行为体	政治论坛		八国集团(G8)、二十国集团(G20)、金砖五国(BRICS)等
	新型伙伴关系	抗击艾滋病、结核和疟疾全球基金(GFATM)、全球疫苗免疫联盟(GAVI)、联合援助国际药品采购机制(UNITAID)等	
	民间社会组织	人民健康运动(PHM)、患者和社区健康组织等	
		比尔及梅琳达·盖茨基金会、信仰为基础的组织、各种学术专业网络等	

全球健康治理的对象指要治理的问题。本节在"全球健康治理兴起的背景"部分列举的一系列全球健康问题都是全球健康治理的对象。为了以简单的方式考虑复杂的任务，2006年陈冯富珍博士在就任世卫组织总干事时，把全球需要治理的纷繁众多的健康问题归纳为两大议程：卫生发展和卫生安全，认为这是两大"基本需要"。2018年当选的世卫组织总干事谭德赛制定的为期5年的工作总规划，提出了三大战略重点，即"实现全民健康覆盖、应对突发卫生事件和促进人群健康"。可以说，两位总干事关于全球健康治理对象的表述是异曲同工的：实现全民健康覆盖和促进人群健康是在推进卫生发展，应对突发卫生事件是为了维护卫生安全。

图 7-1 显示了在全球健康治理的重点议程中，推进全球卫生发展和维护全球卫生安全的关系。在互相依存的全球化世界，一国的卫生安全不仅取决于本国的努力，也离不开世界各国，特别是全球最薄弱地区的卫生发展水平，取决于那里的卫生系统是否能够及时发现、评估和应对具有全球意义的公共卫生突发事件。正如世卫组织总干事陈冯富珍所说："当最富裕国家和最贫困国家的期望寿命差距超过40岁时，当国家政府年度卫生开支存在人均从低至20美元到远远超过6 000美元的差别时，当撒哈拉以南非洲超过40%的人每天生活费用不到1美元时，我们是没有安全可言的。"提供卫生发展援助、强化脆弱国家和贫困地区的卫生系统、控制疫病的传播，不仅是道义的责任，也符合包括本国在内的全球卫生安全的利益。

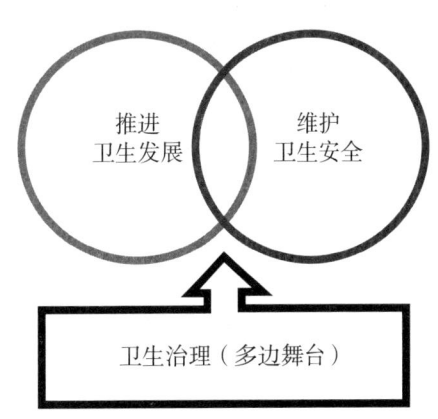

图 7-1 全球卫生发展和全球卫生安全是全球健康治理的两大重点议程

全球健康治理的结果主要是指被治理问题的解决程度、国际规制的合理性、治理主体的问责，以及对改进治理的建议。2015年千年发展目标到期之时，联合国和世卫组织对卫生相关目标的实现情况进行了总结（本章第二节）；在新型甲型H1N1流感全球大流行结束时，以及西非埃博拉出血热疫情暴发1年后，世卫组织的独立专家审查组对这两起国际关注的突发公共卫生事件的应对进行了回顾、评价，对《国际卫生条例》在应对中的作用进行了分析（本章第三节），是对卫生发展和健康公平两大领域全球治理结果的具有权威性的评估。

第二节 推进全球卫生发展

推进全球卫生发展，就是要实现全民健康覆盖，特别是增进弱势群体的健康。提供卫生发展援助，消除健康不公平，是全球健康治理的最重要的议程之一。

一、卫生发展援助的价值和理念

卫生援助可以宽泛地定义为资源从多边组织、基金会或政府转移到一个国家的卫生部门或一个人群。早在70年前，《世界卫生组织组织法》就指出各民族的健康"须赖于个人和国家的通力合作"。这个体现卫生发展合作理念，在2000年联合国千年首脑会议一致通过《联合国千年宣言》中被提高到前所未有的高度。首脑们在宣言中正式宣布："我们还有在全球维护人的尊严、平等与公平原则的集体责任。""某些'基本价值'对21世纪的国际关系是必不可少的。这包括自由、平等、团结互助、容忍、尊重大自然、共同承担责任。"对于"团结互助"，宣言指出，"必须根据公平和社会正义的基本原则，以公平承担有关代价和负担的方式处理各种全球挑战。遭受不利影响或得益最少的人有权得到得益最多者的帮助。"基于这些基本价值，

首脑们通过了8项千年发展目标,其中直接的卫生目标就有3个:降低儿童死亡率,改善孕产妇保健,抗击 AIDS、疟疾和其他疾病。千年发展目标吹响了全球采取集体行动消除健康不公平的号角,极大地推动了卫生发展援助行动。2015年,在千年目标到期之际,联合国可持续发展峰会通过了 Transforming Our World: The 2030 Agenda for Sustainable Development(《改变我们的世界——2030可持续发展议程》)的成果文件,进一步发扬了这一价值观。成果文件描绘了一个更加美好变革的愿景,包括要"创建一个人人平等享有优质大中小学教育、卫生保健和社会保障以及身心健康和社会福利都有保障的世界"。会议宣布的17项可持续发展目标中的第3项目标就是"确保不同年龄组的所有人过上健康生活,促进他们的福祉。"各国首脑们庄严承诺:"在踏上这一征途时,我们保证决不让任何一个人掉队""我们将首先尽力帮助落在最后面的人"。这是卫生发展援助价值观至高无上的体现。

二、卫生发展援助要解决的问题

解决日益扩大的全球健康的不公平一直是卫生发展援助要解决的问题。根据世卫组织统计信息,2015年期望寿命最高和最低的国家相差33岁。发展中国家1/6的儿童体重不足,5岁以下儿童死亡率有1/3以上归因于营养不良;过去10年中,在26个儿童死亡率大幅度降低的国家中,有18个国家最富裕的1/5和最弱势的1/5人群的儿童死亡率的差距却在加大。全球有15亿人长期在动乱、战争和被侵占的地区中生活,不仅面临躯体伤残的威胁,还承受巨大的心理压力。世界80%以上的人口没有得到足够的社会保障安排,同时,失业人口居高不下。2012年,全球失业人群达1.973亿,比2007年增加2 840万。就业人群中,27%(8.54亿)在每天2美元的水平上挣扎。东南亚和撒哈拉以南非洲国家中60%以上的工人每天工资不足2美元。世界3亿土著人中很多遭受歧视,日常的需要得不到满足,他们的诉求无法得到表达。女孩和妇女面临受教育和稳定工作的障碍。在生殖健康和性健康方面,全世界的妇女享受的权利依然不公平。这些健康的不公平现象,是人们日常生活环境——幼儿期的发育成长和就学条件、住所、饮用水和食品、社区、就业和工作、社会保障的覆盖和卫生保健的可及性不同——所造成。日常生活环境的不公平是"系统性"的,它源于更深刻的社会结构和各种进程,"造成这一问题的根源是容忍或实际助长不公正分配和享有权力、财富和其他必要的社会资源的社会规范、政策和做法。"这种结构性的决定因素和日常生活环境加在一起,构成了"健康的社会决定因素",它们是造成健康不公平"原因的原因"。

三、开展卫生发展援助的规制

自1960年以来,数万亿美元的援助资金通过双边和多边渠道流入了受援国,但援助效果却并不令人鼓舞。随着2000年"联合国千年发展目标"的制定,援助有效性问题成为全球的重点关注。十多年来,国际社会多次召开高级别会议,讨论发展援助有效性的国际理念,规范援助行为,完善援助体系与规制。

(一)《巴黎宣言》

2005年3月,在巴黎举行了关于有效援助的高层论坛,61个多边和双边援助者、56个受援国和14个公民社会组织共同签署了 Paris Declaration on Aid Effectiveness《《关于援助有效性的巴黎宣言》),正式提出提高援助有效性的五项原则:自主原则(ownership),即受援国须自行制定发展战略,改进体制和惩治腐败,承担发展的责任;对接原则(alignment),即国际援助须与受援国的发展战略相联系,并把后者置于优先考虑的地位;协调原则(harmonisation),即援助国之间应协调其援助计划和行动以避免重复和资源浪费;成果原则(management for results),即受援国和援助国都应重视对援助实效和成果的衡量与管理;共同问责原则(mutual accountability），即受援国和援助国应共同对其国民、政府负责，对发展成果负责。《巴黎宣言》所强调的五项原则是在发达国家主导下制定的，注重受援国的良治、问责、透明、参与等西方式民主政治过程。这种方式重视援助的实施过程，规范了援助国的管理体系，但却相对忽视了受援国本身的发展。

（二）《阿克拉行动议程》

2008年9月第三届高级别论坛在加纳首都阿克拉举行。大会通过的 Accra Agenda for Action（《阿克拉行动议程》）进一步强化了2005年《巴黎宣言》的原则，制定了推进《巴黎宣言》目标的议程，开始将发展援助重心从援助有效性转移到发展有效性，强调只有占发展中国家人民多数的弱势和贫穷人群的权利得到体现和认可，才能最终在消除贫穷和不平等方面取得明显进步。行动议程重塑了国际援助的格局，首次认可公民社会组织、国际基金和私营部门作为发展领域的主体角色和重要性，肯定了发展中国家援助的原则与模式的重要性，认为"南南合作"在国际发展合作中发挥着重要作用，是"南北合作"的有益补充。

（三）《釜山宣言》

2011年在韩国釜山召开第四届援助效率高层论坛，是迄今为止规模最大、最具权威性的国际发展会议，通过了 Busan Partnership for Effective Development Cooperation（《有关新的全球合作关系的釜山宣言》，简称《釜山宣言》），正式提出国际援助政策应当从关注"援助有效性"转为关注"发展有效性"，明确表示将构筑涵盖发达国家、新兴市场国家、民间社会组织等各种援助主体的新全面全球伙伴关系，指出要加强和扩大对"南南合作"（发展中国家-发展中国家）和"三角合作"（发展中国家-发展中国家-发达国家）的援助，正式肯定"南南合作"这个新的发展合作模式，指出"南南合作"的方式和义务要有别于"南北合作"。

（四）国际卫生合作伙伴及相关倡议（IHP+）

为了把上述有关发展援助总的规制应用于卫生领域，2007年9月由英国首相和挪威总理发起了"国际卫生合作伙伴及相关倡议"（International Health Partnership+，IHP+），这是全球健康领域国际发展合作最为重要的一个机制。

IHP+是为了加速"卫生千年发展目标"在发展中国家的实现于2007年创立的。参与IHP+的国际组织、双边援助机构、国家政府和其他捐助者，通过签署"实现卫生千年发展目标的全球盟约"（global compact），集体并单独地做出承诺，要在卫生领域实践《巴黎宣言》的援助有效性原则。首先，受援国政府要发挥核心作用，制定统一的国家主导的卫生计划。国家卫生计划要反映公民的实际需要，不仅政府各部门，而且民间社会、私营部门和援助者都要密切合作，帮助支持国家卫生计划的制定。其次，与以疾病或问题为专项的垂直规划不同，IHP+强调横向卫生系统的加强，要把受援国卫生系统和服务能力的建设作为优先重点。最后，援助者要以良好协调的方式，动员可持续的和可预测的资金，要和受援国共同商定如何资助以结果为导向的加强卫生系统的国家计划。2007年IHP+发起之初，签署"全球盟约"的合作伙伴为26家，到2014年6月增加到63家。

2015年9月，世界从聚焦千年发展目标转向了实现更宏伟的可持续发展议程。IHP+合作伙伴一致同意将合作范围扩大到实现全民健康覆盖。鉴于健康相关的可持续发展目标不仅适用于贫困国家，而且也是富裕国家的追求，IHP+合作伙伴的范围也被扩大。对接受外部援助的国家，新的伙伴关系将继续为改进发展援助的有效性而努力；同时，还要在所有国家增加国内的卫生投入，加强卫生系统建设。2016年9月，世卫组织总干事在联合国大会宣布成立"2030健康全民覆盖国际卫生合作伙伴"，这意味着，原来的IHP+已向"2030健康全民覆盖国际卫

生合作伙伴"(international health partnership for UHC 2030)转变。

四、卫生发展援助的多元化主体

在卫生发展援助（development aid for health，DAH）领域，发达国家一直处于主导地位，形成了较为完善的国际发展援助管理体系。21世纪以来，随着世界经济的发展，援助格局正逐步走向多元化。除了传统的双边援助机构，如英国国际发展署（DFID）、美国国际开发署（USAID）。澳大利亚国际开发署（AusAid），以及国际和区域的政府间组织，如世卫组织、联合国儿童基金会、联合国开发署、联合国艾滋病规划署、欧盟以及国际和区域的开发银行（如世界银行、亚洲开发银行）外，越来越多的非国家行为体参与卫生发展援助。

非国家行为体早在19世纪初期就开始涉足卫生领域，并对国际卫生做出了贡献，但那时的数量十分有限，作用也主要限于填补空白或辅助政府的行动。如率先支持许多发展中国家卫生服务和疾病控制的洛克菲勒基金会（设立于1904年），成为国际卫生体系制定医治战争创伤的行为规范和道义标准先导红十字国际委员会（建立于1863年）。到了20世纪90年代，随着全球化的迅猛发展，参与全球卫生的非国家行为体数量剧增，实力和影响迅速扩大。最突出的是2000年创立的全球最大的比尔及梅琳达·盖茨基金会。该基金会自创立以来，累计向全球卫生投入220多亿美元，用于缩小贫富人群之间的健康差距，支持卫生技术进展，并将这些技术提供给最需要的人。

一些非国家行为体在寻求更切实有效的卫生发展合作的过程中，还围绕特定卫生问题形成了一批"全球公私合作伙伴关系"（GPPPs）。这些公私合作伙伴关系至少把超越国界的三方聚合在一起，即政府机构、政府间组织和私营公司。他们在互相商定的分工基础上，为实现卫生发展、增进全球健康的共同目标开展合作，如1999年成立的全球疫苗免疫联盟，2002成立的抗击艾滋病、结核病和疟疾全球基金就是典型的公私合作的伙伴关系。

在卫生发展领域，许多发展中国家作为援助国在国际援助体系中扮演着越来越重要的角色，成为发展援助队伍中的"新兴援助者"。它们的参与壮大了卫生发展援助的实力，弱化了传统捐助国的主导地位，改变着国际发展援助的格局。长期以来，中国、印度等发展中国家提供的对外援助在援助的目标、原则、特点、管理体系等方面与传统的"南北合作"存在很大的不同，援助的效果也存在差异，形成了独特的"南南合作"模式，对国际发展援助体系产生了越大越大的影响，其意义和重要性在2012年釜山会议成果文件中得到正式肯定。

五、卫生发展援助的效果

在过去30年中，全球卫生发展取得巨大进展，特别是在2000年之后。在千年发展目标到期之际，国际社会对目标的进展进行了全面回顾。在卫生发展领域，实现千年发展目标取得了显著成绩。但各地区和各国之间的进展并不均衡，不平等依然存在。

（一）全球卫生发展的进展

在1990—2015年间，全球5岁以下儿童死亡率下降超过一半，从每1 000名活产中90人死亡降至43人死亡，降幅为53%。2015年，全球估计有600万名5岁以下儿童死亡，比1990年1 270万的数字下降了50%；同期，全球孕产妇死亡率从1990年的每10万活产死亡380例下降为2015年的210例，降幅为45%，大部分发生在2000年以后。但是，不论是5岁以下儿童死亡率，还是孕产妇死亡率，均未实现分别降低2/3和3/4的千年发展目标。撒哈拉以南非洲国家和南亚国家依然是儿童死亡率较高的地区，孕产妇死亡也仍主要发生在这些地区以及东南亚、加勒比地区国家等发展中国家。

在传染病方面，全球实现了到2015年遏制并开始扭转AIDS蔓延的目标。2000—2013年间，新感染 HIV 的人数下降约 40%，从每年 350 万例下降至 210 万例。AIDS 相关死亡人数从 2005 年的年死亡 240 万例降为 2013 年的 150 万例，降幅为 35%。抗逆转录病毒疗法治疗避免了 760 万 AIDS 患者死亡。到 2015 年，在低、中收入国家为 1 500 万人提供抗逆转录病毒治疗的具体目标超额完成。但是每年仍有太多的新感染 HIV 病例（每年 210 万），大部分在撒哈拉南部非洲和南亚地区。全球也实现了到 2015 年遏制并开始扭转疟疾发病率的目标。2000—2015 年间全球疟疾发病率下降 37% 左右；疟疾死亡率下降一半以上，避免了 620 多万疟疾病例死亡（主要是撒哈拉以南非洲地区 5 岁以下儿童死亡）的发生。但若与世卫组织提出的量化目标（下降 75%）相比则还有距离。就全球范围而言，结核病也达到了遏制和扭转发病率的具体目标。1990—2013 年间，全球结核病死亡率下降了 45%，患病率下降了 41%。结核病的预防、诊断、治疗避免了 3 700 万人的死亡。但是这种进展并不平衡，世卫组织中 3 个区域（美洲区、西太平洋地区、东南亚地区）达到减轻结核病负担的所有 3 项具体目标（发病率、患病率和死亡率），其余 3 个区域（非洲区、东地中海地区、欧洲区）下降速度未实现这些具体目标。

（二）卫生发展援助的投入和作用

促成这些健康结局变化有诸多因素。其中，卫生发展援助发挥了重要作用。在过去 30 年中，儿童死亡率的下降与针对儿童死因（如疫苗可预防疾病）的卫生援助的增加同时发生。不论来自官方还是民间，卫生发展援助的投入一直在不断增长。越来越多的证据表明，卫生援助不仅与不同国家之间的死亡率趋同相关，而且与国家内部的死亡率趋同也相关。变化最快的是在 2000 年之后，这也是卫生援助增长最多的时期，被誉为"全球健康的黄金时代"。卫生发展援助从 1990 年的 58 亿美元增长至 2010 年的 288 亿美元（2011 年美元汇率），翻了两番多。前一番用了 11 年；第二番，在千年发展目标通过之后，仅用了 6 年。此后出现金融危机，增速放缓。卫生援助新增的资金主要用于 HIV/AIDS、结核病和疟疾的控制，以及引进未充分使用的新型疫苗。需要指出的是，来自私人和基金会以及新型的新公共和私营合作的行为体，如 GFATM、全球疫苗免疫联盟、比尔及梅琳达·盖茨基金会，以及国际药品采购机制，提供的卫生援助不仅迅速增长，而且在资金的调动和流通、统筹需求、塑造市场、改善产品的安全和供应方面进行了大量的实验和创新，推动国家以可承受的价格将重要的新技术引入常规系统。

（三）卫生发展援助的问题和面临的挑战

卫生发展援助不稳定。2000—2010 年，卫生发展援助迅猛增加，平均每年增长 11.4%。此后，卫生援助的增速大幅减缓，平均增长率下降到 1.2%。2015 年，卫生援助总额为 364 亿美元，低于 2013 年的 3 801 亿美元的峰值水平。卫生发展援助并不取决于受援国的需要。援助国的考虑，而且往往是非健康方面的考虑依然是援助决策的主导因素。2002—2014 年间，美国的卫生援助数额不断增加，但 2016 年美国大选后，新政府减少对外援助的承诺，包括明确大幅削减卫生援助。全球经济衰退也往往导致援助国政府做出不利于对外援助的安排。2008—2009 年的全球金融危机和随后高收入国家的财政紧缩计划，导致随之而来的卫生发展援助的停滞状态。

卫生发展援助在卫生领域之间的分布不均衡。自 2000 年千年发展目标（MDGs）启动以来，卫生援助资金主要在控制传染性疾病方面增加，特别是 AIDS 和疟疾，而对于儿童健康，尤其是孕产妇和生殖健康的关注很不够。这一趋势直到 2010 年启动了多项全球倡议，如关于孕产妇、新生儿和儿童健康的 Muskoka 倡议后才有所改变。没有纳入千年发展目标的那些问题，如被忽视的热带病，以及心血管疾病和癌症等非传染性疾病的防控受到的关注很少，而这些疾病对受援国造成的疾病负担却很严重。因此，跨卫生领域分配卫生援助资源的标准成为学

术界十分关注的问题。

卫生发展援助面临贫困地理变化的新挑战。传统上，人们认为可预防的死亡发生的"热点地区"都在世界上最贫穷国家境内。但新的分析显示，可避免的死亡主要集中在贫穷农村，而全球超过 70% 的贫困人口现在生活在中等收入国家，而不是低收入国家，他们面临高发病和高死亡的风险。在过去 20 年里，许多国家，包括低收入国家的经济增长明显，一些国家已经从低收入国家进入中等收入行列。但是，他们国内在收入和健康方面的不平等却十分显著，因此，不仅需要在低收入国家采取行动，也应该关注中等收入国家的贫困农村人群。但是，若按人均 GDP 的标准，他们通常已没有资格接受卫生援助。而实际上，这些国家经济的增长并不一定意味着国内贫困人群的健康需要能得到满足。在官方卫生发展援助越来越多地集中于最贫穷和最脆弱国家的情况下，什么样的国际集体行动能更好地帮助全球所有最有需要的社区和个人（包括中等收入国家，特别是中等收入大国的贫困人群）的健康得到保障，将是今后卫生发展援助必须回答的问题。

如何支持卫生领域的全球核心职能，是卫生发展援助的又一个课题。全球核心职能是超越任何一个民族、国家的主权，代表全球卫生机构的永久责任，包括提供全球公共产品（新防控手段的研发，知识的生成和共享，标准、规范、指导原则的制定和协调，以及塑造市场等）、管理外部效应［防范和应对疫病暴发，解决抗生素耐药性（anti-microbial resistance，AMR）、监测和信息共享等］和加强全球领导力和管理（stewardship）（召集谈判、达成共识、跨部门倡导等）。而对具体国家提供卫生援助则是在该国能力十分有限的情况下，所需采取的国际集体行动以解决该国的紧迫的重点卫生问题。随着国家经济发展，对卫生发展援助的需求将逐渐减少。全球卫生的核心职能，特别是提供全球公共产品和外部效应管理的职能在过去 20 多年一直被忽视，对国家的卫生援助的大幅度增长，与对全球卫生核心职能支持不成比例。研究显示，只有比 1/5 略多的卫生官方发展援助用于主要的全球卫生职能，其余都援助了具体的国家。全球公共产品（global public goods，GPGs）的资金严重不足，可以从世卫组织的预算危机中看出。自 1994 年以来，该组织的固定预算持续下降，在西非埃博拉出血热疫情暴发前的几年里，用于突发事件和危机应对的预算从 2012—2013 年度的 4.69 亿美元削减至 2014—2015 年度的 2.41 亿美元。学者们呼吁，卫生发展援助应对全球卫生核心职能给予应有的重视和支持；并认为，对卫生产品研发的投资是卫生发展援助的一个被忽略的相对优势，它提供了一个能使中等收入国家高死亡率的人群受益于外部供资的直接机会。

第三节　维护全球卫生安全

纵观历史，人类一直面临传染病和其他突发卫生事件的威胁。随着人类社会、微生物界、自然环境和人们行为的变化，全球卫生安全的威胁不断增加。维护全球卫生安全是全球健康治理的又一个重点议程。

一、全球卫生安全治理的价值理念

全球卫生安全（global health security）是指为尽可能减少对危及不同地理区域以及跨国范围公众群体健康的紧急公共卫生事件脆弱性而采取的预见性和反应性行动。今天，人类在小小的地球村里，越来越成为你中有我、我中有你的命运共同体。2018 年 5 月，第 71 届世界卫生大会一致通过的世卫组织《2019—2023 年第十三个工作总规划》把"做出广泛和持续的努力，推动构建人类命运共同体"纳入该组织的"愿景和使命"，显示了会员国对全球构建卫生领域的人类命运共同体形成高度共识。

早在 70 多年前世卫组织成立之际，国际社会就普遍认为，各国在增进健康及控制疾病，特别是传染病方面的不平衡发展是一种共同的危害。进入新世纪，国际社会进一步认识到，全球卫生安全与否不仅仅会对人类健康造成威胁、而且会对全球经济或政治稳定、贸易、旅游、商品和服务的可及性等产生重大影响；任何一个国家，无论多有能力、多么富有或者技术多么先进，都无法单独预防、发现和应对所有公共卫生威胁；全球卫生安全是一种集体的愿望，也是一种共同的责任；对于一些不能依靠自身力量防控流行病的国家，应提供快速和专业的国际疾病监测及反应网络的协助；维护全球卫生安全，需要各国具备发现疾病的核心能力以及对国际关注的突发公共卫生事件做出反应的国际合作。以上共识，构成了在全球卫生安全领域采取集体行动的价值基础。

二、全球卫生安全治理的对象

2007年题为 *A Safer Future：Global Public Health Security in the 21st Century*（《构建安全未来：21世纪全球公共卫生安全》）的世界卫生报告把全球卫生安全的风险和挑战归纳为易流行的疾病、食源性疾病、意外和蓄意制造的疾病暴发、人为因素导致的公共卫生安全不良，以及自然环境的灾难。

易流行的传染病疾病既包括原有的传染病，还包括新发的传染病。原有的传染病并未离我们远去，新发传染病又以空前的速度接踵而来。严重急性呼吸系统综合征（SARS）是21世纪出现的第一个新发严重传染病。这个致死率高、人们知之甚少的疾病，虽然只流行了4个月，却导致全球8 400多人感染，900多人死亡，给公众带来了巨大焦虑和恐慌，造成重大经济损失。起源于美洲的新型H1N1流感从2009年4月25日被世卫组织首次宣布为"国际关注的突发公共卫生事件"（Public Health Emergencies of International Concern，PHEIC）起，在不到2个月的时间内就演变为流感全球大流行。4个月内，160个国家和地区报告了超过15万个病例，死亡1 100多人。2013年12月在西非开始的埃博拉出血热疫情是该病有记录以来最严重和为时最长的疫情，2014年8月8日被世卫组织宣布为又一起"国际关注的突发公共卫生事件"。在受灾最严重的几内亚、利比里亚和塞拉利昂3国直接造成1万多人丧失生命，并带来重大经济损失。被世卫组织宣布为"国际关注的突发公共卫生事件"还有野生型脊髓灰质炎病毒的国际传播（2014年5月）、寨卡病毒病暴发（2016年2月）、刚果民主共和国埃博拉出血热疫情（2019年7月），以及新型冠状病毒肺炎疫情（2020年1月）。

过去的几十年中，因微生物、化学物质和有毒物质污染造成的食源性疾病暴发屡有发生。2008年"中国奶制品污染事件"就是惊动全球的食源性卫生安全事件。很多食用三鹿集团的含有化工原料三聚氰胺奶粉的婴儿被发现患有肾结石。中国大陆接受门诊治疗咨询的婴幼儿达5万多人，事件还波及中国香港、澳门和台湾。该事件重创中国制造商品信誉。事发后，数个国际组织联合发布声明，对事件表示担忧，不少国家禁止进口含奶粉成分的中国产品，或对这些产品全面下架，所有存货销毁。3年后的2011年，中国中央电视台《每周质量报告》调查显示，仍有7成中国民众不敢买国产奶粉。

当今，世界上许多国家极度依赖化学加工和核能。公共安全也取决于相关设施的安全。意外的机械故障或人为的错误导致的突发事件会引起灾难性的后果。1986年4月26日，苏维埃社会主义共和国联盟（苏联）北部的切尔诺贝利（Chernobyl）核电站（现属乌克兰）的爆炸，被认为是历史上最严重的一次意外核污染事故。爆炸导致周边广大地区受到严重污染，大片放射性沉降物飘落在苏联西部地区、欧洲和北美东部。数十万人参与了核放射残余物的清理工作，受到了高剂量辐射，还有几十万人被疏散和重新安置，这为遭受事件影响的居民带来诸多精神和心理疾病。

恶意释放危险病原体曾经是不可思议的事情，如今却成为现实。2001年在美国"9·11"恐怖事件发生当天，有人把含有炭疽杆菌芽孢粉末的信件寄给数个新闻媒体办公室以及政府官

员，蓄意制造了一起生物恐怖袭击。炭疽信件造成22人感染，5例死亡，3.2万人有潜在暴露危险。美国疾病预防控制中心（CDC）组成应急队伍，对潜在暴露危险的人分发紧急抗菌药物，总分发量达375万片；开展了大量环境样本、临床样本以及可疑恶性事件标本的收集和检测工作。这给美国CDC、公共卫生实验室以及政府机构带来了沉重的负担。

在公共卫生领域，意外的政策改变也会导致致命的后果，付出高昂的代价。2003年8月，尼日利亚北部出现口服脊髓灰质炎疫苗（OPV）会造成接种儿童将来不育的传言，两州政府下令暂停儿童OPV的使用。结果，该国北部出现大规模脊髓灰质炎暴发，已经宣布消除脊髓灰质炎的南部地区也有民众再次感染，最终导致尼日利亚数千儿童瘫痪。脊髓灰质炎还蔓延到非洲、亚洲和中东地区的19个无脊髓灰质炎国家。最终，为应对这场疫情暴发花费了4.5亿美元。

在地球上，局部战争和武装冲突从未断绝。大量人口被迫迁移，在拥挤、脏乱的环境中生活，成为传染病患病的高危人群。1994年7月，卢旺达发生内战后，50万~80万人越过边界，到刚果民主共和国戈马市避难。在到达的第1个月内，近5万难民死于霍乱弧菌和志贺菌的混合感染。在南苏丹共和国，多年针对平民的暴力冲突摧毁了人们的生计，他们被迫逃离家园。到2019年，需要人道主义援助的人数高达700万。妇女和儿童仍然受影响最严重的人群，约220万儿童失学，近60万孕妇和哺乳期妇女严重营养不良。

病原微生物在持续不断地演变，细菌通过自发的突变以及通过不同菌株与菌种之间基因的交换和重组，产生抗微生物药物的耐药性，严重威胁公共卫生安全。人类的不当行为，如抗生素滥用、不依从医嘱、非法销售抗生素，以及在动物饲养和植物种植中使用抗生素，加速了致病微生物耐药性的形成和传播。耐药性已见于引起广泛耐药结核病（extensively drug-resistant TB，XDR-TB）、腹泻病、医院获得性感染、疟疾、脑膜炎、呼吸道感染、性传播疾病，以及AIDS。

每年发生的自然灾害是无数人的灾难，它会夺去成千上万人的生命，这是它的直接后果。间接后果包括传染病流行的威胁、急性营养不良的发生、民众流离失所、急性精神疾病及慢性病的恶化。2019年4月飓风"伊代"造成莫桑比克13万人流离失所，185万人需要人道主义援助。飓风过后，出现了近2千例霍乱疑似病例。

上述事例有力地证明全球卫生安全治理的对象既包括传统的卫生安全风险，也包括较新的卫生安全挑战，还包括快速发展的全球和区域环境及现实中的生物安全和生物保障问题。

三、全球卫生安全治理的规制

集体防御全球卫生安全威胁必须建立在共同的行为准则上。第九章介绍的《国际卫生条例（2005）》就是实现全球卫生安全的一项重要的具有约束力的国际立法文书。它的通过标志着全球在抵抗有可能跨越国界的公共卫生事件的全球协调与合作方面有了一个新的法律框架。

《国际卫生条例（2005）》是对1969版的《国际卫生条例》的重要修订。它赋予世卫组织以新的治理权力，对缔约国的义务做出新的规定。它要求缔约国根据规定的标准向世卫组织通报潜在广泛的事件，包括可能构成国际关注的突发公共卫生事件；世卫组织应要求有关国家对世卫组织通过监测活动所发现的事件进行核实，缔约国必须对这一要求及时做出回应；缔约国有义务向世卫组织通报在其领土以外的可能引起国际疾病传播的公共健康风险的重要证据。国家的归口单位和世卫组织的联络点共同构成国与国之间和国家与世卫组织之间的独特和有效的沟通网络。缔约国还必须在设定的时间内确保国家卫生监督和应对能力满足必需的功能标准。《国际卫生条例（2005）》更新了入境口岸针对国际交通的常规公共卫生措施，并对国家指定的国际入境口岸提出最基本的能力要求。《国际卫生条例（2005）》赋予世卫组织总干事做出构成"国际关注的突发公共卫生事件"决定的权力，以及与外部紧急委员会专家磋商之后，为对防止疾病的国际传播，避免干扰国际交通发布适当卫生措施临时建议的权力。

与1969年版本相比，《国际卫生条例（2005）》在众多方面都有重大修订，特别是拓宽了健康威胁的范围，由原来的6种疾病扩展到所有突发公共卫生事件，调整了活动重点，防线由入境口岸前移到疾病暴发的源头。表7-2归纳了《国际卫生条例》1969年版和2005年修订版的主要区别。

表7-2 《国际卫生条例》1969年版与2005年修订版主要内容比较

重点领域	《国际卫生条例（1969）》	《国际卫生条例（2005）》
威胁类别	传染性疾病	所有突发公共卫生事件
信息来源	主要依靠官方来源的信息	允许考虑除正式通报和磋商以外的信息，并经评估后核实来自有关缔约国的特殊事件
活动重点	在不妨碍贸易和旅行的情况下在港口和边界控制疾病	在港口、边界和境内任何可发生的地方发现、报告和控制公共卫生威胁，防止国际传播
风险评估	具有历史意义的特定疾病（如霍乱、鼠疫、黄热病）	评价公共卫生事件风险和潜在影响的决策工具（附件2）
应对	在入境口岸已有预先确定的公共卫生控制方案	适应威胁性质的灵活的、基于证据的应对方案
沟通	各国临时指定合适的当局	通过指定的国家联络点通报世卫组织或由世卫组织通报
能力要求	入境口岸的公共卫生和传染控制措施	在国家和社区层面第一时间发现、评估、报告和应对公共卫生威胁

来源：Fischer J, Katz R. International Health Regulations 101. Stimson Center IHR（2005）：from the global to the local. 2010-03-01. http：//www.stimson.org/globalhealth/GHS_IHR_website/Policy%20Brief_1-%20IHR%20101.pdf

《国际卫生条例（2005）》的通过是世卫组织及其成员国在公共卫生领域上的一个里程碑。其成功实施将大大提高国家和全球公共卫生安全。

除了具有约束力的《国际卫生条例》，世卫组织还以决议［如关于 *Global Public Health Response to Natural Occurrence, Accidental Release or Deliberate Use of Biological and Chemical Agents or Radionuclear Material that Affect Health*（《全球对影响健康的生物和化学物质或核放射材料的自然发生、意外泄漏或故意使用的公共卫生反应》）的 WHA55.16 号决议］、指南［如 *Public Health Response to Biological and Chemical Weapons：WHO Guidance*（《生物和化学武器的公共卫生应对措施：世卫组织指南》）］等不具约束力的工具指导全球卫生安全行动。其中，*The Pandemic Influenza Preparedness Framework*（《大流行性流感防范框架》，简称 PIP 框架）是具有重大道义影响力的国际文书。

流感大流行在20世纪曾经发生过3次，最严重的1918年的流感，据估计夺走了数千万人的生命。流感病毒会不断变异，如果高致命性的流感病毒突变成能在人与人之间有效而持久传播的病毒，就会在人间引起一场严重的流感大流行。世卫组织从20世纪50年代初就建立了全球流感监测网络（GISN）［2011年更名为全球流感监测和应对系统（GISRS）］，作为对具有大流行潜在危险的流感病毒突发事件的全球监测和预警机制。

全球流感监测和应对系统建立在流感病毒样本共享的基础上，它有助于评估大流行风险的评估、开发候选疫苗毒株、更新诊断试剂盒，以及监测抗病毒药物。2006年，就在人们普遍担忧在禽类中猖獗流行的流感病毒会突变成能人间传播的病毒时，不具备疫苗开发能力的发展中国家提出，制造商依赖这些国家共享的可能导致大流行的流感病毒开发生产了流感疫苗，但是这些国家却无法负担或获得这些疫苗和其他拯救生命的措施。这种状况必须改变。于是，从

2007年起,在世卫组织平台上开启了关于病毒共享和利益共享的谈判。最终于2011年达成协议,通过了《大流行性流感防范框架》。

根据《大流行性流感防范框架》,会员国应当迅速、系统和及时地将可能引起人间大流行的流感病毒所有病例的生物材料提供给世卫组织全球流感监测和应对系统,并同意在符合规定的情况下,将有关生物材料进一步转让给系统外的机构、组织和实体使用(包括将候选疫苗病毒供生产商用于开发流感疫苗)。世卫组织建立了一个透明的追踪机制,以实时跟踪相关生物材料在世卫组织网络内和网络外的流动情况。

在确保病毒共享的同时,《大流行性流感防范框架》也可促进建立一个大流行性流感利益共享的系统,包括向所有国家提供大流行监测、风险评估、预警信息和服务;向会员国提供大流行监测、开展风险评估和预警的信息和服务的能力建设;把发展中国家,特别是受影响、又无力生产或取得流感疫苗、诊断试剂和药品的国家作为帮助的首要重点;通过技术援助和技术转让,逐步完善受援国扩大流感疫苗生产的能力等。这个利益系统通过两种方式实现:①世卫组织与系统外接收病毒样本和相关数据的实体(例如生产厂商或研究机构)签署具有法律约束力的协议,规定作为回报,捐赠实时生产的大流行的流感疫苗、抗病毒药物、诊断试剂等制品;②每年向世卫组织提供伙伴关系捐款,总额2 800万美元,用于流感大流行的防范和应对工作。

《大流行性流感防范框架》是194个世卫组织会员国制定的一个大胆和创新的国际文书,改善了流感大流行全球应对能力和应对工作公平性方面的可信度和可预见性。这被世卫组织总干事陈冯富珍称为"破天荒的、突破性的成就"。

四、全球卫生安全治理的主体

在全球卫生安全治理领域,行动主体同样呈现多元化的特点,既有民族国家,也有政府间机构,还有民间社会组织和私营部门、公私合作伙伴关系以及个人。

以抗击2014年西非暴发的埃博拉出血热疫情为例,参与救援行动的国家遍及五大洲。首先是非洲大陆,特别是受灾国家的邻国和所在区域的国家以及区域机构,它们是早期应对危机的重要行为体。乌干达、尼日利亚、加纳和南非等国派出医疗卫生工作队,运送关键卫生物资,以支持遭受重创的卫生服务。塞内加尔和南非等国提供了必要的实验室、基础设施、人员、培训和后勤支持。加纳保持边境开放,在促进必要物资和人员进入疫情国方面起到了关键作用。优先动员邻近国家和所在区域的迅速应对行动是埃博拉出血热疫情为今后的突发事件提供的经验。

更多提供援助的国家来自其他各大洲,如中国、日本、韩国、英国、法国、德国、俄罗斯、土耳其、美国、加拿大、巴西、古巴、澳大利亚、新西兰等,其中既有发达国家,也有发展中国家;既有富裕大国,也有贫困小国。它们以各种方式参与和支持抗击埃博拉出血热的战斗,包括派遣公共卫生专家和医疗队,开展疾病诊治和医护防控人员培训,对人群进行健康教育,援建治疗中心、流动和固定病毒检测实验室,提供药物或捐助医疗卫生、个人防护和通讯联络装备以及各类交通运输车辆,供给粮食食品等人道主义物资,派出医疗船只和紧急运送救援人员的直升机,开启空中人道主义运输,还向受灾国家、有关国际组织和在现场开展救治的非政府组织捐赠紧急救援资金。

联合国系统内外的政府间国际组织采取了一系列行动。2014年9月,联合国安全理事会通过决议,呼吁国际社会采取各种措施协助抗击埃博拉出血热疫情。随后,联合国组派了有史以来第一个联合国应急卫生特派团——联合国埃博拉应急特派团,全面调动联合国系统的资源,推动捐助国做出政治和财政承诺。世卫组织积极推动埃博拉出血热治疗药物和疫苗的开发,联合国粮农组织发起紧急募捐呼吁,向受灾严重的国家9万个贫困家庭提供帮助。世界银行、国际货币基金组织、欧盟、非洲联盟（非盟）、西非国家经济共同体、西非经济货币联盟等区域性组织，以及非洲开发银行等区域性开发机构也提供了大批救援资金。

无国界医生组织等一些非政府组织一直在西非开展工作。它们在疫情暴发前和暴发早期就提供了大量的一线卫生服务，为保护人群健康做出了重要的贡献。它们还帮助提高国际社会对埃博拉疫情严重程度的认识，推动世卫组织等国际伙伴采取行动。

私营机构在埃博拉出血热流行期间也根据所在地点、能力和业务类型，直接和间接地发挥了作用，尤其是在偏远或人口稀少的地区雇用大批劳动力的大型商业企业，它们常常有较大卫生机构，承担着公共卫生的职能。例如几内亚与利比里亚边境上的采矿业、凡士通利比里亚橡胶树种植园，以及其他油气和钢铁生产企业，疫情期间一直在运转。它们在监测和管理疫情，保护公司员工、家属和当地人群方面发挥了重要作用。比尔及梅琳达·盖茨基金会等私人慈善基金会，以及一些非洲富翁个人都为抗击西非埃博拉出血热疫情提供了资金支持。

特别值得提及的是，公共卫生和人道主义应对工作中出现外国武装部队，是抗击西非埃博拉出血热疫情的行为体的一大特点。非洲联盟为疫情国协调了大量军事人员。联合国也促成了一些国家部署军事人员。美国、中国、法国、英国等国家都派出了军队奔赴疫区。军方的优势领域包括后勤、工程、通讯、信息管理、指挥和控制。他们帮助建设诊疗中心、援建医学实验室、提供专业医疗服务、开展人员培训和后勤支持、筹措和运输人道主义援助物资和人员。他们是一股极为重要的增援力量。

五、全球卫生安全治理的效果

自《国际卫生条例（2005）》于2007年6月生效以来，世界经历了数次启动《国际卫生条例（2005）》的危及全球卫生安全的重大事件。其中影响最大的两次是2009年甲型H1N1流感大流行和西非埃博拉出血热疫情。世卫组织于2011年和2016年分别成立了独立的专家审查委员会对两次疫情的防控进行了评估。

就疫情的控制效果而言，2009年甲型H1N1流感大流行死亡的人数相对较少。2011年的审查委员会认为，"对此所有人都应心存感激。流感病毒是不可预测的。这一次我们是幸运的。"对于"幸运"，世卫组织总干事在宣布大流行结束时这样解释，"大流行变幻莫测，往往令人猝不及防。这一次，我们纯属运气好。在大流行期间这一病毒没有突变为某种更致命的形式。没有出现对奥司他韦的广泛耐药性。"

但是西非埃博拉出血热疫情在暴发的前几个月内则没有得到有效控制，给疫区造成了严重后果。截至2016年3月13日，几内亚、利比里亚和塞拉利昂三国出现28 603例确诊、可能或疑似埃博拉病毒病病例，其中死亡11 301人。受埃博拉出血热疫情冲击，国家卫生系统服务能力下降，因其他疾病死亡的人数大量增多。据估计，疟疾、HIV/AIDS和结核病额外死亡人数超过10 000人。疫情还波及了另外7个国家，国内生产总值（GDP）损失达22亿美元。2016年的审查委员会认为这是"国际应对的失败"。

对《国际卫生条例（2005）》（下文简称《条例》）在全球应对2009年甲型H1N1流感大流行中的运行情况，2011年的审查委员会认为，《条例》还存在结构性的缺陷，如对违规行为缺乏强制执行的制裁措施。对《条例》在应对西非埃博拉病毒出血热疫情中的作用，2016年的审查委员会在认可《条例》不可避免地存在可以做出改进的同时，更强调国际埃博拉出血热应对工作的失败并不是《条例》文本有重大缺陷，而是实施不力。需要的是加强实施，而不是修订《条例》。

两个审查委员会从缔约国和世卫组织两个方面评估了它们在《条例》实施中的表现。审查委员会发现，到2015年11月，在经过一次延期之后，193个缔约国中，仍有84个（43%）国家未能实现《条例》要求的核心能力建设。缔约国核心能力的完备程度过度依赖自我评估，导

致了对核心能力报告的不完整和不可靠。缔约国通报方面的延误促进了埃博拉病毒无抑制的传播。迅速和透明地报告疫情常常遭受其他国家的"惩罚":有些国家实施了超出世卫组织建议的额外卫生措施,影响了人道主义援助工作的速度和有效性,也对疫情国家的经济造成了灾难性的影响。此外,缺乏可预见和可持续的资金供应是影响《条例》实施另一个主要障碍。

审查委员会认为在应对 2009 年甲型 H1N1 流感大流行中,世卫组织总体表现良好,尽管也有批评的声音:"但是西非埃博拉出血热疫情则暴露了世卫组织的众多弊病。世卫组织是获得授权领导由 30 个国际人道主义卫生组织组成的全球卫生集群,但埃博拉出血热疫情暴发后,世卫组织反应迟缓,对现场指导乏力,缺乏行动紧迫感和突发事件应对的灵活性和敏捷性。世卫组织未能提供及时、相关和循证的信息;在宣布成为'国际关注的突发公共卫生事件'之前的数月内,提供的信息前后不一致;宣布成为'国际关注的突发公共卫生事件'时,也没有伴随必要的明确的声明。"系统性的供资不足和有技能的人力资源的缺乏以及缺乏重视被认为是世卫组织开展有效应对行动必要基础设施薄弱的原因。

鉴于审查结果,两个审查委员会为确保《条例》的实施,提出了一系列重要建议:包括制定提高公共卫生防范能力的全球战略计划,筹集资金支持《条例》和全球战略计划的实施。2016 年,第 68 届世界卫生大会决定创建一个应急基金,以加强世卫组织对突发事件的应对;2018 年 5 月,第 71 届世界卫生大会上审议并通过了 *Implementation of International Health Regulations（2005）：Draft Five-Year Global Strategic Plan to Improve Public Health Preparedness and Response，2018—2023*（《实施〈国际卫生条例（2005）〉2018—2023 年改进公共卫生防范和应对的五年期全球战略计划草案》）。它提出三大支柱:建立和维持《国际卫生条例（2005）》规定的缔约国核心能力、加强事件管理和遵守《国际卫生条例（2005）》的要求、衡量进展和促进问责。对每一个支柱,都制定了目标、可交付成果和时间安排,并确定了评价的指标。世卫组织还汲取抗击埃博拉出血热疫情的经验教训,在 2019 年对该组织的结构做了重大调整,把突发事件的防范和应对从技术规划中分离出来,组成一个独立的核心业务,为全球卫生安全提供了组织上的保障。

(刘培龙 谢 铮)

第八章 全球健康行为体

随着国际社会在健康领域交往和合作的不断扩展与深化，各国政府间的交往与民间交往、双边卫生外交与多边卫生外交需求日益增强。多元化的全球健康行为体格局应运而生。主权国家与多种不同类型的行为体一起成为全球健康治理的重要行为主体，在全球健康治理中发挥着不可替代的作用。本章第一节对全球健康行为体和多元格局进行概述，之后的两节介绍联合国框架内的政府间组织以及非联合国框架内的全球性组织或合作机制，第四节介绍主要的基金会和非政府组织。

第一节 多元化的全球健康行为体格局

一、行为体概述

行为体（actors）是国际关系学当中的概念，指能够独立地参与国际事务，并能独立行使国际权利、承当国际责任和义务的政治实体或政治力量。行为体既可以是个人，也可以是一些集团，只要其能够显示出足够的行为内聚性，从而能被看成是一个单一的实体。政治行为体则是指任何能对其他行为体的行为施加影响或者做出反应的实体，它能参与到权力关系中，即政治行为体是指与其他实体发生权力关系的实体（个人或集团）。

从全球政治的角度看来，全球层面的行为体与国内的行为体存在明显的不同：

首先，社会环境不同。在一国之内，权力中心相对集中；而在国际范围，权力分散在许多互相竞争又独立的集团中。全球行为体要能独立地参与国际事务，这种独立性既要行为体自己宣称；也需要全球其他行为体所认可，尤其需要得到大部分主导行为体（国家）的认可。

其次，全球健康领域的研究者重点关注具有跨国性特征的行为体。跨国性体现在行为体能够直接参与到跨国性的权力关系中。一方面，全球行为体必须能够跨越国界，在不同国家的个人、集团和组织之间建立起网络关系、联系和产生相互作用。另一方面，全球行为体必须具有跨国性的影响力，而且必须直接参与国际权力竞争。一国内的利益集团虽然也是对外政策的研究对象，但是由于其主要是通过影响主权国家政府间接影响国际政治，所以只是国内行为体，不是全球行为体。此外，全球性不要求行为体的成员来自不同的国家，只需要该行为体参与跨国互动。

全球治理理论中，不同行为体（包括主权国家、政府间国际组织、非政府间国际组织、民间社会组织、公民等）通过建立具有约束力的国际规制来解决全球性问题，以维持正常国际秩序。"全球健康治理"是"治理"和"全球治理"理论在健康领域的应用，多元化的治理主体的相互依存关系，推动了全球健康治理向着网络化方向前进，也让不同行为体成为参与全球健康治理的重要力量和支柱。

二、全球健康行为体的分类

根据不同的划分标准，全球健康行为体可以有不同的分类（见表 7-1，图 8-1）。

依据行为体的职能范围，全球健康行为体可分为两种类型。一类是将健康作为其核心职能的专门性全球健康组织，另一类是行使其他职能但对全球健康具有影响的全球性组织。它们大都与发展、安全等健康的决定因素相关，并对全球健康议程起着重要的推动作用。

根据主体主权类型的不同，可分为国家行为体和非国家行为体，国家行为体是指传统的主权国家。国家是国际社会的基本组成元素，全球健康治理需要各国参与其中，因此国家和政府成为全球健康治理不可或缺的主体。非国家行为体是除国家以外，参与制定和实施全球规制的组织和机构，是全球健康治理的主体多元化的具体表现。根据 *Framework of Engagement with Non-State Actors*（《世界卫生组织与非国家行为体交往框架》，FENSA），非国家行为体指不附属于任何国家或公共机构的实体，包括非政府组织、私营部门实体、慈善基金会和学术机构。非政府组织为独立于政府之外运作的非营利实体。它们通常是会员制，以非营利实体或个人为会员，就非政府组织的政策行使表决权，或出于非营利的公共利益目标，以其他方式构成。非政府组织应免于主要是私人、商业或营利性质的考虑。它们可包括基层社区组织、民间社会团体和网络、信仰组织、专业团体、针对具体病患的团体和患者团体等。私营部门实体为工商企业，也即旨在为业主营利的企业。私营部门实体还指代表或受私营部门实体管理或控制的实体，包括但不限于代表工商企业的商会、未与其商业赞助者保持一定距离的实体，以及部分或全部为国家所有，但像私营部门实体一样行事的工商企业。慈善基金会为非营利实体，其资产由捐助者提供，收入用于造福社会之目的。它们在管理和决策方面应明确独立于任何私营部门实体。学术机构为通过研究、教育和培训追求和传播知识的实体。全球性组织被视为国家参与全球卫生外交的重要手段与政策工具，主权国家与国际组织的国际互动是国际合作的基本形式之一。

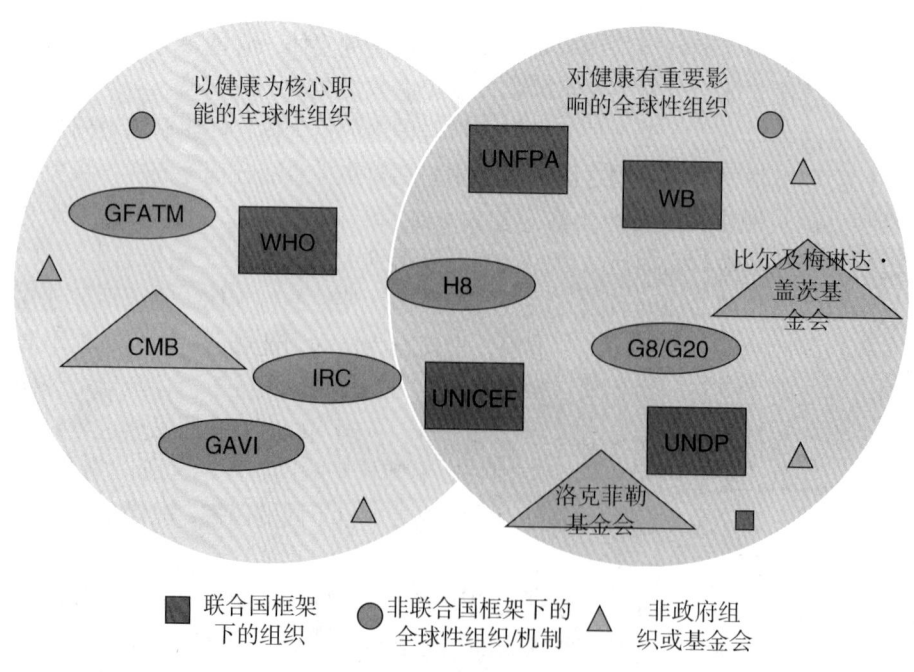

图 8-1　主要的全球健康组织示意图

三、多元化全球健康行为体带来的挑战

全球健康行为体的发展历史进程大体分为3个阶段。第一个阶段是19世纪，两个或更多的国家之间在制定改善卫生和对抗疾病的共同规则、标准和制度方面进行的合作，以及为了繁荣贸易活动而采用了检验检疫的制度。建立国际卫生组织意识的出现，催生了国家间建立合作的机制。1851年，欧洲召开国际卫生大会（International Sanitary Conference），讨论应对黑死病、黄热病以及霍乱的国际合作与协商。在随后的一段时间里，全球健康议程主要通过国际卫生大会、签署公约以及之后成立地区性卫生组织的形式进行。第二个阶段是在第二次世界大战后。在第一次世界大战后，国际联盟建立了国际联盟卫生组织（League of Nations Health Organization，1921—1948），它是常设卫生机构，也是世界卫生组织的前身。第二次世界大战之后，世界格局发生变化，对健康决定因素也有了新的认识，通过建立新的制度和官方对健康的发展援助，世界卫生组织（World Health Organization，WHO）、联合国框架内与卫生相关的专门机构，以及将健康作为重要发展目标的国际性非政府组织得到了显著的发展。第三个阶段是自20世纪至今，表现为各种伙伴关系的迅猛增长。全球化背景下的新型国际治理体系中，国家只是基本单位之一。除了主权国家外，上述非国家行为体数量急剧增加，不但使得原有国家在国际体系中的独占性地位有所下降，也是国家在国际体系中影响力下降的直接原因之一。传染病等非传统安全问题日益突出，极大地促进了政府间与非政府间国际组织的迅速增加，成为推动非国家行为体不断增生的动力。

要更好地实现全球健康治理，不但要重视主要国家的合作，也要重视非国家行为体的作用。由于在现有的国际卫生组织中，在发达国家注册的非国家行为体占据数量优势，这造成了一个客观的情况，即在国际卫生谈判中，一些西方国家的非国家行为体和政府联合起来对其他国家施加压力。要改变这种发展中国家主要由政府来应对压力的情况，包括中国在内的发展中国家应当进一步培育具有全球健康治理能力的人才和非国家行为体，为发展中国家和人民发声，推动全球治理体系的变迁。

第二节 联合国系统卫生专门机构和卫生相关机构

国际组织是为了适应国家之间的交往日益频繁、交往领域和地区不断扩大而产生和发展起来的。根据其是否隶属于联合国系统框架可以分为联合国系统内的国际组织以及非联合国系统的国际组织。政府间组织是各主权国家进行全球治理的平台。就当代的国际组织而言，有全球性组织，也有地区性组织；有涉及多类问题治理的组织，也有涉及专门问题治理的组织。在这些组织中，联合国是一个最具普遍性的组织。联合国不但具有会员参与的普遍性，而且具有治理问题的普遍性。透过联合国系统，可以看到政府间组织最典型的互动形态。

世界卫生组织是联合国系统内最主要的卫生专门机构。随着公共卫生问题对政治、经济以及社会等多领域的涉及，更多的国际组织也纷纷投入到卫生合作领域，包括世界银行、联合国开发计划署、联合国儿童基金会等，这些国际组织在全球健康治理中发挥了重要作用。这些积极作用包括：为全球健康治理提供法律支持和保障，为成员国开展各层次有关全球健康治理的对话与合作提供场所，组织国际社会全球健康治理的各项活动，有利于提供科学知识和技术支持等。

一、世界卫生组织

世界卫生组织（World Health Organization，WHO），是联合国专门机构之一，是国际上最大的政府间卫生组织，截至2019年12月共有194个成员国。1946年国际卫生大会通过了《世

界卫生组织宪章》，1948年4月7日世界卫生组织宣布成立，总部设在瑞士日内瓦。

（一）世界卫生组织的目标和职能

WHO的章程规定了该组织在国际卫生工作中是一个起指导和协调作用的权威机构。其宗旨是"使全世界人民获得最高水平的健康"，其健康的定义是"不仅为疾病或羸弱之消除，而系体格、精神与社会之完全健康状态"。所有人都应享有最高标准的健康，无论其种族、宗教、政治信仰、经济或社会情境如何。自WHO最初作为新的联合国系统国际卫生领导机构成立以来，这一原则在过去70年中指导着WHO的工作（表8-1）。

表8-1 世界卫生组织不同时期开展的工作

阶段	主要工作
第1个10年	几种主要疾病的防控
第2个10年	民族独立和解放，人力资源发展
第3个10年	消灭天花以及计划生育等新议题
第4个10年	初级卫生保健，人人享有健康
第5个10年	投资健康，减贫
第6个10年	卫生安全以及将健康作为一项公共产品

2018年的第71届世界卫生大会确认了WHO《2019—2023年第十三个工作总规划》（后文简称《第十三个工作总规划》），该总规划阐明了WHO的任务是要"增进健康，维护世界安全，为弱势人群服务"。它提出了到2023年将实现的雄心勃勃的"三个10亿"的新目标：使受益于全民健康覆盖的人数增加10亿，使受到更充分保护免于突发卫生事件的人数增加10亿，使享有更好的健康和福祉的人数增加10亿。

世卫组织的职能可以分为专有职能和其他职能两个方面：专有职能包括制定卫生相关的专业标准和规范、提供科学建议和证据、支持成员国的行动，以及全球检测和数据分析等。其他职能包括参与应急救援、保障全球卫生安全和促进全球卫生发展等。

（二）世界卫生组织的主要工作

1．根据会员国的要求，协助政府加强卫生服务。
2．根据需要建立并进行管理及技术服务，包括流行病学和统计学的服务。
3．为卫生领域提供信息、咨询和帮助。
4．促进流行病、地方性疾病及其他疾病的根治工作。
5．促进改善营养、住房、卫生、工作条例和其他环境卫生方面的工作。
6．促进专业组织间的合作，以利于加强卫生工作。
7．提出关于卫生事业的国际公约及协议。
8．推动并指导卫生领域的研究。
9．制定食品、生物制品及药物的国际标准。
10．协助开展群众性的卫生宣传工作。

（三）世界卫生组织的主要机构和工作机制

1．世界卫生大会（World Health Assembly，WHA） 是WHO的最高权力和决策机构，每年5月在日内瓦举行，由所有会员国参加。大会主要任务是审议总干事工作报告，通过两年一度的规划预算，监督世卫组织财务，审议执行委员会提交的需要世卫大会来研究、行动、调查的报告，决定重要的政策问题。

2. 执行委员会（Executive Board，EB，执委会） 是WHO的最高执行机构，有34名成员，被选出的会员国任期为3年，被指派为执委会委员的人员都是以个人身份参与工作，每年至少举行两次全体会议。执委会的主要职能是执行卫生大会的决议及政策，并为其提出建议，总的来说执委会的职能是促进卫生大会的工作。中文、英文、法文、俄文、西班牙文、阿拉伯文是卫生大会和执行委员会的正式语言和工作语言。

3. 秘书处 是WHO的常设机构，是由大约4 500名卫生及其他领域的行政及专业人员组成，他们分散在总部、6个地区办事处及各会员国工作。秘书处由总干事领导，总干事由执委会提名、卫生大会任命，由1名副总干事及5名助理总干事协助工作。

4. 区域组织 有6个区域组织，每个区域组织由地区委员会及地区办事处组成，每个区域办事处的主任就是该区域的主任。非洲区域办事处设在布拉柴维尔，美洲区办事处设在华盛顿，东南亚区域办事处设在新德里，西太平洋区域办事处设在马尼拉，欧洲区域办事处设在哥本哈根，东地中海区域办事处设在亚历山大。中国属于西太平洋区域。

5. 驻国家代表和规划协调员 由WHO地区办事处派驻在同该组织有技术合作活动或有该组织援助项目的国家和地区，代表WHO来协调WHO与政府卫生当局的关系，协助合作项目的执行，监督检查该组织派出的专家顾问的日常工作。1981年5月，WHO在华设办事处，并委派一名协调员常驻北京。

（四）世界卫生组织的经费

世界卫生组织的财政收入主要有两个渠道：一是各成员国根据财富和人口计算所缴纳的会费（评定会费），另一是自愿捐款，这类资金主要来自发达国家、跨国制药企业以及基金会等。自愿捐款按照灵活程度的不同分为核心自愿捐款（高、中度灵活资金）和指定用途自愿捐款（制定用途，灵活度低）。由于联合国体系为各国的会费设定一个最高限额，将"零增长原则"引入世界卫生组织的预算过程之中，因此，WHO的会员国评定会费在过去十几年间几乎没有增加。为缓解财政危机，世界卫生组织对自愿捐款的依赖程度明显增加。2013年，世界卫生组织对规划预算的缴款总额为24.05亿美元（2012年为20.14亿美元），其中包括会员国评定会费4.75亿美元，自愿捐款19.30亿美元。从总量上看，2012—2013年会员国的缴款（自愿捐款和评定会费）总额为28.66亿美元，占自愿捐款和评定会费总额的62%。在2012—2013年度规划预算自愿捐款方中，比尔及梅琳达·盖茨基金会超过美国和其他会员国，成为自愿捐款最多者（图8-2）。世界卫生组织在预算方面对自愿捐助的依赖，一定程度上加剧了其规划预算的不可持续性和不可预测性，而且也有可能影响卫生组织决策的独立性和公正性。

（五）世界卫生组织改革

作为联合国的一个重要专门机构，世界卫生组织在全球健康治理中曾经发挥了无可替代的作用。然而，自从20世纪90年代以来，世界卫生组织却因其未能有效担当全球卫生领导角色而饱受非议。不同时期的总干事都在世界卫生组织的改革上进行了不同程度的探索，旨在重振世界卫生组织在全球健康事务中的核心地位，2018年5月，在新任总干事谭德塞博士的号召下，第71届世界卫生大会正式通过了《第十三个工作总规划》，开启了新一轮改革进程。总规划再次重申了世卫组织的愿景，即"世界上所有人都能达到可获得的最高健康和福祉水平"。同时明确了世卫组织的使命是"增进健康，维护世界安全，为弱势人群服务"。基于确保健康的生活方式，促进各年龄段所有人的福祉的出发点，总规划提出了3个相互关联的战略重点（实现全民健康覆盖、应对突发卫生实践、促进人群健康）。这三个战略重点依托于三大

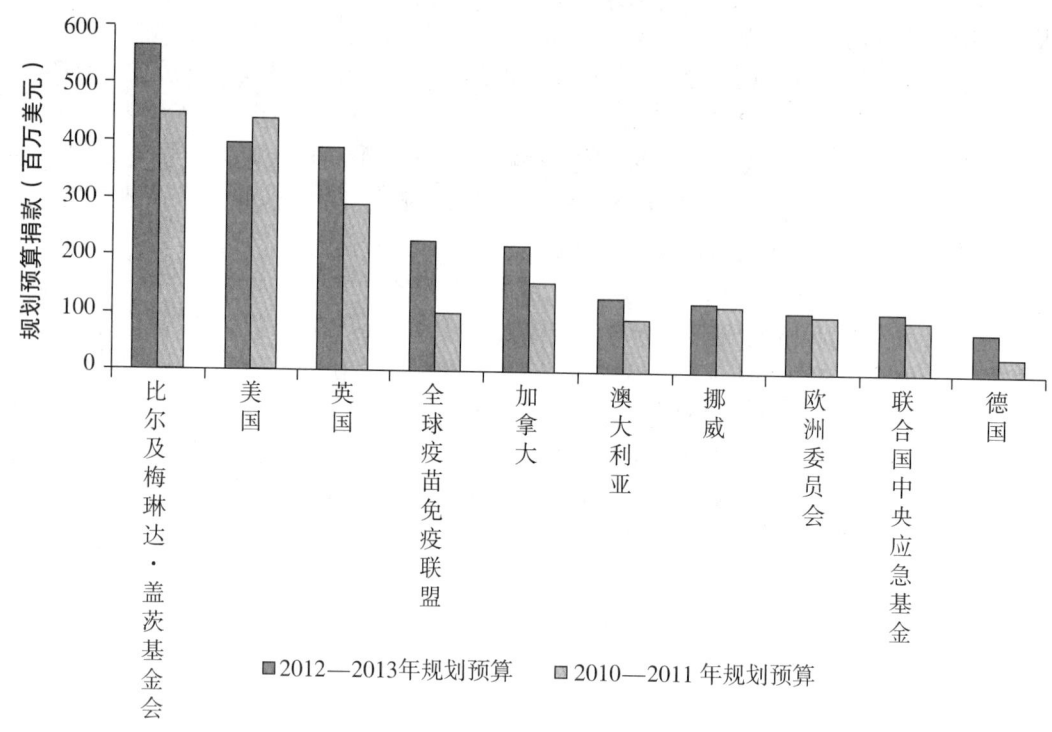

图 8-2 2012—2013 年和 2010—2011 年规划预算捐款最多的 10 个自愿捐款方
来源：WHO. http://apps.who.int/gb/ebwha/pdf_files/WHA67/A67_43-ch.pdf

战略转变（加强领导能力，推动在每个国家发挥公共卫生影响，重视提供有影响力的全球公共产品），以履行世卫组织的 6 项核心职能：①就对卫生至关重要的事项提供领导，在需要联合行动时参与伙伴关系；②塑造研究议程，推动产生、转化并传播有价值的知识；③制定规范和标准，推动并监督其实施；④阐明符合伦理的循证政策方案；⑤提供技术支持，推动变化，建设可持续发展的机构能力；⑥监测卫生形势，评估卫生趋势。最后通过 5 项组织转变为这些战略重点和战略转变提供支持（图 8-3）。此外本次改革还提出了配套的监测框架，细化了改革的具体内容和监测指标，以实施和监督改革。

然而，世界卫生组织改革仍面临制度、筹资和协调等方面的诸多困境。在制度性方面，世界卫生组织的分权区域治理结构使得区域办公室拥有高度自主权，在联合国体制内相互独立。各国代表是世界卫生组织秘书处在国家层面的管理机构，然而这些代表由区域办公室干事来任命，并对区域办公室干事负责，这样就造成各区域办公室与组织总部之间的沟通不畅。此外，该组织总部在各区域办公室的决策和预算方面也无发言权。6 个区域办公室在卫生治理的议程设置方面各自为政，为整个组织的全球卫生协调带来了挑战。在筹资方面，财政危机已经成为制约世界卫生组织功能发挥的主要瓶颈，因此预算改革是提高世界卫生组织效率的一个关键点。在协调方面，由于在当今时代，世界卫生组织在全球健康格局中不再是当然的核心，而仅仅是其中之一。因此，如何增强包容性、广泛倾听诸多利益攸关者的声音，使其参与到全球健康规范的讨论中来，这对于赢得更广泛的支持、增强世界卫生组织的领导作用将会有所帮助。总之，世界卫生组织能否通过改革在全球健康治理领域重新树立其权威地位，不仅取决于提高其治理效率，还取决于其能否真正致力于提高全人类健康福祉。也就是说，世界卫生组织的改革不但要促进治理效率，更需正视全球卫生正义问题。

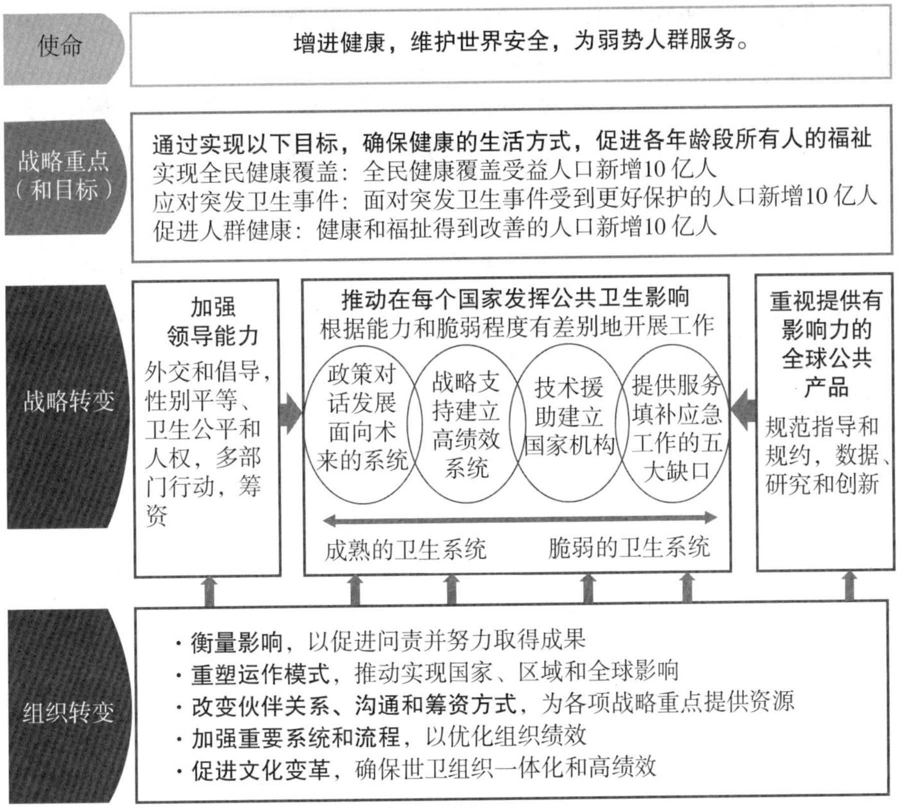

图 8-3 《2019—2023 年第十三个工作总规划》草案概要：战略重点和战略转变

二、联合国体系内的其他卫生相关组织

（一）世界银行（The World Bank）

世界银行（世行）成立于 1944 年，属于全球性政府间组织。1980 年世界银行恢复中华人民共和国的代表权。世行最早的建立是为了重建第二次世界大战后的欧洲，随着国际社会政治经济的发展，世行的功能已从重建转向减贫和发展，而健康便是其中的核心之一。作为世界上提供发展援助最多的机构之一，世行支持发展中国家政府建造学校和医院、防病治病和保护环境的工作。世行在全球健康领域崭露头角可追溯到 20 世纪 70 年代，Robert McNamara 在就任世行行长期间（1968—1981），将世行的工作重点转向发展和关注贫困的社会决定因素，他曾在 1971 年的世行年度会议上提出营养不良是制约发展的关键障碍。世行最早的在健康领域的干预项目是一个国别项目，即向牙买加提供 200 万美元的计划生育贷款。之后的第二个健康项目是 1974 年在西非地区开展的盘尾丝虫病干预项目。之后其工作领域逐渐向卫生系统和卫生政策拓展。

尽管世界银行在全球健康治理方面参与相对较晚，但它已经发挥了重要的作用。世界银行曾是国际卫生项目最大的资助方，其财政实力使它的影响力甚至比执行项目的全球健康行为体更大。世界银行在卫生领域的某些做法有时受到批评，例如优先考虑资助方的利益而不是受援国利益，以及过于重视某种疾病而非针对更广泛的健康决定因素。不过，尽管有这些批评，世界银行在全球健康治理的地位短期内仍然十分重要。世界银行积极与一些新出现的行为体进行了合作；并且为了响应在国际社会的需要，对组织进行全面系统地改革，以帮助各国在卫生领域实现更好的内部筹资，以及针对同一卫生问题更好地实现不同行为体之间的协调。

近年来，世行通过创新和增加其在全球健康领域的旗舰项目发挥作用。据世行健康、营

养和人口部数据显示,自 1997—2006 年间,世行通过提供 120 亿美元补贴和 150 亿借款总共支持了 100 多个国家的 500 多个健康领域的项目。值得关注的不仅是资金额度,还有筹资的类型及其在发展最佳实践方面的努力。在过去的 10 年里,世行开始强调"政府主导,社区参与,多部门合作"。例如,为了鼓励社区参与,世行开始向非政府行为体,特别是草根社区组织提供资金援助。在国家层面的健康问题治理方面,世行也强调非健康部门和社区的参与。这些转变也反映了世行在满足会员国解决全球健康主要问题需求方面做出了调整。世行同联合国其他机构的区别之一在于它可以通过筹资同会员国合作影响政策过程,开展健康干预活动。鉴于世行在上述卫生系统结构性调整方面的间接效应、在推动健康领域良好治理,以及投资重要健康项目等方面发挥的功能,世行都是并且将是全球健康领域的重要组织。

(二) 联合国人口基金

1966 年联合国大会通过一项决议,促请联合国系统的组织在人口方面提供技术援助。1967 年秘书长设立人口活动信托基金,1969 年定名为联合国人口活动基金,1979 年成为联大附属机构。1987 年大会决定改名为联合国人口基金(United Nations Fund For Population Activities,UNFPA),总部设在纽约。联合国人口基金宗旨是在人口活动中增进知识和能力,以适应国家、区域和全世界在人口活动和计划生育方面的需要;在计划和规划工作方面进行协调,促使各国根据各自计划寻找解决人口问题的可行办法;向发展中国家提供资金援助。人口基金开展的活动是由一些国家政府和公私机构资源捐款资助的。在组织结构方面,联合国人口基金直属联合国大会,它是向发展中国家提供人口活动技术援助最大的多边援助机构,理事会由联合国开发署理事会兼任,领导机构是执行局。执行局成员由理事会按地区分配原则和主要捐款国、受援国的代表性原则选举产生,任期 3 年。执行局每年举行 3 次常会、1 次年会。执行局负责审核批准人口基金向发展中国家提供的援助方案、审查批准人口基金的行政、财务预算等。秘书处在执行主任领导下处理日常事务,并在 60 多个国家设有办事处。执行主任任期 5 年。

(三) 联合国开发计划署

联合国开发计划署(United Nation Development Program,UNDP)是联合国技术援助计划的管理机构,其前身是 1949 年设立的"技术援助扩大方案"和 1959 年设立的"特别基金",成立于 1965 年 11 月。总部设在美国纽约,是联合国系统内的最大的多边援助机构。该计划署的宗旨是帮助发展中国家加速经济和社会发展,向它们提供系统的、持续不断的援助。联合国开发计划署的援助项目是无偿的,资金主要来源于各国政府的自愿捐款,由联合国工发组织、联合国粮农组织、联合国技术合作部、世界卫生组织、联合国教科文组织、贸易和发展会议等 30 多个机构承办和具体实施。计划署本身不负责承办援助项目或具体将其付诸实施,它主要是派出专家进行发展项目的可行性考察,担任技术指导或顾问。联合国开发计划署的领导机构是管理理事会,由 48 个理事国组成,任期 3 年,席位按地区分配,可连选连任。总部设秘书处和 4 个地区局,还在 116 个国家和地区设驻代表处。署长由联合国秘书长任命,总部在纽约,出版物有 *World Development*(《世界发展》月刊)、*UNDP News*(《联合国开发计划署通讯》)、*Human Development Report*(《人类发展报告》)等。

(四) 联合国儿童基金会

联合国儿童基金会(United Nations Children's Funds,UNICEF)于 1946 年 12 月 11 日成立,为联合国专门机构。其前身为联合国国际儿童紧急基金会,1953 年改为现名,简称儿基会,总部在纽约。该基金会提倡保护儿童的权益,帮助他们获得基本需要,并增加开发儿童潜质的机会。宗旨是帮助发展中国家儿童的保健、福利和教育等问题,援助对象主要是少年、儿童和年轻的母亲。1965 年设立了莫里斯·佩特奖，以纪念联合国儿童基金会第一任执行主任莫里斯·佩特（Maurrce Pate）。目前，儿基会在 161 个国家、地区工作，86% 的 UNICEF 工作人员在发展中国家，帮助贫穷的儿童和家庭实现他们的权利。

儿童基金会的任务包括：①儿童基金会受联合国大会之命鼓吹保护儿童权利，协助满足儿童的基本需要，并扩大机会以充分实现其潜能。②儿童基金会受 Convention on the Rights of the Child（《儿童权利公约》）指导，确定儿童权利是对待儿童行为的持久的道德原则和国际标准。③儿童基金会坚持认为儿童的生存、保护和发展是人类进展中不可分割的普遍发展责任。④儿童基金会通过动员政治资源和物资资源以协助各国，特别是发展中国家，确保"儿童第一"，帮助其提高能力建立适宜政策，并向儿童及其家庭提供服务。⑤儿童基金会承诺确保处境最不利的儿童——战争、灾难、极度贫困、一切形式的暴力和剥削受害者及残疾者——受到特别保护。⑥儿童基金会在紧急情况下做出反应以保护儿童权利。在与联合国和人道主义机构的合作之下，儿童基金会向其合作伙伴提供其独特的设施以供迅速响应，来减除儿童及向他们提供照顾的人的苦难。⑦儿童基金会无党无派，其合作也无歧视，在它从事的所有工作之中，处境最不利的儿童和有最大需要的国家享有优先。⑧儿童基金会的目标是通过其国别方案促进妇女和女孩的平等权利，并支持她们充分参与其社区的政治、社会和经济发展。⑨儿童基金会与所有它的伙伴共同努力，以实现社会所采用的可持续的人的发展目标，及实现 Charter of the United Nations（《联合国宪章》）所载的和平与社会进步的理想。

第三节　非联合国框架内的全球健康行为体

除联合国框架内的国际组织以外，还有大量的非联合国框架内的全球性组织或合作机制，如红十字国际委员会，抗击艾滋病、结核病和疟疾全球基金，全球疫苗免疫联盟等，它们在全球健康领域同样发挥重要的作用。这些作用包括：从事卫生治理的咨询和信息活动；对政府和政府间国际组织卫生治理的行为进行监督；参与执行国际组织的项目，协助政府间国际组织进行健康治理；影响政府间国际组织的有关健康治理的决策过程；在不同利益相关方之间促成协调和妥协等。由于这些行为体没有联合国框架的政治约束，比联合国体系具有更多的灵活性，在一些领域更容易实现与现有各种国际条约之间的相互协调；又因其资金来源相对独立，加上拥有丰富的专业的技术与人才资源，在全球健康治理中具有独特的优势，更能弥补传统体系中的一些被长期忽视的领域。

一、全球疫苗免疫联盟

全球疫苗免疫联盟（Global Alliance for Vaccines and Immunization，GAVI）和疫苗基金（Vaccine Fund）成立于 2000 年 1 月，旨在改善发展中国家免疫服务状况，提高疫苗免疫接种覆盖率，扩大新疫苗使用的可及性。GAVI 是由世界卫生组织（WHO）、联合国儿童基金会（UNICEF）、世界银行、比尔及梅琳达·盖茨基金会、帕斯适宜卫生科技组织（PATH）、洛克菲勒基金会、疫苗生产企业和相关研究与技术开发院（所）共同组成的联盟。GAVI 的发展宗旨为维护儿童获得免疫的权利，保证每个儿童均有机会得到免疫接种，免疫疫苗可预防疾病的侵袭。疫苗基金是独立于 GAVI 的一个机构，其职责为筹集资金。该组织根据 GAVI 理事会的决议，为符合支持条件的国家提供资金，以改善其免疫服务质量及支持新疫苗的应用。疫苗基金资金主要来源于比尔及梅琳达·盖茨基金，以及挪威、英国、美国、荷兰等国家政府及其他合作伙伴。GAVI 和疫苗基金对发展中国家的支持领域主要包括：①改善免疫服务系统基础设施；②推广新疫苗的应用；③开展引入和开发新疫苗相关研究。

二、国际红十字会

国际红十字会（The International Red Cross，IRC）由红十字国际委员会、红十字会与红新月会国际联合会（International Federation of Red Cross and Red Crescent Societies）以及得到红十字国际委员会承认的各国红十字会和红新月会组成。1863年10月26至29日，在国际委员会的督促下，在日内瓦召开了一次有16国代表参加的国际会议。1864年8月22日在日内瓦签订了第一个 Geneva Convention for the Amelioration of the Condition of the Wounded and Sick in Armed Forces in the Filed（《改善战地陆军伤者境遇之日内瓦公约》），国际红十字会从此正式得到国际公约的承认。国际红十字大会是国际红十字会的最高讲坛，每4年一次，大会负责确保各国红十字会、红十字国际委员会和红十字会与红新月会国际联合会的工作步调一致，在国际红十字会章程规定的范围内采取决定和建议。国际红十字大会不得处理政治问题，也不得当作政治辩论的讲坛。

红十字会开展的主要活动包括：①开展救援、救灾的相关工作，建立红十字应急救援体系。在战争、武装冲突和自然灾害、事故灾难、公共卫生事件等突发事件中，对伤病人员和其他受害者提供紧急救援和人道救助；②开展应急救护培训，普及应急救护、防灾避险和卫生健康知识，组织志愿者参与现场救护；③参与、推动无偿献血、遗体和人体器官捐献工作，参与开展造血干细胞捐献的相关工作；④组织开展红十字志愿服务、红十字青少年工作；⑤参加国际人道主义救援工作；⑥宣传国际红十字和红新月运动的基本原则和 Geneva Conventions（《日内瓦公约》）及其附加议定书；⑦依照国际红十字和红新月运动的基本原则，完成人民政府委托事宜；⑧依照《日内瓦公约》及其附加议定书的有关规定开展工作；⑨协助各国开展与其职责相关的其他人道主义服务活动。

三、抗击艾滋病、结核病和疟疾全球基金

抗击艾滋病、结核病和疟疾全球基金（The Global Fund to Fight AIDS，Tuberculosis and Malaria，简称全球基金）致力于抗击 AIDS、结核病和疟疾，是一个政府与民间合作创办的国际机构，总部设在瑞士日内瓦。自2002年成立以来，它在机构及个人捐款的支持下，在全世界开展抗击 AIDS、结核和疟疾的工作。其业务范围已覆盖150多个国家和地区，秘书处总部大约有来自97个国家和地区的568名员工。它承诺投入226亿美元，支持150个国家抗击这三种疾病的1 000个大规模预防、治疗和护理项目。GFATM 的宗旨是遏制 AIDS、结核病和疟疾3种疾病的传播，并防止它们对家庭、社区和全球经济造成危害。其使命在于为抗击3种疾病活动筹集资金，通过为新计划和现有计划进行融资，支持全球范围内对3种疾病的预防和治疗。全球基金并未设置国家办事处，它采用国家协调委员会机制（country coordinating mechanisms，CCMs）。国家协调委员会是实现全球基金对当地所有权和决策参与承诺的关键。这些国家级的合作伙伴根据国家重点需求起草并向全球基金提交赠款项目申请书。在赠款项目获得批准后，他们则负责在执行过程中监督进展情况。国家协调委员会有来自公共和私营部门的代表，包括政府、多边或双边机构、非政府组织、学术机构、私营企业以及感染者。

除国家协调委员会外，GFATM 的关键机构还包括秘书处、理事会、技术评审小组、中央执行机构等。全球基金秘书处负责监管基金在世界各地的运作，包括从公共和私营部门调动资源，提供财务、法律和管理支持，并向理事会和公众报告有关 GFATM 活动的信息。GFATM 的国际理事会包括来自捐款政府和受资助政府、非政府组织、私营企业（包括企业和基金会）和受资助社团的代表；同时还有重要的国际发展合作伙伴参与，包括世界卫生组织（WHO）、联合国艾滋病规划署（UNAIDS）和世界银行，其中世界银行还是 GFATM 的托管机构。理事会每年至少举行两次会议，负责全球基金的管理。理事会还下设伦理委员会、财务和审计委员

会、政策和策略委员会、资产管理委员会4个委员会。为使GFATM行之有效地进行资助，理事会设立了一个由医疗和发展国际专家组成的独立技术评审小组。技术评审小组会对合格的资助提案进行技术价值方面的审核（方法的科学性、可行性和持续资助的机会）。对于每笔赠款，国家协调委员会将提名一个或几个公共或私人组织担任中央执行机构。中央执行机构对拨款的当地执行机构负法律责任，包括监督次级受赠基金者，拨款过程中与国家协调委员会进行联络。

GFATM对全球健康治理影响深远。首先，它短期之内从公立和私营部门为3种疾病筹得了大量资金。这充分显示了国际社会解决主要全球健康议题的政治意愿。其次，除了国际劳工组织（ILO）之外，GFATM是唯一一个国家政府代表与非政府代表享有同等选举权的机构。从这个意义上看，GFATM在多部门合作和公民社会参与方面取得了明显的进展，反映了全球健康治理需要广泛参与的特点。再次，全球基金采用了按绩效筹资的机制，这有助于全球健康筹资保持可持续性。然而，由于健康效应的滞后性，按绩效筹资在具体操作上也面临一定的测量问题。最后，全球基金在组织结构方面也具有一定的创新性，它不设国家办事处的做法有效增加了国家自身的所有权。

四、八国集团/二十国集团（G8/G20）

八国集团（Group of Eight，G8），始创于1975年的六国集团，始创国有6个，包括法国、美国、英国、西德、日本、意大利。其后，加拿大于1976年加入，成为七国集团。俄罗斯于1991年起参与G7峰会的部分会议，至1997年被接纳成为成员国，G7正式成为G8。八国集团是一种特殊的国际组织形式，它不具备法人资格，也没有常设秘书处。八国集团不能采取任何强制性的措施。因此，八国集团不会与联合国、世贸组织或其他国际金融机构产生直接的竞争关系。八国集团通过定期的会晤与磋商，协调成员国对国际政治、经济和其他问题的看法和立场。健康也是领导人会晤时讨论的一个重要领域。自1980年起，八国集团已经在健康领域里做出234项具体承诺。其中最主要的一项就是建立全球健康的基金。同时八国集团也已认识到全球健康不再只是国家自身的发展问题，还是全球对外政策和国际事务的重要领域。

早在1979年的七国集团东京峰会上，与会首脑已提到要解决营养不良的问题。随后七国集团便通过联合国系统向世界卫生组织提供相关资金支持。在1996年的里昂峰会上，八国集团对健康的社会经济影响因素和效果进行了独立评价，自此八国集团在全球健康格局中发出了自己的声音，找到了世界卫生组织之外参与全球健康治理的途径。至21世纪初期，八国集团开始脱离联合国系统开展健康干预活动，GFATM就是一个例子。八国集团对全球健康领域的投入多是以债务免除的形式，而新增的经费投入仍然多是通过传统的机构运转，如世界银行。另外，八国集团对传染病非常关注，因为传染病仍然是发展中国家的主要威胁，然而在八国峰会的席位上却没有发展中国家代表的身影。

二十国集团（Group of 20，G20），1999年12月成立于德国柏林，G20的成员国由八国集团加上11个重要新兴市场经济国家（中国、阿根廷、澳大利亚、巴西、韩国、墨西哥、南非、沙特阿拉伯、土耳其、印度、印度尼西亚）以及欧盟组成。2008年美国次贷危机衍生全球金融危机之后，G20也从最初的财长会议演变为各国首脑会议，在2009年9月下旬于美国匹兹堡召开的第三届二十国集团首脑会议上，G20取代G8（八国集团）被正式确立为"国际经济合作平台"。国际社会期待上述新兴经济体，特别是巴西、中国、印度能够在未来全球健康筹资方面做出更多的贡献。

第四节 全球性非政府组织和基金会

非政府间国际组织（简称非政府组织，International Non-Governmental Organizations，INGOs）是由各国的自然人或法人根据国内法订立协议，自愿成立或加入的组织，属于民间性质，在政治、经济上独立于各国政府。其构成是国际性的，活动范围是跨国的，设有总部与常设机构，通常享有总部所在国的法人资格，常以服务于国际社会的公共利益为宗旨。在全球健康治理格局中，非政府组织发挥越来越重要的作用，成为重要的行为体。非政府组织具有固定的组织机构、成文的规章制度以及广泛的资金来源，相比国家政府和政府间组织有一定独立性和灵活性，可以依照自己的宗旨独立决策与行动。它的非营利性为全球健康治理贡献了大量的优秀志愿者，他们掌握良好的理论知识且具备丰富训练经验，甘愿为全球公共卫生事业献才能和精力。此外，非政府组织遍布世界各地，且不受国界限制，对于传染病流行等突发事件可以立即开展疫情监测和通报，并迅速传递至世界各地。

非政府组织主要通过影响政府间活动、自主活动，和与其他组织和非政府机构的合作实现自己的职能：一是参与全球健康议题的设定。不少非政府组织在联合国享有合法政治地位，出席联合国的各种会议，公开呼吁治理某些公共卫生问题，通过影响大会决议达到治理目的。二是提供经济来源和项目经费。通过向政府项目或有能力的政府间组织的治理捐赠经费，间接参与全球治理。三是有些非政府组织拥有优秀专家团队和智囊人员，为全球健康活动提供咨询与指导；四是间接游说，能对相关国家的立法和行政决策产生影响，例如一些非政府组织将人员派驻日内瓦，出入联合国各机构及外交官活的动区域，同时利用"走廊外交"，使用游行、宣传和演说等手段，寻找志同道合者充当代言人，推行其政策与主张。五是与政府及政府间国际组织在全球治理项目中开展合作，这样既可以解决法律上的问题、获得官方的支持与帮助，也可以避免不必要的矛盾与冲突，共同完成治理任务。

一、比尔及梅琳达基金会

比尔及梅琳达·盖茨基金会（简称盖茨基金会）创建于 2000 年，在比尔·盖茨和梅琳达·盖茨（Melinda Gates）夫妇以及沃伦·巴菲特（Warren Buffett）的带领下，基金会由首席执行官杰夫·莱克斯（Jeff Raikes）和联席主席威廉·盖茨（William Gates）共同管理。经过十多年的规划和发展，如今盖茨基金会分为两个实体结构：比尔及梅琳达·盖茨基金会主要负责向受助者提供善款，比尔及梅琳达·盖茨信托基金则负责管理资金。基金会的资金使用固定集中在 4 个方面：美国本土教育系统、全球数字图书馆、全球发展和全球健康计划。

全球发展计划和全球健康计划是其参与全球公共卫生治理的重要部分。全球发展计划旨在与合作伙伴一起帮助人们摆脱贫困和饥饿，通过资金援助、互联网推广以及帮助农民提高农作物产量这三个途径来实现生活水平的提高，包括对穷人的财政服务、水资源污水处理、环境卫生和住房问题 4 个主题。全球健康计划则关注人类健康尤其发展中国家和极端贫穷的地区：一方面筹集资金拨款支持生产已开发的疫苗和治疗器具，另一方面加大新品种、新疗法及高科技的研发工作，同时必须确保所有救助品成功送到最需要帮助的人手中。全球健康计划包括 AIDS、疟疾、腹泻、肺炎、流感、肺结核、脊髓灰质炎等十几个主题。

比尔及梅林达·盖茨基金会表明，私营慈善机构和一般私营机构，在塑造全球卫生议程中确实发挥了重要的作用。它们在很大程度上填补了国际社会上遗留的空白。这些基金会并不排挤其他行为体，正在进入传统国家机构未能进入的领域。这些基金会为国际社会履行向所有人提供医疗服务的道义责任提供了一个工具。它们的经验还表明，私营机构不能完全取代公立机构。私营机构发挥作用的日益增长并不意味着国家主体的衰落，而是一种有益的补充。虽然私营机构的产生并不需要选举，但其仍有一定的机制确保其适当的问责。国际卫生和国际事务中私营部门的普遍出现，并不是公共物品的供应完全私营化的表现，也不是向各国政府发出全球健康治理不再需要国家主体参加的信号。相反，私营部门以补充的角色运作，增加了公众对全球卫生议程的关注。

二、洛克菲勒基金会

洛克菲勒基金会于1913年在纽约正式注册成立，约翰·洛克菲勒（John D. Rockefeller）在两年内先后投入1亿美元用于基金会的发展。洛克菲勒基金会的宗旨是"促进知识的获得和传播，预防和缓解痛苦，促进一切使人类进步的因素，以此来造福美国和各国人民，推进文明"。洛克菲勒基金会在成立伊始，洛克菲勒受好友盖茨的影响，就把医疗作为基金会工作的重点。盖茨身为洛克菲勒的好友兼基金会的资深顾问，认为疾病是人类痛苦的根源，在第一次董事会会议中就提出把人类健康作为基金会关注的首要对象。事实上，在基金会成立之前，洛克菲勒就已经捐助成立了根除钩虫病的卫生委员会（1909年），但研究的对象仅局限于美国国内。1913年，基金会成立以后，它将钩虫病的防治工作推广到了全世界。洛克菲勒还在原卫生委员会的基础上捐助25 000美元创建国际卫生部，并在其他国家设立了公共卫生机构，进行广泛的公共卫生工作。其中对医学项目的资助是重要的组成部分，而且大部分项目都取得了开创性的成果。如1928年，帮助英国人亚历山大·弗莱明（Alexander Fleming）发明青霉素，之后对流行性脑膜炎、黄热病、脊髓灰质炎及梅毒的研究都取得了创新性进展。其他方面如遗传学、生物物理、生物化学等基金会都参与其中，对相关学科的仪器进行不断地改进，促进了医学的进步。

洛克菲勒基金会对全球健康的意义在于它是首个将"促进全人类的安康"作为指导思想开展全球健康项目的慈善组织，这同世界卫生组织的宗旨不谋而合。从20世纪80年代支持西非经济发展，到20世纪90年代发展资源可持续性使用，到目前环境治理、建设强有力卫生系统方面的重点工作，洛克菲勒基金会始终在全球健康领域保持活跃。然而，同其他私营部门一样，它也在问责、代表性和透明度方面受到一些质疑，特别是美国政府对其决策过程的左右。

三、美国中华医学基金会

美国中华医学基金会（China Medical Board，CMB）创始于1914年，是洛克菲勒基金会的第二大项目，并于1928年在纽约改组为一个独立的基金会。CMB最初的职责是创建并运营北京协和医学院，该使命从1914年一直延续至1950年。自1950年从中国撤出后，CMB便开始在日本、韩国、香港、菲律宾、泰国、印度尼西亚、马来西亚、新加坡等亚洲国家开展工作，促进其医疗能力建设。自从1980年应邀返回中国后，CMB在华的资助对象逐步扩展到目前的二十余所医学院校，帮助它们改善、提高医学教育和研究水平。除此以外，柬埔寨、老挝、缅甸、泰国和越南等东南亚国家的其他十余所医学院校亦是CMB的资助对象。

2008年，CMB推出了加强中国和亚洲机构在"关键能力"上的建设的战略，来面对21世纪最大的健康挑战——在市场经济环境中，使所有人公平地享有初级卫生服务以及预防性卫生服务，使所有人受益于知识进步。要实现该目标，具体的措施就是加强卫生政策、卫生体系，以及医学教育领域的能力建设，通过提高研究能力来推动实现卫生公平。在将近100年的慈善活动中，CMB一共向亚洲，特别是中国地区共无偿捐赠了近10亿美元，为推动亚洲，特别是中国的医学卫生事业做出了贡献。CMB目前设有两处办公室，分别是波士顿办公室和北京办公室。CMB的管理架构设有理事会，由12名理事组成，负责制定机构的大政方针。

第五节 非卫生领域的其他行为体

一、欧洲联盟（European Union）

其宗旨在于促进和平，追求公民富裕生活，实现社会经济可持续发展，确保基本价值观，加强国际合作。在健康保障方面，欧盟范围内主要的医疗保健由国家政府组织提供，欧盟的作用是通过以下方式补充国家政策：①帮助各个国家实现卫生方面的共同目标；②帮助欧盟国家应对共同的挑战——大流行病、慢性病或寿命延长对医疗体系的影响；③保障老年人健康；④支持动态卫生监测系统以及相关的新技术。具体的行动包括：①提供欧盟范围内的卫生产品和服务法律和标准（如药品、医疗器械和电子卫生服务）；②给予相关的工具帮助欧盟国家确定最佳的决策方案（如健康促进活动、应对危险因素、疾病管理和加强卫生体系；③通过欧盟卫生计划资助保健项目。欧盟与世界卫生组织等战略合作伙伴密切合作，通过发展援助、新药物研制等改善全球医疗卫生。

二、非洲联盟（African Union）

非洲联盟（非盟）的主要目的是帮助发展及稳固非洲的民主、人权，以及能永续发展的经济，除此之外亦希望减少非洲内部的武装战乱及创造一个有效的共同市场。在 *Agenda 2063*（《2063年议程》）中，提出7个主要的愿望，其中的3个愿望分别从安全、精神、公平等角度促进人类健康。①建立政治统一、民主、尊重人权、正义和法治的非洲：非洲应具有善政、民主价值观、两性平等、尊重人权、正义和法治的普遍文化。②维护非洲的平与安全：将积极推动以对话为中心的解决冲突方案，到2020年，所有枪支都将禁止使用。通过和平教育，培育非洲儿童和青年的和平与宽容文化。③非洲的发展依赖于公民，特别是妇女和青年的潜力：非洲所有公民将积极参与各方面的决策。非洲应是一个包容性大陆，不得根据性别、政治隶属关系、宗教信仰、种族归属、地域、年龄或其他因素，将任何儿童、妇女排除在外。

三、亚太经济合作组织

亚太经济合作组织（Asia-Pacific Economic Cooperation，APEC，亚太经合组织）的主要目标是支持亚太地区可持续经济增长和繁荣，3个支柱分别为贸易投资自由化、商业便利化、经济技术合作。亚太经济合作组织主要通过加速区域经济一体化，在疾病预防、环境保护等方面进行技术合作共享，降低环境资源浪费，进而促进区域内的人类健康。

亚太经合组织在改善环境以促进人类健康方面取得的实际成效主要有两方面：①提高能源效率和可再生能源。2011年，成员经济体承诺到2030年将该地区的能源强度降低45%。②亚太地区绿色城镇。由亚太经合组织能源工作组的多年项目资助，亚太经合组织帮助城市规划者为亚太地区的一系列城市制定低碳示范城镇计划。这些城市通过从太阳能电池板到电动汽车采取一套碳减排目标和节能措施来减少碳足迹。亚太经合组织项目还支持开发智能电网，使清洁能源能够与现有结构无缝连接并分配给农村社区。

四、经济合作与发展组织

经济合作与发展组织（Organization for Economic Co-operation and Development，OECD）的宗旨为促进成员国经济和社会的发展，推动世界经济增长；帮助成员国政府制定和协调有关政策，以提高各成员国的生活水准，保持财政的相对稳定；鼓励和协调成员国为援助发展中国家做出努力，帮助发展中国家改善经济状况，促进非成员国的经济发展。OECD的使命是推动改善世界经济与社会民生的政策。它提供了一个平台，探究经济、社会和环境变化的推动力量；从农业安全到化学制品安全性，对范围广泛的事物制定国际标准。与此同时，该组织关注直接影响普通人生活的各种问题，如缴纳多少税收和社会保障金、有多少休闲时间等。通过比较不同国家的学校制度如何使该国的年轻人应对现代生活，以及不同国家的养老金制度如何照顾该国的老年人，OECD通过官方发展援助支持发展中国家包括卫生在内的普遍发展项目。

（尹　慧）

第九章 国际卫生立法

第一节 概 述

一、国际条约概述

(一) 国际条约的概念

国际条约是国际法主体之间以国际法基本准则为基础,为确立其相互权利和义务而缔结的书面协议。国际条约包括一般性条约和特别条约。一般性国际条约通常是大多数或多数国家参加的,主要事项涉及全球性普遍问题,条约的作用是创设具有一般适用性的国际法原则和规则。特别条约则一般是由部分国家为某些特定事项而缔结的。国际条约在名称上表现为条约、条例、协定等形式。

(二) 国际条约的缔结程序

国际条约的缔结程序是指国与国之间签订国际条约的全部过程,一般包括谈判、签字、批准和交换批准书等环节。

谈判是指国家间就条约具体内容和缔结程序等相关事项进行交涉的过程。多边条约的谈判通常通过国际会议的形式进行,条约草案提交会议通过。有关卫生议题的谈判,主要是由世界卫生组织协调和组织各会员国进行的,很多时候需要经过反复多轮的磋商谈判才能达成共识,获得各国均认可的结果,最终在每年一度的世界卫生大会上表决通过相关卫生公约、条例。此外,联合国大会通过的一些公约、宣言和决议,也会涉及卫生健康的内容,这些文件是由联合国成员国经过充分讨论和谈判,在联合国大会或专题会议上表决通过的。

签字是指由各国授权签约的代表在条约的正式文本上签名,以表示缔约国同意接受条约的约束。

批准是指国家有权机构对其代表所签署的条约的最后确认。根据各国的宪法和实践,有权批准条约的一般是国家元首或议会,有时国家元首根据议会的决议来批准。有些条约也可采取简易批准方式,即由政府核准。一般来说,国家没有义务必须批准其代表所签署的条约。

条约获批后,多边条约要把批准书交存于条约规定的负责保管批准书的保管者。除另有规定外,多边条约的生效需要全体或一定数量的签字国交存批准书。

二、国际卫生条约的历史和发展

(一)国际卫生条约的概念和特征

1. 国际卫生条约的概念 国际卫生条约是用以调整国家之间、类似国家的政治实体之间以及国际组织之间,在保护人体健康活动中所产生的权利义务关系,并且有法律约束力的用以确立原则、规则和制度的法律文本。

2. 国际卫生条约的特征 国际卫生条约具有的特征包括:

(1)国际卫生条约的主体主要是国家,有时也包括国际组织等其他国际法主体。

(2)国际卫生条约的制定主要是通过国家之间的协议来实现的,国际社会没有专门的立法机关,即使世界卫生组织也只是倡导、协调和提出建议。

(3)国际卫生条约的调整对象是国际卫生法主体之间的权利义务关系。

(4)对国际卫生条约的实施,没有居于国家之上的强制机关,而是依靠国际卫生条约主体的承诺和遵守,并善意履行。

(5)国际卫生条约在缔约国的实施,有直接适用和将相关规定转化为国内法适用两种模式。

(6)缔约国之间就公约解释或执行发生争端的,应首先通过谈判、斡旋、调停、和解等方式解决;如通过前述方式未能解决,有关缔约国可商定将争端提交世界卫生组织总干事,总干事应尽力予以协调解决,但其并不具有强制性;缔约国也可选择具有强制性的仲裁方式解决争端。在争端解决方面,世界卫生组织与世界贸易组织不同,后者以总理事会作为争端的解决机构,其做出的裁决具有强制性,而世界卫生组织的争端处理则没有强制效力。

(二)国际卫生条约的起源和发展

1851年,在巴黎举行了第一次国际卫生会议,会上通过了第一个区域性的卫生公约——《国际卫生公约》,该公约的制定目的是为了协调国际贸易及减轻战争带来的疾病,它达成了有关国际卫生检疫方面的一些协议。该公约具有划时代的意义,标志着人类在对抗疾病的战斗中,已经从单兵作战发展到部分国家的协同作战,通过联防联控来提高应对和处置能力,防止相关疾病在国家间的跨境转移。此后的100年间,召开了若干次国际会议,国家之间在卫生检疫、传染病防控等方面达成了许多共识。1948年世界卫生组织成立,之后起草颁布了 *International Sanitary Regulations*(《国际公共卫生条例》)等一系列国际公约、协定,使国际卫生立法得到了迅速的发展。

国际卫生条约从名称上来讲,有条约、条例、公约、协定、议定书等,如 *Single Convention on Narcotic Drugs*(《麻醉品单一公约》)、*Convention on Psychotropic Substances 1971*(《1971年精神药物公约》)、*United Nations Convention against Illicit Traffic in Nacrotic Drugs and Psychotropic Substances*(《联合国禁止非法贩运麻醉药品和精神药物公约》)、《烟草控制框架公约》、《国际卫生条例》等。国家或其他主体作为缔约方参加该国际卫生条约,成为缔约国,受到法律文本规定的权利义务的约束,自觉履行相关规定。

国际组织的有关决议,即国际组织在其职权范围内做出的涉及国际卫生内容的决定或决议,包括采取"宣言"形式的决议,有时一些有明确主题的国际会议也会通过有关决议,一般属于建议性质,没有法律拘束力,不构成法律规范。如 *World Declaration on the Survival Protection and Development of Children*(《儿童生存、保护和发展世界宣言》)、《阿拉木图宣言》、*International Conference on Population and Development Programme of Action*(《国际人口与发展大会行动纲领》)等。这些决议虽然是原则性的规定,有待具体化,但仍应将其视作国际卫生立法的重要依据和指引,对全球卫生治理和发展各国卫生健康水平具有重要的意义。

本章第二节会介绍国际卫生公约类由联合国、其他国际组织与世界卫生组织联合组织制定，具有一定法律效力的文件，以及在国际卫生会议上发表的虽不具有法律效力，但对国际卫生立法有指引作用的宣言和决议等。这些文本对推动全球卫生治理工作发挥了重要作用。在后续章节中也会重点讲解两部国际卫生条约——《烟草控制框架公约》和《国际卫生条例(2005)》。这两部国际卫生立法的共同特征是：所针对的事项无论是烟草危害，还是有公共卫生风险的国际传播，都是波及范围广、影响人数多、健康危害严重的事项，都是进入新世纪后通过的较新立法，都是缔约国众多、影响范围广泛的立法，都是规定和要求了定期报告各缔约国执行情况的立法。作为全球卫生安全治理的重要工具，这两部国际立法在近年来的国际烟草危害控制和国际关注突发公共卫生事件的监测和应对中，均发挥了极其重要的作用。

第二节　烟草控制框架公约

一、《烟草控制框架公约》（FCTC）的制定

（一）烟草对人类的危害

烟草对健康的危害已经成为当今世界最严重的公共卫生问题之一，烟草的危害可以导致多种疾病的发生。从20世纪50年代起，上万份科学研究提供的科学证据证明了烟草消费和接触烟草烟雾会造成疾病、残疾和死亡。2008年 *WHO Report on the Global Tobacco Epidemic*（《世界卫生组织全球烟草流行报告》）数据显示，吸烟是全球八大死因中6种（缺血性心脏病、脑血管疾病、下呼吸道感染、慢性阻塞性肺疾病、结核病、气管、支气管、肺部肿瘤）的危险因素。全球每年由吸烟导致的死亡人数超过了AIDS、结核病、疟疾导致的死亡人数之和。此外，烟草的使用还可以造成巨大的经济、社会成本，对环境也在产生着不可逆的损害。尽管烟草带给我们的危害十分严重，但仍然能让我们抱有希望的一点是，烟草使用和烟草危害是可以进行人为控制的。

（二）《烟草控制框架公约》的出台

鉴于烟草对人类健康、经济和环境的严重危害，以及烟草危害的可预防和可控制性，人们决定以国际条约的形式加强全球各国对烟草使用危害的认识和采取统一行动抵制烟草对人类的不良影响。1995年的第48届世界卫生大会首次提出了制定《烟草控制框架公约》（FCTC）（以下简称《公约》）的设想。在第二年的第49届世界卫生大会上，即以WHA49.17号决议的形式，正式决定开始制定《公约》。此后，世界卫生组织发起了无烟倡议行动（TFI），以循证的原则，总结了世界各国控烟的成功经验，起草了《公约》。该《公约》是世界卫生组织根据《世界卫生组织组织法》第十九条的规定来协调其相应成员国共同研究起草并缔结的国际卫生法律公约。《公约》是专门针对烟草问题的第一个全球范围的多边协定，它的目标和宗旨是在缔约国范围内实行全面的烟草控制战略，以防止和减轻烟草对人类的危害。自1999年开始，各国政府间经历了历时4年、共6轮的艰苦谈判，最终在2003年3月1日完成了《公约》的最终版本，并于同年5月21日在第56届世界卫生大会上通过。

《公约》共有十一个部分、38个条款，分别对烟草及其制品的成分、包装、广告、促销、赞助、价格、税收、非法贸易、大众教育、戒烟服务、烟盒包装和监测等问题均做出相应规定。《条例》的上述内容主旨是要求缔约国通过采取综合性的控制措施以达到减少烟草需求和降低烟草供应的目的。截至目前，《公约》已经在180多个国家生效。

由于《公约》对控烟相关内容的规定以原则性、框架性为主，因此在其出台之后，又通过

《公约》的执行指导机构——缔约方大会，陆续出台了《公约》重要条款的实施准则，以具体指导缔约国开展《公约》的执行。

为了严格执行《公约》，世界卫生组织还出台了6项有效减少烟草使用的控制措施。这些措施被称为MPOWER（Monitor，Protect，Offer，Warn，Enforce和Raise）。①监测（Monitor）：监测烟草使用和预防政策，即要了解本地的烟草生产销售和使用情况，并对烟草业所采取的促进烟草消费和使用的任何措施都有一定的预案。②保护（Protect）：保护人们免受烟草烟雾危害，即禁止在所有室内公共场所吸烟，以及必要时禁止在室外环境吸烟。可能时可包括家庭中孩子活动的地方，以最大限度保护所有人，包括不吸烟的人免受烟草烟雾危害。③提供（Offer）：对有戒烟需求的人提供物美价廉的戒烟服务，可包括戒烟电话咨询（国际上一般都是免费的）、网上交流、戒烟门诊、戒烟药物等。④警示（Warn）：警示烟草危害，包括但不限于在烟草包装上使用符合公约最低要求的烟草健康警示，以及开展控烟健康教育、播放控烟公益广告等。⑤确保禁止（Enforce）：禁止所有形式的烟草广告促销和赞助，限制人们对烟草的接触机会。⑥提高（Raise）：提高烟草的税收和市场零售价格，以降低人们对烟草价格的耐受度，提高戒烟的可能性，并保证财政收入在短期内不会因为人们戒烟而大幅度下降。

二、《公约》及其实施准则的具体要求

（一）防止接触烟草烟雾

《公约》第8条要求各缔约方承认科学已明确证实接触烟草烟雾会造成死亡、疾病和功能丧失；各缔约方应在国家法律规定的现有国家管辖范围内采取和实行，并在其他司法管辖权限内积极促进采取和实行有效的立法、实施、行政和（或）其他措施，以防止在室内工作场所、公共交通工具、室内公共场所（适当时包括其他公共场所）接触烟草烟雾。

2007年第二次缔约方大会通过了上述《公约》第8条的实施准则。实施准则要求缔约国：①要建立100%的无烟环境。特别强调了100%无烟环境之外的任何做法都是无效的，二手烟没有安全暴露水平。②所有室内工作场所和室内公共场所都应该是无烟的。③必须以立法的方式防止公众接触烟草烟雾。④制定周密的计划和筹集充分的资源至关重要。⑤积极发挥民间社会的作用。⑥要监测和评估无烟立法的实施和执行情况及其对社会的影响。⑦防止接触烟草烟雾的工作应予加强和扩大。此外，它还强调了不断宣传教育的重要性；指出有效的无烟法律应明确规定经营场所的法律责任和义务，对违法者应处以高额的罚款，以起到警示作用；并且强调了监测和评估无烟措施的重要性。

（二）与烟草依赖和戒烟有关的减少需求措施

《公约》第14条规定各缔约方应考虑到国家现状和重点，制定和传播以科学证据和最佳实践为基础的适宜、综合和配套的指南，并应采取有效措施以促进戒烟和对烟草依赖的适当治疗。制定戒烟规划、将诊断和治疗烟草依赖及对戒烟提供的咨询服务纳入国家卫生和教育规划；在卫生保健设施和康复中心建立烟草依赖咨询、预防和治疗规划；与其他缔约方合作促进获得可负担得起的对烟草依赖的治疗，包括药物制品。

（三）烟草制品成分管制与信息披露

《公约》第9条和第10条针对卷烟烟雾中主要成分、烟草制品添加剂中有害成分、烟叶中农药残留量等影响吸烟安全性的主要因素提出了管制要求和规定。

在2010年召开的第四次缔约方大会上通过了《公约》上述条款的实施准则，强调烟草制品成分管制和信息披露可能减少烟草制品的吸引力，削弱其成瘾性或降低其总体毒性，由此减

少烟草导致的疾病和过早死亡。

按照《公约》第9条和第10条的规定，烟草制品生产商和进口商应向政府当局披露烟草制品的成分和释放物的信息，并且要求公开披露烟草制品有毒成分及其释放物的信息。经有关国家当局批准，各缔约方应对检测和测量烟草制品成分和释放物以及关于此类成分和释放物的管制采取和实行有效的立法、实施和行政或其他措施。实施准则指出：各缔约方用于监督遵守情况的实验室应当是政府所属的实验室，或是不由烟草业直接或间接拥有或控制的独立实验室。

各缔约方应禁止或限制：

1. 可能用于提高烟草制品可口性的成分。包括添加各种成分，去除具有明确刺激性的物质，减少涩的口感；添加、使用糖料和甜味剂（葡萄糖、糖蜜、蜂蜜和山梨醇等）；添加调味物质，包括苯甲醛、麦芽酚、薄荷和香草醛等；添加香料和草药包括肉桂、生姜、薄荷等。

2. 在烟草制品中使用具有着色性能的成分，使制品更加诱人。着色剂可包括墨水（如在水松纸上模仿软木色）和颜料（如过滤材料中的二氧化钛），各缔约方应禁止。

3. 在烟草制品中使用可能让人感到有健康效益的成分。这类成分包括各种维生素（如维生素C和维生素E）、水果和蔬菜（或果汁等果蔬加工产品）、氨基酸（如半胱氨酸和色氨酸），以及必要的脂肪酸（如 ω-3 脂肪酸和 ω-6 脂肪酸）。

4. 在烟草制品中使用兴奋性化合物等与能量和活力有关的成分。兴奋性化合物包括咖啡因、牛磺酸和葡醛内酯等。

（四）烟草制品的包装和标签

《公约》第11条规定要求所有烟草制品的包装和标签：不得出现以任何虚假、误导、欺骗或可能对其特性、健康影响、危害或释放物产生错误印象的手段推销一种烟草制品。在烟草制品的任何外部包装和标签上带有说明烟草使用有害后果的健康警语，要求它们：①应经国家主管当局批准；②应轮换使用；③应大而明显、醒目和清晰；④宜占据主要可见部分的50%或以上，不少于30%；⑤可以使用图片形式。

《公约》第11条的实施准则规定带图片的大号字体警语，比只有文字的小号字体提示更有效；缔约方应当要求健康警语和提示尽可能大地覆盖主要可见部分；有证据表明，图文并茂的健康警语和提示比单纯的文字更有效果；缔约方应当要求使用彩色的图片警语。

（五）烟草广告、促销和赞助

《公约》及实施准则要求：

1．各缔约方应认识到广泛禁止广告、促销和赞助将减少烟草制品的消费。

2．各缔约方应根据其宪法或宪法原则广泛禁止所有的烟草广告、促销和赞助，包括广泛禁止源自本国领土的跨国广告、促销和赞助。各缔约方在《公约》生效后的5年内，应采取适宜的立法、实施、行政和（或）其他措施，并按第21条的规定进行报告。

3．因其宪法或宪法原则而不能采取广泛禁止措施的缔约方，应限制所有的烟草广告、促销和赞助，包括限制或广泛禁止源自其领土并具有跨国影响的广告、促销和赞助。各缔约方应采取适宜的立法、实施、行政和（或）其他措施，并按第21条的规定进行报告。

4．根据其宪法或宪法原则，各缔约方至少应：

（1）禁止采用任何虚假、误导或欺骗，以及可能对其特性、健康影响、危害或释放物产生错误印象的手段，推销烟草制品的所有形式的烟草广告、促销和赞助。

（2）要求所有烟草广告，并在适当时包括促销和赞助带有健康或其他适宜的警语或信息。

（3）限制采用鼓励公众购买烟草制品的直接或间接奖励手段。

（4）对于尚未采取广泛禁止措施的缔约方，要求烟草业向有关政府当局披露用于尚未被禁止的广告、促销和赞助的开支。根据国家法律，这些政府当局可决定向公众公开并根据第21条向缔约方大会提供这些数字。

（5）在5年之内，在广播、电视、印刷媒介和酌情在其他媒体，如因特网上，广泛禁止烟草广告、促销和赞助。如某一缔约方因其宪法或宪法原则而不能采取广泛禁止的措施，则应在上述期限内和上述媒体中限制烟草广告、促销和赞助。

（6）禁止对国际事件、活动和（或）其参加者的烟草赞助；若缔约方因其宪法或宪法原则而不能采取禁止措施，则应限制对国际事件、活动和（或）其参加者的烟草赞助。

5．鼓励缔约方实施第4款所规定义务之外的措施。

6．各缔约方应合作发展和促进消除跨国界广告的必要技术和其他手段。

7．已实施禁止某些形式的烟草广告、促销和赞助的缔约方有权根据其国家法律禁止进入其领土的此类跨国界烟草广告、促销和赞助，并实施与源自其领土的国内广告、促销和赞助所适用的相同处罚。本款并不构成对任何特定处罚的认可或赞成。

8．各缔约方应考虑制定一项议定书，确定需要国际合作的广泛禁止跨国界广告、促销和赞助的适当措施。

其中，"烟草广告和促销"被定义为"任何形式的商业性宣传、推介或活动，其目的、效果或可能的效果在于直接或间接地推销烟草制品或促进烟草使用"；"烟草赞助"被定义为"目的、效果或可能的效果在于直接或间接地推销烟草制品或促进烟草使用的，对任何事件、活动或个人的任何形式的捐助"。

（六）控制烟草使用的价格和税收

《公约》及其实施准则在控制烟草使用的价格和税收方面的要求是：

1．各缔约方承认价格和税收措施是减少各阶层人群特别是青少年烟草消费的有效和重要手段。

2．在不损害各缔约方决定和制定其税收政策的主权时，各缔约方宜考虑其有关烟草控制的国家卫生目标，并酌情采取或维持可包括以下方面的措施：①对烟草制品实施税收政策并在适宜时实施价格政策，以促进旨在减少烟草消费的卫生目标；②酌情禁止或限制向国际旅行者销售和（或）由其进口免除国内税和关税的烟草制品。

3．各缔约方应根据第21条在向缔约方会议提交的定期报告中提供烟草制品税率及烟草消费趋势。MPOWER政策中的"提高"要求，应提高烟草的税收和市场零售价格，以降低人们对烟草价格的耐受度，提高戒烟的可能性，并保证财政收入在短期内不会因为人们戒烟而大幅度下降。

（七）防止向未成年人销售和由未成年人销售烟草

对青少年吸烟的预防是遏制吸烟者数量增长的重要举措。有研究表明，烟草的可轻易获得为青少年成为吸烟者创造了条件。《公约》第16条明确规定，各缔约方应在适当的政治级别采取和实行有效的立法、实施、行政或其他措施禁止向低于国内法律、国家法律规定的年龄或18岁以下者出售烟草制品。禁止向公众尤其是未成年人免费分发烟草制品。

（八）防止控烟政策受到烟草业影响

为有效防止在履约过程中，各国烟草行业为维护自身利益而对控烟工作造成影响，《公约》第5.3条要求，在制定和实施烟草控制方面的公共卫生政策时，各缔约国应根据国家法律采取行动，防止这些政策受烟草业的商业和其他既得利益的影响。

为推动上述条款的有效和正确实施，在2008年的第三次缔约方大会上，各缔约国协商一致通过了《公约》第5.3条的实施准则。该实施准则提出烟草业的利益与公共卫生政策之间存在根本的和无法和解的冲突。因此，在处理与烟草业或那些促进烟草业利益者的关系时，缔约方应负起责任并应保持透明。由于烟草业的产品是致命的，不应给予激励措施，使其建立或开展业务；并应像对待其他烟草业公司一样对待国有烟草公司。

实施准则还要求，不应允许任何受雇于烟草业或任何促进烟草业利益的实体的人员出任烟草控制、公共卫生政策的任何政府机构、委员会或顾问小组的成员。缔约方应保证国有烟草公司的代表不能成为代表团的成员参加缔约方会议，以及参加其下属机构或任何其他根据缔约方会议决定成立的机构的任何会议。

此外，缔约方大会还采取了敦促缔约方实施《公约》5.3条的一些措施。在2014年的第六次缔约方大会上讨论了《公约》秘书处提交的《关于烟草业干扰问题的报告》，决定敦促缔约方实施《公约》5.3条的规定，加强政府各部门合作以及国际合作；要求公约秘书处与世界卫生组织调查烟草业和重要国际组织的交往，提请国际组织拒绝来自烟草业的财政支持；以及加强对烟草业干预的监测。

三、《公约》全球执行情况

《公约》生效后，世界卫生组织成立了公约秘书处，推动各缔约国积极履行，每2～3年公约秘书处要求缔约国报告履约进展。

《公约》生效7年后，世界卫生组织出台了MPOWER控烟策略。从实施MPOWER的情况来看，全球有超过一半的国家、40%的人口（28亿）至少被MPOWER系列政策中的一项所覆盖（不包括监测和大众传播活动）。与2007年相比，实施MPOWER政策的国家数目翻倍了，人口也增加了两倍。有49个国家大约20%的人口被MPOWER政策中的至少两项政策保护。有7个国家，其中有5个是中低收入国家，实施了至少4项MPOWER策略。

有关《公约》实施情况的数据显示，在2010—2014年的4年间，《公约》有4条规定的实施率增加了10个以上百分点，分别是第8条（防止二手烟草烟雾）；第16条（禁止向未成年销售和由未成年人销售烟草制品）；第12条（教育、培训）；第13条（禁止烟草广告和促销）。

全球49个国家实施无烟立法。2014年，13亿人口（占世界人口的18%）受到最全面的无烟法律保护，比2012年多2亿人口。高收入国家里，无烟法律覆盖最好的场所是教育机构，最差的场所是办公室。在中、低收入国家里，无烟法律覆盖最好的场所是医疗卫生机构，最差的场所是餐馆、酒馆和酒吧。

全球有106个国家的占全球2/3的人口能够得到较好的戒烟服务。有11亿人，生活在6个国家中，能够得到最好的戒烟服务。例如，哥斯达黎加和巴拿马开始通过手机短信提供戒烟服务，挪威发布了一款戒烟手机软件。

全球已有105个国家或地区采用了图形方式警示烟草的健康危害，覆盖世界人口的58%。其中94个国家对警示标识面积做出了具体规定，88个国家图形警示面积超过50%，最大的已经达到正反面的90%以上。此外，平装烟也是一种趋势，以此来消除烟草公司利用烟盒颜色、商标特征进行的误导。2012年，澳大利亚是第一个开始这么做的国家，也就是烟盒统一用橄榄绿的颜色，卷烟商标用统一规范字体。目前有4个国家实施，至少14个国家正在制定或已正式考虑这样做。

全球已有29个国家，即8亿人所生活的国家，通过制定法律或政策，全面禁止烟草广告的促销和赞助。加拿大、芬兰、新西兰、挪威、帕劳、新加坡和泰国已经禁止在烟草销售点摆放烟草制品。

全球有33个国家的6.9亿人口生活在烟税率足够高的国家里。近年来，阿富汗、巴西、哈萨克斯坦、菲律宾、西班牙、土库曼斯坦、乌克兰等国大幅提高卷烟税，卷烟税增加幅度超过50%甚至更多，这些国家已经显示出卷烟需求大幅度下降和健康状况改善的趋势。

第三节　国际卫生条例

一、《国际卫生条例》的起源与发展

《国际卫生条例（2005）》（International Health Regulation，简称IHR）于2005年5月23日的第58届世界卫生大会上正式通过，并于2007年6月15日在包括中国在内的190多个缔约国开始实施。

谈及《国际卫生条例（2005）》（下文简称《条例》）的起源，应当追溯至1948年第1届世界卫生大会的召开，那次大会上有几项标志性的成果，包括世界卫生组织的创立，也包括《国际公共卫生条例》的起草。3年之后的第4届世界卫生大会上，《国际公共卫生条例》获得了通过，它就是《国际卫生条例》的前身。进入20世纪90年代之后，随着国际经济、文化等方面的交流日益频繁，国际交通越来越发达，疾病的跨境转移的风险也越来越大。因此，为应对日益增大的公共卫生风险，1995年在第48届世界卫生大会上做出修订《国际卫生条例》的决议，2003年建立了一个向所有世界卫生组织会员国开放的政府间工作小组，就其修订的相关问题进行一轮轮细致认真的研究和磋商。2003年严重急性呼吸综合征（下文称"SARS"）暴发，这场全球共同经历的疫情对我们的传染病防控理念和能力提出了严峻的挑战，使我们认识到公共卫生风险的预防与应对不再仅是部分国家和地区内部的事务，而是全人类共同的目标和任务，只有通过联防联控，建立各个国家间的协作机制，提高对公共卫生风险的识别、控制能力，以及加强信息的及时准确共享，才有可能应对新形势下公共卫生风险带给我们的挑战。因此，旨在有效控制公共卫生风险，并防止对交通造成不必要干扰的《国际卫生条例（2005）》，于2005年第58届世界卫生大会上获得了通过。

二、《国际卫生条例（2005）》的原则和主要内容

（一）框架结构

《条例》共十编、66条，正文后附9个附件和相应的附录。

《条例》的十编的内容分别是：定义、目的和范围、原则及负责当局，信息和公共卫生应对，建议，入境口岸，公共卫生措施，卫生文件，收费，一般条款，《国际卫生条例》专家名册、突发事件委员会和审查委员会，最终条款。这些条款中既包含一般法律文件所必须有的有关名词解释、原则和宗旨、主管部门和机构等结构性的内容，同时也为实现有效防控公共卫生风险和防止干扰国际交通核心目标所需的全部实体性要求和相关程序性规定，其中"信息和公共卫生应对"以及"入境口岸的相关卫生措施"为核心内容。

《条例》的9个附件，分别是关于监测和应对的核心能力要求，指定机场、港口和陆路口岸的核心能力要求，评估和通报可能构成国际关注的突发公共卫生事件的决策文件，以及有关交通工具技术要求、船舶（免于）卫生控制措施证书、疫苗接种和预防措施、媒介传播疾病具体措施等内容的。附件是《条例》的重要组成部分，因为附件内容往往会涉及一些具体的标准、要求、流程和范式表格，具有应用层面的重要指导意义。例如，附件1是关于监测与应对的核心能力要求的，《条例》实施的重要目标就是发展、加强和维持各缔约国预防和控制公共卫生风险的核心能力，《条例》在附件1中详细列明了对缔约国监测和应对公共卫生风险的各项核心能力，还具体针对缔约国内不同层级提出了不同的核心能力要求，分别对社区层面和

（或）基层、中层、国家层面提出共同但有区别的核心能力标准。同时对缔约国指定机场、港口和陆路口岸也列明了平时和国际关注的突发公共卫生事件发生时应分别具备的核心能力。再如，《条例》附件2是用于评估和通报可能构成国际关注的突发公共卫生事件的决策文件，该决策文件是指导缔约国在发现有关公共卫生风险的信息时，用于评估事件的严重性、紧迫性，和决定是否需要向世界卫生组织通报相关信息的评估工具。该决策文件以四大方面的问题，以及为细化上述问题使评估更具实操性而发展出来的一系列具体问题为主要内容，缔约国仅需根据当前公共卫生风险的实际情况，按部就班地回答决策文件中的问题，即可对当前形势做出科学、及时的判定，从而及时采取通报和控制等相关措施。

（二）目的和范围

《条例》在第二条中，将"目的和范围"表述为：以针对公共卫生风险，同时又避免对国际交通和贸易造成不必要干扰的适当方式，预防、抵御和控制疾病的国际传播，并提供公共卫生应对措施。

由上述有关《条例》的目的和范围的表述可感受到，《条例》关注的重点在两个方面：第一，针对由生物、化学、核辐射等因素引起的公共卫生风险的预防、控制和应对，防止其发生国际传播以危及更多人群的生命和健康。第二，在防控工作中，采取必要卫生措施的同时，也要关注到成本、效率以及相应国家和群体的权益，不应做过度的限制和干扰。

（三）核心关键词

《条例》在第一条"定义"中对《条例》条文内容涉及的大大小小62个关键概念进行了界定，其中包括"国际关注的突发公共卫生事件""公共卫生风险""长期建议""临时建议""监测""核实"等能够突出《条例》核心理念的一些关键概念，也包括对"受染地区""创伤性""除污""隔离""医学检查"等一些技术性术语的界定，还包括对"《国际卫生条例》国家归口单位""主管当局""世界卫生组织《国际卫生条例》联络点"等这些与《条例》实施相关的主体的定位和职能进行界定的条目。

（四）主要理念

1. 拓宽视野、扩大关注 1969年，经过修订将《国际公共卫生条例》正式更名为《国际卫生条例》时，该《条例》规定了4种检疫传染病，分别是鼠疫、霍乱、黄热病、天花。即防止上述4种传染病的跨境转移，是1969年版《条例》的核心目的，《条例》关注点集中在对上述4种传染病的预防、监测、报告、控制和应对工作上。之后，《条例》经过了两次细微修订，考虑到天花在全球范围内已经消灭，因此检疫传染病减少到3种，即鼠疫、霍乱、黄热病。可以说在《国际卫生条例（2005）》出台之前，上述3种传染病是国际关注的公共卫生核心问题，《条例》内容均是围绕上述3种传染病的预防与应对内容展开的。

一直以来，在人类和传染病做斗争的过程中，始终无法武断地判定人类已经战胜了传染病，攻克了对传染病防控的所有难题。因为在人类与传染病对抗的过程中，不断地会有新发的、变异的，以及卷土重来、死灰复燃的各种传染病不断挑战着我们人类的战斗力，不断地给我们制造新的麻烦，带来新的更为严重的健康危害。2003年的SARS又一次非常无情地揭露出人类现有传染病防控能力的薄弱之处，也强烈地提示我们应当把视野放宽、把关注的范围扩大，不能再毕其功于一役地仅仅关注极为有限的几种传染病。因为在新世纪人类健康保卫战中，我们的敌人将是种类众多、来源各异的，也将是各个"身怀绝技、武力强大的"。因此，在修订后的《国际卫生条例（2005）》中，不再提及"检疫传染病"这个概念，取而代之的是一个崭新的概念——"国际关注的突发公共卫生事件"。

根据《条例》的界定,"国际关注的突发公共卫生事件"是指根据条例规定所确定的不同寻常的事件:①通过疾病的国际传播构成对其他国家的公共卫生风险;②可能需要采取协调一致的国际应对措施。而所谓"公共卫生风险"是指发生不利于人群健康的事件,特别是可在国际上播散或构成严重和直接危险事件的可能性。根据事件发生的起因和来源不同,我们可以将"国际关注的突发公共卫生事件"包括所有因自然、意外或故意释放生物、化学或核放射材料,而导致的危害人类生命和健康、需要采取协调一致国际应对措施的情况。

由此可见,《国际卫生条例(2005)》用新的核心概念"国际关注的突发公共卫生事件"代替了之前的旧的核心概念"检疫传染病";关注的视野从仅仅含 3 种"检疫传染病"这个极有限的小范围,扩大到"事件"这个大范围。它既包括之前的检疫传染病,也包括其他传染病;既包括疾病,也包括其他可能引起人群生命健康损害的事件。不问起因、不问来源,只要有跨境转移的风险,需要采取共同应对措施,即可构成"国际关注的突发公共卫生事件",启动相应的应对程序。因此,《国际卫生条例(2005)》在关注范围方面做了极大的拓展,对公共卫生风险国际传播的防控更为全方位无死角,对人群健康的保护更为周全。

2. 关口前移、重心下沉 在《国际卫生卫生条例(2005)》出台之前,国际上防止传染病跨境转移的主要模式和措施集中在国境卫生检疫环节,可以说主要是以"挡"和"堵"的思想作为应对措施的指导原则,力图通过提高国境卫生检疫水平和能力,及时地发现患者、疑似患者,以及受污染的货物、邮件、交通工具,将上述人和物品阻止在国境之外,或者经过必要措施处理以及限定其活动范围,以阻绝或减少其与健康人群接触的机会,从而杜绝和减少传染病的传播。

随着国际贸易和国家交通的日益频繁,单纯运用"挡"和"堵"的思想来预防和控制公共卫生风险的国际传播,显得越来越无力,原因有二:其一,陡增的国际交通人和物的运载量,使国境卫生检疫工作在数量、质量和效率上都面临着巨大的挑战;其二,根据传染性疾病本身的特点,传染病一般都有或长或短的潜伏期,入境者入境时本身可能正处于疾病的潜伏期,那么能否将之作为危险因素及时发现、详尽记录和追踪,则不仅受到检测技术的限制,还会受到入境者本人是否如实申报,以及其是否能清晰认识到自身可能具有的危险性的影响。基于以上原因,企图将之及时挡在国门之外的工作模式会在成效上大打折扣。

国境卫生检疫环节的设备、技术和能力当然需要继续加强和提高,但另一方面我们也需要考虑在到达国境卫生检疫环节之前是否能有更为行之有效的手段和措施,以及时发现、评估可能的风险和及时采取必要的干预措施,使风险尽早被化解和控制。基于上述需要,《国际卫生条例(2005)》提出,缔约国应在《条例》生效后 5 年内,尽快发展、加强和保持其对公共卫生风险的监测和应对的核心能力。《条例》在附件 1 中对监测和应对的核心能力要求做出了具体的规定。概括来说,缔约国应该利用现有的国家机构和资源,满足本条例规定的核心能力要求,包括以下方面:①监测、报告、通报、核实、应对和合作活动;②指定机场、港口和陆路口岸的活动。要求缔约国债条例对本国生效后两年内评估现有国家机构和资源满足附件 1 所属的最低要求的能力。根据评估结果,缔约国应制定和实施行动计划,以确保在本国全部领土内使上述核心能力到位,并发挥作用。

由于一个国家内部国家层面、中层和基层所处的位置不同,因此所面对的问题和需要采取的措施应当是有所区别的,《条例》还在附件 1 中专门针对缔约国内部上述 3 个层面提出了各自不同的监测和应对的核心能力的要求。《条例》要求社区层面和(或)基层要具备的能力有 3 个方面。①发现能力:发现本区域和相关区域内在特定时间和地点发生的超过预期水平的涉及疾病或死亡的事件。②报告能力:立即向相应的卫生保健机构报告所掌握的一切重要信息。在社区层面,应向当地社区卫生保健机构或合适的卫生人员报告。在基层公共卫生层面,应向中层或国家机构报告。应报告的信息包括:临床记录、实验室结果、风险的来源和类型、患病

人数和死亡人数、影响疾病传播的条件和所采取的卫生措施。③立即采取初步控制措施的能力。

《条例》要求中层公共卫生应对应具有的能力包括：①确认、支持和控制能力。确认接到报告事件的状况，并支持或采取额外的控制措施。②评估和报告能力。立即评估报告的事件，如发现情况紧急，则向国家级机构报告所有重要信息。《条例》要求国家层面具备的核心能力包括：①评估能力。在48小时内评估所有紧急事件的报告。②通报能力。如果评估结果表示属于应通报事件，应通过《条例》归口单位根据规定的时限和程序通报世界卫生组织。③应对能力。国家层面应具备的应对能力包括迅速决定需采取的控制措施，对样品实验室分析和后勤援助提供支持，提供现场援助以补充当地调查，与高级卫生官员等建立直接业务联系以迅速批准和执行控制措施，与其他有关政府部门建立直接联系，迅速与医院、机场等重要业务部门联系以传达来自世界卫生组织的信息和建议，制定和实施国家卫生应急预案，保证全天24小时执行上述措施。

《条例》对指定机场、港口和陆路口岸的核心能力要求包括平时能力与应对事件时的能力两个方面。要求指定机场、港口和陆路口岸平时应当具备的能力包括：①提供地点适宜的医疗服务机构、足够的医务人员、设备和场所；②能调动设备和人员，保证运送能力；③配备受过培训的人员检查交通工具；④对饮水供应、餐饮点、班机服务设施、公共洗手间、固体和液体废物处理等开展卫生监督；⑤制定计划和提供人员控制入境口岸及附近的媒介和宿主。要求指定机场、港口和陆路口岸在应对可能的国际关注突发公共卫生事件时应具备的能力包括：①在入境口岸、公共卫生和其他机构和服务部门任命协调员和指定联系点；②评估和诊治受染的旅行者或动物；③提供与其他旅行者分开的适当场地以便访视；④对嫌疑旅行者进行评估及必要时检疫；⑤采取建议的卫生处理措施；⑥对到达和离港的旅行者采取出入境控制措施；⑦调动设备、人员运送可能携带感染或污染的旅行者。

3. 以人为本、尊重人权　在人类和传染病对抗的历史中，我们发明了很多对控制疫情传播行之有效的应对处理措施，在防控效果方面取得了可观的进展。然而，我们必须承认其中不乏一些带有对传染病患者歧视或者是剥夺其基本权利的手段和方法，为了防控效率的需要，有时我们牺牲了对于患者应有的人文关怀。传染病患者以及疑似患者，本身已经在遭受着疾病的侵扰和痛苦，我们理应将其视作弱势群体，加以保护和关照，给予必要人文关怀和照顾。近年来，国际和国家在立法的理念上也越来越关注对弱势群体的保护，防止他们的权利被无端地剥夺，因此尊重人的基本权利、向弱势群体有所倾斜地给予更多关照成为新形势下立法的取向。

《国际卫生条例（2005）》在防止对国际旅行者造成不必要干扰和侵犯方面做出了努力。《条例》第三条原则中即提出了本条例的执行应充分尊重人的尊严、人权和基本自由。根据前述有关《条例》目的和范围的介绍，我们可以了解到《条例》制定的目的是在防控公共卫生风险的国际传播的同时，避免对国际交通和贸易造成不必要的干扰。行政管理措施的制定和实施应当遵循"比例原则"，即尽量避免行政行为对相对人产生的侵害，如果这种侵害为了正当目的、是不可避免的，那么应当选择侵害最小的方式进行。《条例》第三十二条则具体提出了在实行条例规定的卫生措施时，缔约国应该以尊重其尊严、人权和基本自由的态度对待旅行者，并尽量减少此类措施引起的任何不适或痛苦，包括礼貌对待所有旅行者，充分考虑旅行者基于性别、社会文化、种族或宗教等方面的特殊需要，向接受公共卫生措施的旅行者提供必要的食、宿、医疗等方面的必要帮助。

《条例》为避免相应的处理措施可能对旅行者产生的在人身自由、生命健康等方面的不良影响，在一些章节中规定了旅行者有不受不必要限制和不受创伤性检查的权利。例如，第二十三条要求对旅行者"进行能够实现公共卫生目标的侵扰性最小的非创伤性医学检查""未经旅行者本人或其父母或监护人的事先知情同意，不得进行本条例规定的医学检查、疫苗接种、预防或卫生措施"。第三十一条也明确规定不得将创伤性医学检查、疫苗接种或其他预防措施作为旅行者进入某个缔约国领土的条件。此处的创伤性检查是指皮肤被刺伤或切开，或者器具或异物插入身体或检查体腔。而不具创伤性的检查一般包括对耳、鼻、口进行医学检查，使用耳内、口腔或皮肤温度计测量体温，采用热感应成像术、医学检查、听诊、体外触诊、视网膜检影、体外采集尿/粪便/唾液标本、体外测量血压以及心电图等。《条例》的上述这些饱含人文关怀色彩的条款最大程度地体现了不对国际旅行造成不必要干扰的目的。

4. 合作援助、共同防御 国际贸易和交通的日益频繁，导致公共卫生风险国际传播的风险日益增高。因此，需要缔约国联合起来，以及和世界卫生组织保持良好的沟通和协作，共同采取预防和应对措施。合作援助、共同防御是修订后的《条例》传递出的一个重要理念，条例通过一系列的制度设计详细具体地规定了缔约国之间以及缔约国与世界卫生组织之间，在国际关注的突发公共卫生事件监测、通报、应对等环节应该开展的协作和沟通。

《条例》第四十四条规定，缔约国应尽可能在以下方面相互合作：①根据条例规定，发现和评估事件并采取应对措施；②提供或促进技术合作和后勤支持，特别在发展、加强和保持本条例所要求的公共卫生能力方面；③筹集财政资源以促进履行其根据本条例应承担的义务；④为履行本条例制定法律草案以及其他法律和行政规定。世界卫生组织应该应要求尽可能在以下方面与缔约国合作：①评价和评估其公共卫生能力，以促进本条例的有效实施；②向缔约国提供技术合作和后勤支持或给予方便；③筹集财政资源以支持发展中国家建设、加强和保持附件1所规定的能力；以及规定了合作的实施方式为可通过包括双边在内的多渠道，通过区域网络和世界卫生组织区域办事处以及政府间组织和国际机构实施。

（五）缔约国的权利和义务

1. 缔约国的义务

（1）指定国家归口单位。

（2）利用《条例》附件2所含的决策文件，评估发生在本国领土内的事件，并向世卫组织通报有可能构成国际关注的突发公共卫生事件的所有事件。

（3）按照《条例》要求对有可能构成国际关注的突发公共卫生事件的信息进行核实。

（4）应对有可能在国际间传播的公共卫生风险。

（5）发展、加强和保持发现、报告和应对公共卫生事件的能力。

（6）在指定的国际机场、港口和陆地过境点提供常规设施、服务、检查和控制措施，以预防疾病的国际传播。

（7）向世卫组织报告在本国领土外发现的公共卫生风险的证据，其有可能引起疾病的国际传播，表现为输出性和输入性人间病例、携带感染或污染的媒介、被污染的物品。

（8）对世卫组织建议的措施采取适宜的行动。

（9）在执行《条例》方面与其他缔约国及世卫组织合作。

2. 缔约国的权利

（1）在保持国际公共卫生安全的国际事业中享有受尊重的合作伙伴的利益。

（2）在建设为迅速发现、报告、评估和应对突发公共卫生事件和公共卫生风险（包括国家和国际关注的事件和风险）所必需的核心能力方面受到世卫组织的指导。

（3）在动员可能的资金支持以履行以上新义务的活动中得到技术援助，并接受帮助。

（4）在评估和应对暴发期间得到世卫组织的指导。

（5）能获得世卫组织所收集的有关全球范围公共卫生风险的特别信息，而这些信息对保护缔约国是必不可少的。

（6）为了应对疾病暴发和其他公共卫生事件，应请求得到世卫组织的建议和后勤支持。

(7) 能利用全球暴发预警和应对网（GOARN）——"一站式"（one stop shop）全球资源连接，以协助管理公共卫生风险和国际关注的突发事件。

（六）世界卫生组织的权利和义务

1. 世界卫生组织的义务

（1）世界卫生组织应指定《国际卫生条例》联络点，该联络点应与《国际卫生条例》国家归口单位随时保持联系，应将本条例的执行情况及时分送有关缔约国的国家归口单位。

（2）世界卫生组织应帮助缔约国发展、加强和保持发现、评估、通报和报告事件的能力。

（3）世界卫生组织负责接收来自缔约国有关本国领土内发生并有可能构成国际关注的突发公共卫生事件的通报，接受尚不足以填写决策文件的事件的通报，并与缔约国进行有关适宜卫生措施的磋商。

（4）世界卫生组织应考虑除通报和磋商以外其他来源的报告，评估这些报告，并将事件信息通报据称在其领土内发生事件的缔约国，并获得核实。

（5）世界卫生组织接到报告后，应通过目前最有效的途径尽快秘密向所有缔约国，并酌情向政府间组织发送能使该缔约国应对公共卫生风险所必需的公共卫生信息。

（6）世界卫生组织应发布指南以支持缔约国发展公共卫生应对能力。在缔约国要求下，世界卫生组织应通过提供技术指导和援助以及通过评估所采取的控制措施的有效性，包括在必要时调动国际专家组开展现场援助，进行合作，以应对公共卫生风险和其他事件。

（7）如世界卫生组织确认国际关注的突发公共卫生事件正在发生，其还可向缔约国提供进一步的援助，其中包括评估国际危害的严重性和控制措施是否适当。合作可包括建议动员国际援助以及支持国家当局开展和协调现场评估。

（8）世界卫生组织应与政府间组织和国际机构开展合作，包括：缔结协定；在属于其他组织或机构职责范围内事件的协作方面，给予建议、支持、技术或其他援助；制定和公布对机场和港口进行认证的指南等。

（9）世界卫生组织应该应要求与缔约国开展如下方面的合作：评价和评估其公共卫生能力以促进《条例》的实施，提供技术合作和后勤支持，筹集财政资源支持发展中国家建设，加强和保持《条例》附件1的能力。

2. 世界卫生组织的权力

（1）当缔约国因发现、评估、通报和报告事件能力未能达到《条例》的要求而申请延期时，世界卫生组织总干事应考虑审查委员会的技术意见做出是否准予延期的决定。

（2）收到信息，特别是从本国领土上正发生事件的缔约国收到信息，世界卫生组织总干事应根据《条例》规定的标准和程序确定该事件是否构成"国际关注的突发公共卫生事件"，并就适宜的临时建议征询突发事件委员会意见，根据意见适时发布临时建议。

（3）如世界卫生组织总干事认为长期建议对某个特定的公共卫生风险是必要和适当的，在征询审查委员会意见后，根据意见适时发布长期建议。

（4）应缔约国要求，世界卫生组织可以经适当调查后，组织对其领土内符合要求的机场或港口进行认证，可与缔约国协商定期对这些认证进行审核。

三、《国际卫生条例（2005）》的实施情况

《条例》规定了各缔约国应根据附件1的具体规定，在不迟于本条例在该缔约国生效后5年内，尽快发展、加强和保持其发现、评估、通报和报告事件，以及快速和有效应对公共卫生风险和"国际关注的突发公共卫生事件"的能力。同时规定，如果缔约国在上述时限内没能达到相关能力，可根据正当需要和实施计划向世界卫生组织申请获得两年的延长期；而且在特殊

情况下，并在一项新的实施计划的支持下，缔约国可向总干事进一步要求不超过两年的延长期，总干事在考虑审查委员会技术意见的基础上做出决定。截至当前，已经有一半左右的缔约国向世界卫生组织宣布自己达到了《条例》附件1所要求的监测和应对的核心能力。

在《条例》通过之后，世界卫生大会还做出了决议，决定在每一届世界卫生大会上各缔约国应报告《条例》在本国实施的情况。因此，近年来的历届世界卫生大会上，条例实施情况的议题都是不可或缺的一项重要内容。

为更好地督促各缔约国在现有基础上持续增强条例所要求的各项核心能力、满足应对国际关注突发公共卫生事件防控要求，世界卫生组织组织了有关条例的外部评估，由各缔约国自愿申请接受评估，来自国际专业机构的专家和各缔约国内部专家组成联合评估组，对缔约国开展以听取汇报、查阅资料、问答互动、现场查看等形式为主的外部评估，对缔约国核心能力进行评分和分析，并以此作为衡量各缔约国能力建设水平，以及其他缔约国、世界卫生组织对相应国家提供支援和帮助的重要依据。

在2009年甲型H1N1流感应对和2014年埃博拉出血热疫情应对之后，世界卫生组织分别组织专家对应对工作进行了总结评估，其中也包含了对《国际卫生条例（2005）》作为指导事件应对工作的法律依据的效用评估。专家在报告中对《条例》在实践应对中所体现出来的乏力和不足总结了如下几个方面：①没有规定筹资问题，缺乏对应对国际关注的突发公共卫生事件所需资金的长效机制。目前的几次波及全球的疫情应对联合行动中，应急资金来源具有不确定性，多是靠缔约国和相关国际组织的捐赠和提供，缺乏对于全球应急资金的明确规定，给应对工作造成风险和可能的障碍。因此专家建议在《条例》修订之时应增加对全球应急资金的规定，明确其投入机制、主体、金额等具体问题。②缺乏对全球突发卫生事件应急队伍的规定。《条例》中未提及应急力量的建立和储备，历次全球联合应对过程中，都主要是依靠各缔约国支援处置队伍，这不利于在第一时间由世界卫生组织统一、及时调度处置力量开展行动，容易造成实际延误和应对针对性差。因此，专家建议在全球成立若干支应急队伍，如可由相应缔约国负责某些专业应急队伍的筹建和维护，向世界卫生组织报备队伍的专业技能方向、人员构成，应急队伍还可来自世界卫生组织、联合国和一些非政府组织等。这些专业应急队伍由世界卫生组织统一掌握相关信息，并做到及时更新。在应对国际关注突发公共卫生事件需要时，由世界卫生组织及时调度和派遣。③没有处罚性的措施。专家评估报告提出，《条例》内容多是对缔约国和国际卫生组织职责进行的规定，以及国际关注突发公共卫生事件从监测、通报到应对等环节的工作流程和判定标准的要求，缺乏对于不遵守《条例》缔约国的相关制约措施和手段，建议增加处罚性的条款。上述建议具有一定的合理性，因为在防止公共卫生风险的国际传播中，缔约国之间的通力协作是非常重要的，如果各自为政，而不在《条例》框架下履行好联防联控的义务，则有可能使联合应对工作功亏一篑。不过，《条例》作为一部有关公共卫生的国际立法，在制定时考虑更多的是软强制，即依靠各缔约国忌惮自己国际形象受损、被同伴孤立、本国人口发病率和死亡率增加、单边旅行和贸易限制、国内经济受损和秩序动荡等来体现其强制力的。因此，在软强制和硬强制的问题上可以进一步探讨和研究，以确定行之有效的促进《条例》得到更好执行的手段。

第四节　其他与健康相关的国际条例与公约

本节将介绍一些与卫生健康相关的重要国际公约。这些公约是具有法律约束力的文本，对缔结该公约的缔约国明确规制其权利义务，要求缔约国按规定进行履约行为。这些虽然不是单纯的卫生公约，但是对于全球卫生治理也具有重要的意义。

一、《儿童权利公约》及《儿童生存、保护和发展世界宣言》

《儿童权利公约》(下文简称《公约》) 于1989年11月20日在联合国大会上获得通过，并于1990年9月2日开始生效。《公约》是国际社会为保护儿童权利制定的一项普遍适用的标准。1990年9月，世界儿童问题首脑会议在纽约联合国总部召开，会议通过了《儿童生存、保护和发展世界宣言》(下文简称《宣言》)。

《宣言》倡议通过国家行动和国际合作，达到改善儿童健康状况和营养、使儿童在安全、有保护的环境中成长等与健康有关的目标。为实现上述目标，《宣言》要求各国政府对保护儿童权利和改善其生活做出相应承诺：①增进儿童健康，提高产前保健质量，降低所有国家和所有民族的婴儿和儿童死亡率；②采取消除饥饿、营养不良和饥荒的措施，使儿童获得最大限度的成长和发展；③加强妇女的作用和地位，促进负责任的生育数量、生育间隔、母乳喂养和母亲安全计划；④尊重家庭在抚养儿童方面的作用，并支持父母、其他保育人员和社区对儿童从早期童年至青春期的养育和照料。

《公约》与《宣言》的通过，为各国家儿童卫生保健工作的开展提出了原则、目标和具体内容，各国依照其指引积极通过建立相关法律制度、工作方案等落实对儿童健康权利的保护职责。

二、《1961年麻醉品单一公约》《精神药物公约》《联合国禁止非法贩运麻醉药品和精神药物公约》

《1961年麻醉品单一公约》于1961年3月30日联合国会议上通过，于1964年12月13日生效。该公约限定了麻醉品的范围，列入4个表格分别予以不同级别的管制；规定了缔约国的一般义务；规定了对麻醉品在种植、生产、制造、国际贸易、分配、持有、使用中的限制、管制、监督和检查的措施；规定了对违反公约应给予的处罚；规定了防止滥用麻醉品的措施。

《精神药物公约》由联合国大会于1971年2月21日通过，于1976年8月16日生效。该公约限定了精神药物的范围，明确了精神药物的管制措施，规定了各缔约国应向联合国药品管制机构报送本公约在其领土实施的情况资料，规定各缔约国为防止滥用精神药物及取缔非法产销应制定严格的措施，规定了对违反公约的罚则。

《联合国禁止非法贩运麻醉药品和精神药物公约》于1988年12月20日在联合国会议上通过，于1990年11月11日生效。该公约规定了有关毒品犯罪及制裁措施；规定在一定具体情况下，各缔约国应采取可能必要的措施对毒品犯罪确定本国的管辖权；就没收毒品犯罪非法收益和财产、对毒品犯罪的引渡、缔约国间相互法律协助、移交诉讼、支援过境国、控制下交付以及国际合作等问题做出了具体规定；要求缔约国应向联合国经济及社会理事会——麻醉品委员会提供关于在其境内执行公约的情况等信息。

上述3个有关麻醉药品和精神药品的公约，为各缔约国在正确使用麻醉药品和精神药品以及进行必要管制方面指出了方向和制定了基本原则，对指导各国国内特殊药品的正当使用和禁止滥用具有重要的意义。

三、《生物多样性公约》及其《卡塔赫纳生物安全议定书》

Convention on Biological Diversity (《生物多样性公约》，下文简称《多样性公约》) 于联合国环境和发展大会1992年6月5日通过，并于1993年12月29日开始生效。《多样性公约》的制定目的是规范保护生物多样性、持久使用其组成部分，以及公平合理分享由利用遗传资源而产生的惠益的相关行为。《多样性公约》支持遗传资源的适当取得及有关技术的适当转让，但要求需顾及对这些资源和技术的一切权利，以及提供适当资金。

《多样性公约》强调各国有开发其资源的主权权利，并以不妨碍其他国家权利为限。《多样性公约》鼓励缔约国之间直接或通过国际组织就保护和持久使用生物多样性进行合作。《多样性公约》要求缔约国建立的保护和持久使用措施包括：制定国家战略、计划或方案，查明生物多样性组成部分和监测保护措施，进行就地和移地保护，融入国家决策，避免和减少不利影响，保障生物资源习惯使用方式，及时采取补救措施，制定鼓励保护和持久使用的经济和社会措施，加强研究和培训，提高公众认识水平等。

在遗传资源取得方面，《多样性公约》明确各国对其自然资源拥有主权权利的同时，也鼓励各国为其他缔约国取得遗传资源用于无害环境的用途提供便利。程序上，要求遗传资源的取得须经提供国的事先知情同意，并在利用上述资源进行的开发和科研中力求提供国充分参与，并于可能时在提供国境内进行。利用这些遗传资源的缔约国应与提供国公平分享研究和开发此种资源的成果，以及商业和其他方面的利用此种资源所获得的利益，这种分享应按照共同商定的条件进行。

在技术取得和转让方面，《多样性公约》要求生物多样性保护和持久使用的技术应按公平和最有利条件提供给发展中国家。《多样性公约》鼓励缔约国之间就生物多样性保护和持久使用进行国际科技合作。在惠益分配方面，《多样性公约》要求让提供遗传资源用于生物技术研究的缔约国，特别是其中的发展中国家，切实参与此种研究活动。要求缔约国应赞助和促进那些提供国，特别是发展中国家，在公平的基础上优先取得基于其提供资源的生物技术所产生的成果和惠益。

为了对《多样性公约》中第19、8和17条的内容进行细化落实，以及对1995年公约缔约方大会上提出的设立生物安全议定书的决议进行回应，生物多样性公约的 *Cartagena Protocol on Biosafety*（《卡塔赫纳生物安全议定书》）于2000年1月29日在公约缔约方大会上通过，并于2003年9月11日开始生效。该议定书的制定是为了规制凭借现代生物技术获得的、可能对生物多样性的保护和可持续使用产生不利影响的任何改性活生物体的越境转移问题。因现代生物技术扩展迅速，公众日益关切此类技术可能会对生物多样性产生的不利影响，同时也需顾及到其对人类健康构成的风险，因此该议定书旨在确保技术的适当使用避免产生可能的风险。

《生物多样性公约》及其议定书，在保护生物多样性和持续使用方面提出了明确的要求，确认了遗传资源主权主义，并鼓励缔约国之间就遗传资源和生物技术进行合作；同时为保护资源提供国利益，要求在分享合作中充分考虑其参与与获得惠益；强调特别是对待发展中国家，应在其分享了遗传资源或需要被提供生物技术时予以充分关注与保障。

（杨　健）

第十章 全球健康伦理

全球化使得各国人们彼此之间的相互关联已成为人类社会生活的常态之一。进入 21 世纪，国家内部及国家之间在财富和健康方面的差距并未随着经济全球化的发展而减小，反而无情地扩大了。如，加拿大人均寿命已经达到 80 岁，但非洲有的国家才 40 岁，而且新旧传染病对世界的威胁也较以往更加严峻。世界各国之间经济的差距和不均的现象愈演愈烈，消费模式的变化导致生态环境的恶化，新旧传染病都在全球范围内传播，而且还存在生物恐怖对人类生命的威胁。如何能减少健康不平等、增加健康公平，是全球健康领域非常核心的伦理问题。无疑，需要多学科的进路才能更根本地认识和解决这些问题，全球健康伦理便是其中的一个跨学科视角。

近十年来，国际上一些医学院校对全球卫生的兴趣增加，主要表现为发达国家的学生有志于去发展中国家为当地健康做志愿活动。但很多学校还没有系统地对医学生提供相关伦理方面的培训，有的学生对一些文化敏感的问题还措手不及，导致有些志愿活动对当地的工作造成负担。于是，一些有领导力的医学院校的相关专业学者开始关注并努力提出关于全球健康伦理问题的思考框架。

第一节 全球健康伦理是什么

一、全球健康伦理的主要问题领域

严格地说，全球健康问题是指需要在全球层面协调和行动才能应对的那些健康问题，是指健康决定因素或健康结果已经影响到其他国家，超出了国家界限，对相关问题的解决也超出国家的能力范围。而全球健康伦理问题表示这些问题的产生和应对，需要伦理学的视角。世界卫生组织（WHO）2015 年发布了一个 Global Health Ethics：Key Issues（《全球健康伦理：核心问题》）的小册子，该册子从全球的视角，归纳出全球健康领域主要的问题包括如下几个方面：

首先，公正的考虑是全球健康伦理的核心。欠发达国家的健康状况往往受到更多的社会因素影响，如贫穷、营养不良、受教育程度不高、生活条件不健康、卫生保健的缺乏，以及公共部门和私立部门的腐败等。全球健康的状况也反映了国际社会的集体失败，未能满足世界上大多数人口的基本健康需求。全球健康伦理的一个紧迫的议题便是全球正义和团结互助，它对更富裕的国家提出挑战，提出应该采取行动来促进全球健康公平。资源贫乏的国家正面临医务人员流失的问题。他们在得到培训之后，被招募到发达国家工作，而导致当地人才的流失。背后面临的冲突包括个人的搬迁自由与当地弱势人群健康需求之间的冲突。

其次，全球健康的伦理问题与文化相对论有关。道德的标准到底是普遍的，还是不同国家、不同的人持有不同的价值观。尤其在面临一些妇女儿童被至于极度弱势的地位，他们的健康状况受到威胁的情况下，这个问题愈加突出。对此一直存在两种观点的争论：一是尊重当地的文化和习俗；另一种则强烈认为，我们必须站起来，保护妇女和儿童免于伤害。

最后，是关于国际性研究的问题。特别是关于富裕国家在欠发达地区进行研究，受试者来自贫困和脆弱人人群，他们在语言和文化上的障碍使知情同意更加困难。过去 20 年中一直讨论的问题包括：关于对照组应该采取什么标准，尤其是在那些本来医疗照护标准就比较低的地区；研究参加者或参加的社区在研究结束后应该分享到哪些利益。

实际上，全球健康伦理问题远不止以上三大类，还包括传染病的跨国传播和治理、环境污染物的跨国流动，以及全球控烟等很多健康领域。

二、全球健康伦理的界定

按照应用伦理学的思维模式，全球健康伦理一般会被界定为：应用伦理学的理论和原则来分析全球健康领域的伦理问题，并为解决全球健康伦理问题提供伦理学建议和论证。

这种界定仍然需要具体化。有学者从程序和过程两方面理解全球健康伦理，即首先需要在全球健康的范围内发现伦理问题，然后提出解决问题的行动/不行动的建议，并从伦理学上对此形成伦理学论证。全球健康伦理就是这个概念的程序化过程。

具体来讲，亨特（David Hunter）和道森（Angus J. Dawson）从 3 个视角来诠释全球健康伦理，分别是空间地理视角、内容视角和规范视角。空间地理视角关注的健康伦理问题是指影响全球的问题（如全球变暖或流行病）或对疾病的控制需要全球化的合作（如传染病控制、全球烟草控制等）。内容视角是指从问题方面界定全球健康伦理的概念，它是指所包括的不同的议题，如全球公平，健康不平等，资源分配等。这意味着它是动态变化的，如天花曾经是非常重要的问题，但因为它的消失，它将不再是问题。规范的视角是指从价值角度对全球健康伦理问题进行判断，对相关问题的对错是非进行评判，强调正义与非正义，并为行动措施找到道德依据。

第二节　全球健康伦理的理论资源

一、与全球健康相关的伦理理论资源

全球健康涉及的议题较多且复杂，当今的学者在探究全球健康相关的伦理理论时，一般都采取应用伦理学的普遍进路，即从当今的伦理学理论中寻求更加贴切的能对全球健康问题有更针对性的理论来思考。在当今诸多的针对此探讨的理论中，比较契合的分别是彼得·辛格（Peter Singer）的人道主义救助理论和托马斯·博格（Thomas Pogge）的健康公平理论。

（一）功利主义理论资源

辛格在其 One World Now: the Ethics of Globalization（《一个世界——全球化伦理》）一书中，针对全球化的世界，将现代人类社会理解为一个"相互性的共同体"，希望建立一个不以国家边界为基础，而以一个世界的观念为基础的伦理框架和理念，提出一种国际主义的义务，希望富人将其收入的 1% 捐给处在生存困境中的人民，倡导全球责任的最低标准。他早在 1972 年便发表了一篇有广泛影响力的文章 Famine, Affluence and Morality，此文的背景是 1971 年 11 月在东孟加拉发生了因缺少食物、住所和医疗而死亡的事件。他提出，如果我们都对"因为缺少食物、住所和医疗而痛苦和死亡在道德上是不好的"和"如果我们有能力做些事情来预防它的发生，而这样做又不会使我们牺牲掉我们道德上相对等的任何东西"这两个前提没有疑义，那么即便结论再激进，这都是不可反驳的。

辛格是典型的功利主义（utilitarianism）者。在功利主义者看来，所谓"善或好的东西"就是那些能够最大程度地促进人的快乐和减少痛苦的行为或事物。杰里米·边沁（Jeremy Bentham）是英国功利主义哲学的创立者，边沁功利主义包括两个原理：一是功利原理或最大幸福原理，二是自利选择原理。约翰·密尔（John Mill）对边沁的功利主义进行了修正和批判，强调快乐不仅有量上的区别，也有质上的区别，即"最大多数人的最大幸福"原则。实际上密尔是以幸福论修正了边沁的快乐主义学说。功利主义在边沁、密尔之后经亨利·西季威克（Henry Sidgwick）、斯马特（J.J.C. Smart）、布兰特（R.B.Brandt）等人延传承袭更加趋于系统和完善并形成了许多流派，最主要和最具影响性的是行为功利主义和规则功利主义。行为功利主义者主张，行为的道德价值必须根据最后的实际效果来评价，道德判断应该是以具体情况下的个人行为之经验效果为标准，而不是以它是否符合某种道德准则为标准。每个人都必须估量自己的处境做出判断，以使自己的行为给其所影响的人带来最大益处，但没有什么可以遵循的规则；规则功利主义者则认为，人类行为具有某种共同特性，其道德价值以它与某相关的共同准则的一致性来判断。辛格所持的人道主义救助观点与规则功利主义一致。例如，人们如果不是出于保暖而是出于好看的目的买了件新衣服，那么他更应该把钱援助给穷人。他认为慈善并不是分外之责，而是道德上应当去做的事情。

从这点看，功利主义其实是对人们的要求很高的理论学说。对此，一个普遍的指责就是，功利主义太过激进，对个人会做出不切实际的过高要求。然而，辛格对这种指责不以为然，他认为以常识作为反驳的根据是站不住脚的，毕竟在许多情境中，多数人持有的常识往往最终被证明是错误的。辛格指出，他持有的这种道德观虽然从常识来看较为激进，那么为什么我们一定要依据常识来判断他的道德观不合理，而不依据他的道德观来判断常识不合理呢？为什么不能以他的观点为根据，要求普通人做出道德上的转变呢？如果这条路走不通的话，辛格还提出，他的观点建立在他所提供的两个前提之上，只要这两个前提是自明的，无论得出何种激进的结论，它也必然成立。不过也有学者提出，前提一可能会取得所有人的共识，但是前提二却显得非常含糊。关于什么是"道德上相对等的东西"，界定起来非常困难，人们对此并不具有完全一致的看法。

（二）健康公平理论资源

"在当前国际政治、经济秩序下，全球最富有的200人拥有高达约2.7万亿美元的财富，而最穷的35亿人的财富总和却只有2.2万亿美元；尤其是，最近20年来，全球最富的1%的人口的收入激增了60%。与此同时，全球贫富差距在日益扩大。20世纪初，全球富裕国家与贫穷国家的人均收入比例还是11：1，到了21世纪初，这一差距已经接近80：1。面对这种情况，约翰·罗尔斯（John Rawls）和森多把此归结为国家内部政治结构与分配制度的缺陷，博格则更多地从全球的视角、从世界主义的视角来看待。博格坚持认为现行的国际政治、经济秩序是造成全球极端贫困现象持续存在的根本原因；这一秩序已经构成对全球贫困人口的人权的集体性侵犯，而世界上大多数富裕国家都参与其中，却没有做出任何补偿。因此，富裕国家的政府及民众负有持续援助全球极端贫困人口的义务。就历史原因而言，博格认为许多发达国家的经济优势在一定程度上离不开殖民时代对被殖民地人民的奴役、剥削，甚或是种族屠杀和种族灭绝。这不仅给非洲等欠发达国家留下了深远的经济创伤，使其发展起点远远低于发达国家，而且对它们的社会发展和文化延承造成了极大障碍。如今，发达国家不仅拒绝为残酷的原始积累行径承担责任和做出补偿，而且把改善环境污染与资源耗竭等状况的负担转嫁给欠发达地区。

博格与辛格的路径不同，他更强调权利、平等和自由的理念。他提出，无论发达国家还是发展中国家，每个人在道德上都是应该被平等对待的。然而，历史上曾发生的发展中国家遭受不公平的剥削，是导致今天一些人和国家极度贫困的原因之一。在全球化的今天，这些有优势的国家仍然持续地保有优势，而不利地位的国家仍然不利，并继续造成全球的不公平。辛格认为我们每个个体都有消除不公平的道德义务，博格的主张与其不同，他认为我们个体只有有限的义务，而改革国际秩序上的不公平的主体是国家和国家政府机构等部门。

博格的另外一个观点主张，我们应该致力于避免这些与贫困相关的早死的发生。具体应通过国家和机构来消除贫困，通过改革卫生保健制度、改变国际药品专利协议（TRIPS）等方式来避免贫困，即博格认为我们人类社会具有不去伤害、不去利用自己的优势剥削弱势的国家的消极义务，也因此我们每个人都被赋予寻求改革和救助的积极义务。

（三）小结

以上两种主张可以归结为两个全球健康伦理理论模型：人道主义模型和政治模型。

人道主义模型基于可以提供援助的一方的能力和需要援助的人群的迫切需求。从一个理想化的方面说，它提供了作为人类的一个个体的道德义务，它强调所有的人，不论富裕与否，每个人都有相同的道德地位。人性决定了我们不忍他人在受苦，而提供此帮助并没有使我们花费什么高成本。

政治模式是指一个国家的人们对另一个国家的人们的义务。基于之前曾经做过的事情和认识到全球范围内人们之间的相互关联性，例如一个国家可能之前对另一个国家发起过军事侵略，或者因为是世界贸易组织（WTO）的成员国，一个国家可以享受到某些好处，并对贫穷的国家进行了剥削。这就在道义上发生了全球健康相关的超越国界的义务。

还应看到，全球健康行为的主体越来越多样化，我们不仅需要政府在全球卫生交流中发挥的作用，还需要其他主体和它们结成伙伴关系。相关的伦理学核心价值会更有针对性地指导不同行为主体的价值理念和合作中需要遵循的国际核心价值的共识。

二、与全球健康伦理相关的核心价值

在全球健康的干预和实施中，除了这两种模式体现的人道、救助、公平的核心理念，更需要了解全球健康伦理的核心价值，它会给我们相关人员以更加具体的指导和提示。通过这些核心价值，全球健康伦理可以帮助我们了解不同群体之间的关系和权力动态，帮助我们辨别利益和负担的归属。伦理学的特点之一在于向内的反思，然后向外行动，并认清楚行动的动机和后果。全球健康伦理能帮助我们既避免了巨大的风险，又鼓励个人和机构组织做道德上应当的行为。在全球健康领域，无论是涉及临床，还是政策制定，抑或是研究，都需要关注社会规范和政治信仰方面的不同，其涉及文化差异和多样性；同时也需要了解殖民主义和帝国主义的历史，并铭记这一传统如何影响社区和组织之间的关系。

（一）尊重人类生命，尊重人权

个人作为社会的基本成员，每个生命都是平等的。人权是保证生命平等的基本保障，其中包含着个人的健康权，这在全球范围内具有共识和坚实的基础。

以人权为基础来促进健康，就意味着要将人权作为健康发展的一个框架，评价所有健康相关政策和立法的人权意义，并且在健康相关政策实施、评估时充分考虑人权问题。以人权为基础来促进发展，也是目前联合国提倡的重点。*Universal Declaration of Human Rights*（《世界人权宣言》）在开篇便提到："All human beings are born free and equal in dignity and rights"（人人生而自由，在尊严和权利上一律平等）。联合国教科文组织 2005 年发布的 *Universal Declaration on Bioethics and Human Rights*（《世界生物伦理与人权宣言》）第 3 条也是几乎同样的内容。

在考虑人权的基础上求发展求健康，就要充分关注社会上的弱势群体。在制定政策和计划

时，要充分考虑不同人群的特点，如老人、儿童、妇女、难民、残疾人等，并依据不同人群的特点来采取行动。健康不能只关注平均水平，更要关注特殊人群，要主要保护特殊人群的人权。

在信息化时代，人权中关于隐私的保护越来越得到关注。全球健康研究和实践由于可能涉及大量的信息，这使得保护个人和社区的人群的隐私既艰难，又至关重要。必要时，涉及法律要求公开个人信息时，需要通过知情同意的手段来尽量得到当事人的同意。人权与健康资料收集方式也有关。在选择资料收集方法时必须考虑到如何确保尊重人权，例如隐私权、参与权和不受歧视的权利，任何科研项目都要签署知情同意书。

《国际卫生条例（2005）》第四十五条就是关于"个人数据的处理"：

1. 按照国家法律，缔约国根据本条例从另一缔约国或从世卫组织收集或收到的、涉及身份明确或可查明身份的个人的健康信息，应保守秘密并匿名处理。

2. 虽然有第1款的规定，缔约国为了评估和管理公共卫生危害，可透露和处理个人数据，但缔约国（根据国家法律）和世卫组织必须确保个人数据：

（1）得到公平、合法处理，并且不以与该目的不一致的方式予以进一步处理。

（2）与该目的相比充分、相关且不过量。

（3）准确且在必要时保持最新，必须采取一切合理措施确保删除或纠正不准确或不完整的数据。

（4）保留期限不超过必需的时间。

（二）促进健康公平

健康不平等的社会现实越来越引起全球的关注。其中有些不平等不是不公平导致的，但可以避免的不公平则是全球关注的焦点。2008年WHO发布了《用一代人的时间弥合差距》，指出健康不公平深受政治、社会和经济因素影响，呼吁从健康的社会影响因素方面进行全球动员，并且确立了健康的社会决定因素的概念框架和行动领域。这不仅是贫穷国家，也是富裕国家在全球健康领域面临的主要挑战。

国际经验表明，促进健康公平需要多部门持续不断的努力。目前的医疗卫生体制改革就此已经达成了相对共识，即通过提供基本医疗、基本药物等，以满足健康的基本需求，实现健康公平。公平正义是当今社会最重要的核心理念和价值追求。在全球健康的语境中，它主要体现为：在微观层面上，每一个人都应当拥有享受医疗保健和救助的平等机会，个人的社会经济地位、种族、性别等差异都不能影响机会对其的公平开放；在宏观层面上，全球健康资源配置也要公平公正，充分考虑区域、城乡、社会经济发展水平之间的差异，向高危人群和资源匮乏地区倾斜，体现对弱势人群的充分关注。

行动主体可以多种多样。近年洛克菲勒基金会发起了"全球健康公平倡议"（The Global Health Equity Initiative，GHEI）主要关注疫苗和药物的研发和分配，尤其是对于缺乏商业利益而被忽视的疾病。

（三）团结互助与协同合作

团结互助（solidarity）是全球健康领域区别于临床生物医学伦理很重要的一个核心价值。团结互助本身可能有多种不同的定义，但其本质在于一种特殊的社会关系。根本上讲，它强调一个群组（group）、社群（community）或民族（nation）的团结。它有社会各方之间互相依靠的含义，也有互相支持的含义，尤其指大家在面对风险时应站在一起共同来应对。这既可以是个人组成一个社群，也可以是不同的社群组成一个更大的团体，甚至国家。在欧洲文化理念中，此价值有着更为突出的地位。例如结核病这样的传染病便增加了整个人群的风险。但是，在那些全社会团结一致应对类似疾病的社群中，这些风险是可以降低的。

联合国教科文组织发布的《世界生物伦理与人权宣言》第 13 条是关于"互助与合作"的，明确提出应当鼓励人与人之间的互助和为此而开展的国际合作。

2006 年，WHO 发表了题为 Working Together for Health（《通力合作，增进健康》）的世界卫生报告。此报告主要从人力资源角度号召卫生系统专业人员加强合作。全球健康体系本身就涉及多层级、多部门之间的沟通、协调与合作，环环相扣，缺一不可。以环境保护为例，维持环境卫生不仅是各部门的职责，也是每个人的道德义务所在。

应加强医疗与疾病控制之间的合作，医疗单位也需要开展全球健康工作，如急性传染病患者和密切接触者的现场防控，按规定开展采样、检测和监测等，配合疾控部门进行流行病学调查等问题，都需要政府部门协调。

（四）平衡群体利益和个人自由的冲突

首先，对个人自由的尊重与保护是基本价值理念。但是，对于传染病控制来说，对个人自由的限制是实现疾病得到控制的重要手段。但当患者拒绝治疗时，便是典型的个人自由和群体公共善之间的冲突。现实工作中并不是非黑即白，而是有协调冲突的空间。最重要的措施就是提供咨询服务和辅导。以结核病的防治为例，世界卫生组织最新的报告 Guidance on Ethics of Tuberculosis Prevention, Care and Control（《结核病预防、护理和控制的伦理准则》）显示：当提供了适当的服务和咨询后，很少有患者坚持拒绝治疗了。

《国际卫生条例（2005）》在第一编第三条提到，"本条例的执行应充分尊重人的尊严、人权和基本自由。"第三十二条，关于旅行者的待遇提到，"在实行本条例规定的卫生措施时，缔约国应当以尊重其尊严、人权和基本自由的态度对待旅行者，并尽量减少此类措施引起的任何不适或痛苦"，其中包括：

（1）以礼待人，尊重所有旅行者。

（2）考虑旅行者在性别、社会文化、种族或宗教方面所关注的问题。

（3）向接受检疫、隔离、医学检查或其他公共卫生措施的旅行者提供或安排提供足够的食品和饮水、适宜的住处和衣服，保护其行李和其他财物，给予适宜的医疗、能被听懂的语言（如可能）提供的必要联络手段和其他适当的帮助。

其次，需要注意到不同的文化对这两个价值理念之间平衡的把握不同。例如，自甲型 H1N1 流感（甲流）于 2009 年 3 月在墨西哥暴发以后，中国在国内采取了积极的防控措施。但中国的积极防控并没有得到一些国家的理解，国际上一直有声音质疑中国政府对甲流的防控措施是"反应过度"。不仅如此，中国还与墨西哥因甲流防控产生了"外交摩擦"。中墨之间发生的这次"外交摩擦"，凸显了中国与墨西哥在处理个人与社会关系上的不同理念。在具体的公共卫生工作中，由于主要强调的是公众利益、群体的利益，往往和个人利益冲突。中国强调首先保障公共利益和公共安全，而其他一些国家则更重视个人的权利和自由。

总之，在具体实践中，上述核心价值之间不可避免地会出现矛盾冲突，任何一个试图对它们做出绝对的优先性等级排序的结论都将是武断和任意的。对此，我们或许应当持一种更加宽容的态度，始终结合具体情境对它们的优先性问题做出审慎的、恰当的判断。

第三节 埃博拉出血热暴发对全球健康研究与实践的启示

埃博拉出血热（Ebola hemorrhagic fever，EHF）是在 1976 年首次出现的，当时同时暴发两起疫情，其中一起发生在苏丹恩扎拉，另一起发生在刚果民主共和国扬布库。后者发生在位于埃博拉河附近的一处村庄，该病由此得名。2014 年 3 月在西非的塞拉利昂、利比里亚和几

内亚出现的疫情是继 1976 年发生的最大且最复杂的埃博拉出血热疫情。本次疫情出现的病例和死亡数字超过了所有其他疫情的总和（http：//www.who.int/csr/disease/ebola/zh/），而且在控制中国际组织和多方主体的参与、涉及文化背景的不同、本国卫生体系的薄弱和样本的出境等引发了很多伦理问题。

一、埃博拉疫苗的临床研究设计面临挑战

当人类面临一种严重威胁健康的传染性疾病，且没有特异性治疗和预防手段的情况下，新药和疫苗临床试验是根本的解决途径。2014 年，美国一正在研发的埃博拉疫苗，在动物实验方面获得了成功。但若通过标准的程序来测试疫苗疗效，还需较长的时间。2014 年 8 月 12 日，WHO 在日内瓦公布了针对埃博拉试验性药物的伦理审查结果，伦理审查小组中的 12 位成员一致同意在埃博拉出血热暴发的特殊背景下，批准尚未注册批准的药物符合伦理，即同意向患者提供有效性和安全性均不清楚的尚未上市的药物。当然这也需要满足其他必要的伦理学要求。

对此，直到今天一直存在争议。一些专家认为，虽然在疫情暴发期间进行临床试验会有各种心理可接受性等方面的困难，但对于结果的科学性和未来的考虑是必需的。是否可以因为疫情的特殊性就不考虑疫苗临床试验的科学程序？

二、疫情防控中需减少从否认和恐惧到行动的时间，多方合作，赢得当地人们的信任

2014 年 7 月，大部分利比里亚人没有重视埃博拉出血热疫情，每天仍有成千上万人涌入街头市场，教堂里人很多，出租车也还在接送乘客。否认疫情的现象很常见。8 月份埃博拉出血热病例数量已经在 3 周内增加了两倍，达到 470 例，包括 220 例死亡病例。随着埃博拉病毒被带到尼日利亚和美国，利比里亚的病例也增加了 2 倍，人们对埃博拉出血热的否认转变为恐惧。世卫组织、几内亚计划组织、联合国儿童基金会、红十字会、几内亚愿望组织、无国界医生组织等一道开展工作支持几内亚政府，他们互相通报、清楚每个人的职责。他们及时发现了存在的问题，如人们抗拒与响应团队合作、污名疾病、对治疗中心不信任、对埋葬不信任、藏匿患者、缺乏信息、妇女在疫情中较为脆弱以及危险谣言持续传播。跟踪接触过埃博拉患者的人变得很困难，例如曾发生居民抵制在自己家附近建设治疗中心，一群居民阻断了一条街，要求当局把一位疑似埃博拉出血热的患者找出来。

世卫组织在官网上分享了多个埃博拉日记，其中 Kamal Ait-Ikhlef 分享了如何重建信任，并邀请幸存者和当地贤达的加入，效果很好。在疫情刚开始时，因为需要让人民对这种新的危险疾病提高警惕，当时的宣传集中在疾病的严重性和致死性上。但这种宣传产生了副作用，人们开始认为得了埃博拉必死无疑，他们希望能死在家里。这时需要及时调整策略，邀请幸存者参与，证明事实并非如此。由幸存者说明他们得到了食物和治疗，且好转了的事实比外部人员的宣传更有力度。另外，邀请当地贤达参与进来，应对合作阻力和当地人对疫情响应团队的抗拒。可见，形成良好的沟通机制，减少谣言的传播，对赢得采取行动所需的时间至关重要。

三、关爱医务人员，加强对工作人员的防护

医务人员首先需要得到保护。但由于医生和护士们对疾病不知情，在救治患者时并未穿个人防护装备，于是会发生一些卫生保健工作者遭受感染的病例。西非也曾发生医生感染后的死亡，导致当地医务人员逃走，造成缺乏医务人员的局面。许多人消失在社区里，无法联系或追踪他们，也无法确保其没有患病。

世卫组织专家 Cota 认为，本次埃博拉病毒防控期间汲取的一个最大教训是"要更加注重卫生工作者的日常护理和保护。这是一种彻底的文化变革。过去未有过自我保护文化，要改变

这种状况并不容易。"她认为应当不遗余力地开发创新性临床管理工具和个人防护装备，在提供关爱性照护的同时确保工作人员的安全。

四、救助者通过了解当地文化来对埃博拉出血热患者和其家庭提供有效的支持

西非当地某个地区，每3位埃博拉患者中有两位是妇女，援助者通过了解当地的文化，了解到"妇女是照顾患者的主体，这不以她们的想法为转移。男人决定采取哪些行动，但妇女得照顾患者并为死者的遗体做好安葬准备。"一些救助者通过观察和与相关人交谈，寻找机会来帮助当地的妇女和家庭，向当地政府提出帮助埃博拉出血热患者和家庭的合理化建议，例如提供电话、出租车使用，以及为主要劳动力住院的家庭提供食物，都比较切实可行，为埃博拉出血热的防控做出了贡献。

五、加强全球领导力，实行国际人道主义救助，开发多方资源和途径

The Lancet(《柳叶刀》)杂志曾发表题为 Ebola：a crisis in global health leadership(《埃博拉：全球卫生领导的危机》)的文章，指出埃博拉病毒在全球的蔓延，反映了全球卫生领导力的失败。除了应对疫情本身需要时间，在科学上需要对它们有深入了解、缺乏疫苗等背景因素外，文章指出在一定程度上是由于世界卫生组织本身的局限性导致了疫情的扩散：一方面，世界卫生组织预算不断缩减，一些流行病学专家相继离开，削弱了卫生应急反应小组的能力；另一方面，世界卫生组织要求196个成员国遵守《国际卫生条例》，提高各国公共卫生反应能力，并对国际关注的突发公共卫生事件进行监测，加强国际合作。但由于该条例缺乏具体的责任分配以及对不合作国家的制裁措施，导致取得的效果并不理想，特别是一些低收入国家应对突发公共卫生事件的能力依然不足。

在全球健康，尤其是传染病疫情防控方面，行动主体的领导力以及责任等都是需要关注的伦理问题。文章提出面对埃博拉出血热疫情的不断失控，联合国必须采取行动。联合国安理会也提出了继续监测埃博拉出血热疫情，明确各国责任，并为世界卫生组织的行动找到合理的法律支持。但是应对全球传染病疫情，不仅需要国际组织，还需要多方的资源，包括NGO和不同国家政府等；需要不同主体各自发挥各自的优势、精诚合作、团结互助。很多国家，包括中国在内，在埃博拉出血热疫情期间对西非进行了人道主义援助。

其他与传染病的预防和控制相关的伦理问题，如歧视、隐私权与知情权之间的平衡问题、隔离的范围界定等，都是此类领域突出的伦理问题。

小 结

在学习了本章内容后，我们还要思考以下几个问题：全球健康研究与其他的生物医学研究有什么区别？全球健康研究的伦理审查与药物临床试验和其他临床研究的伦理审查标准和要点是否完全一致？知情同意在全球健康中的贯彻，是否存在不同文化下的特殊性？发达国家在欠发达国家开展一些研究，都存在哪些伦理上敏感的问题？此外，研究成果的利益分享和专利问题，也都是与全球健康研究相关的伦理问题。我们还需要关注研究的伦理审查能力在发达国家和欠发达国家之间存在的差距。

在全球健康的非研究领域，其他如结核病的防控、控烟问题、环境伦理、全球卫生监测领域，都有很多值得挖掘的全球健康伦理议题。需要结合伦理学理论资源和当地文化以及各主体间的合作，才能切实做到促进健康公平，实施人道主义救助。

(丛亚丽)

第十一章 中国特色的全球卫生

中国对全球卫生的参与是全方位的。本章从四大领域展示中国参与的全球卫生行动：卫生发展援助、全球卫生安全、多边舞台的全球健康治理，以及知识的创新和交流。

中国已经全面参与了四大领域的全球行动。但是中国的参与是随着国际和国内政治、经济和社会发展形势的变化和对全球卫生认识的深化而逐步展开的。在中国参与全球卫生的时间轴上有五大里程碑事件。第一，在1963年向阿尔及利亚派出了第一支援外医疗队，开创了中国卫生援外的历史。第二，1978年中国宣布实行改革开放政策，在继续提供卫生援助的同时，开始实质性地参与以世界卫生组织为领导的全球健康领域多边舞台的治理行动，并与世界各国进行技术和管理知识的交流。第三，2001年中国加入世界贸易组织，标志着中国基本加入包括卫生领域在内的所有国际组织，完全融入世界体系，深化对外发展援助，更加积极地参与多边舞台的健康治理和知识的创新、交流和应用。第四，2003年暴发的SARS（严重急性呼吸系统综合征），既暴露了中国防范健康威胁的短板，也唤醒了中国对卫生安全的重视。从此，中国成为国际社会一名积极参与全球卫生安全集体行动的成员。第五，2014年中国远征西非，抗击埃博拉疫情的暴发，把提供卫生援助和参与卫生安全的全球行动有机融合，体现了对维护国民健康和消除全球卫生安全威胁关系认识的升华，用紧急求援的实际行动彰显了中国在健康领域构建人类命运共同体的意志和决心。

第一节 卫生发展援助

提供对外卫生发展援助是中国涉足最早的最具特色的全球卫生行动领域。新中国建立不久，中国就在"援越抗法"和"抗美援朝"中提供了大量药品和医疗物资援助，同时，中国还通过国际红十字会为其他发展中国家提供包括医疗援助在内的人道主义援助。这是中国对外卫生援助的雏形。1963年，中国响应刚刚获得民族独立的阿尔及利亚政府发出的紧急医疗援助的呼吁，派出了由24名医疗专家组成的第一支援外医疗队，揭开了中国政府有组织、大规模、持续性提供卫生发展援助的历史篇章。

在随后的半个多世纪里，随着综合国力的持续增长，中国不断加强对外卫生援助工作。图11-1显示了中国卫生援助的发展轨迹。可看出，随着时间的推移，中国的卫生援助领域不断拓宽，方式日趋多样。

派遣医疗队是中国起始最早、持续时间最长、影响力最大的对外卫生援助形式。自1963年起，根据中国政府和受援国之间签署的关于派遣医疗队的议定书，中国共向71个国家派遣医疗队2.6万人次，治疗患者2.8亿人次。在2019年，共有1 082名中国医疗队员在56个国家的117个医疗点执行医疗任务。其中，在非洲的45个国家，共有973名医疗队员。中国援非医疗队的工作地点有的在受援国的首都，有的在省级医院，还有的在县级医院。中国医疗队

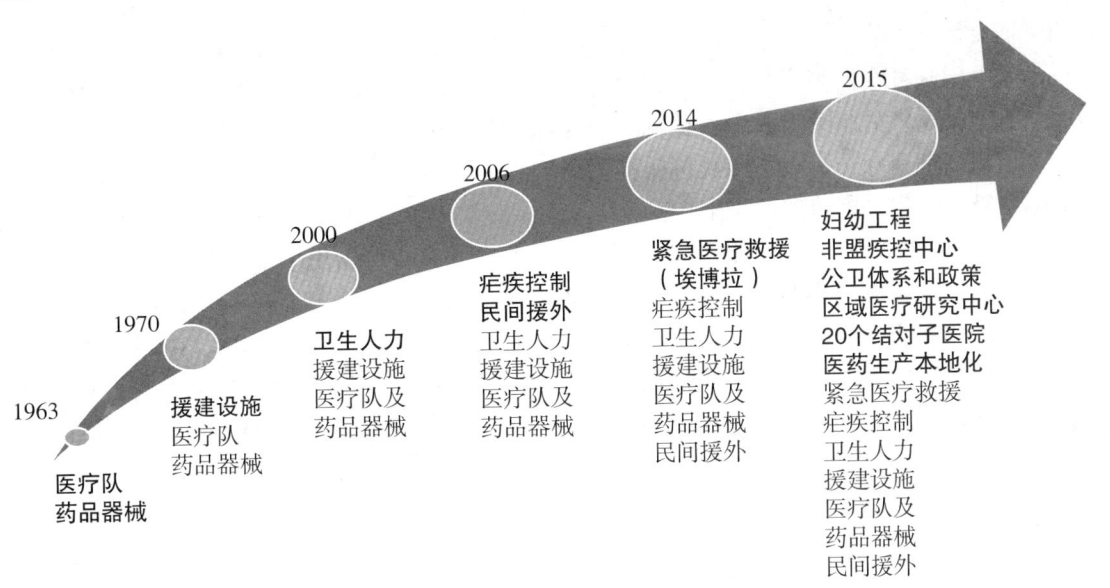

图 11-1　中国卫生援助的发展轨迹

注：黑体字为扩展的援助领域

员同当地医生合作，以西医和中医为手段开展临床诊疗，为当地人民，特别是贫困地区人民提供免费的医疗服务，解除患者病痛。他们不仅治疗常见病，还创造条件开展一些如心脑血管疾病治疗、断肢再植、巨大肿瘤切除等的高难度手术，深受当地人民欢迎，上百名中国医生因贡献突出获得受援国颁发的勋章。

援建医疗设施是中国卫生援助的另一个重要形式。从 1970 年起，中国在发展中国家援建的医疗设施达一百多所，其中以综合医院为主，还有流动医院、保健中心、专科诊疗中心、中医中心、卫生监测中心等设施。援建的医院中，有 3/4 以上坐落在非洲。中国为援建的医院提供了成套医疗设备，建成后，以交钥匙的方式将医院移交受援国。

中国还向受援国提供医疗设备和药品物资。以 2010—2012 年的 3 年为例，中国向受援国提供了约 120 批医疗设备和药品物资，包括多普勒彩超仪、CT 扫描仪、全自动生化仪、母婴监护仪、重要手术器械、重症监护检测仪、磁共振仪等高端医疗设备，以及防治疟疾、霍乱等疾病的药品。

为当地卫生人力资源开发提供援助是中国进入新世纪后的援外新举措。2000 年，中国设立了"非洲人力资源开发基金"，支持为在华的非洲国家专业人员（包括卫生人员）举办各类培训班。从此，除接受中国援外医疗队开展的现场带教外，非洲卫生人员可以应邀来华参加医疗技术培训班和卫生官员研修班。曾经举办过的卫生技术培训班的课程包括新医疗技术和设备应用、传染病防治技术、临床护理、妇幼保健和传统医药技术等专题，卫生官员研修班覆盖卫生管理、紧急救援管理、食品卫生、传统医药卫生、传染病和卫生检疫以及中国卫生发展适宜经验等内容。

控制疟疾是中国在进入新世纪对非洲提供卫生援助中最主要的一项疾病控制行动。2006 年，根据中国政府在中非合作论坛北京峰会的承诺，中国为非洲设立 30 个抗疟中心，对每个抗疟中心装配了所需的设备和提供了必要的抗疟药物。2007 年，中国与科摩罗合作启动了青蒿素复方快速控制疟疾人群干预项目，使该国莫埃利岛的疟疾发病率较上一年同期下降 90%。该项目的成果受到科摩罗总统的赞扬。2010—2012 年，在进一步巩固已开展灭疟项目成效的同时，中国在科摩罗大科岛和昂儒昂岛推广灭疟项目。

在面临国际关注的突发公共卫生事件时提供紧急医疗救援是中国在对外卫生援助行动中坚

起的一面大旗。2014年,中国对抗击西非埃博拉出血热暴发所采取的迅速、全面、有力的救援行动获得国际社会的高度赞扬。中国政府第一时间做出反应,及时向西非疫区3国及周边7国派出近1 200名军地医疗卫生人员,为疫区国检测样本近9 000份,留观诊疗相关病例900余例,培训当地医疗护理人员和社区防控骨干1.3万余人。中国政府还向疫区国家部署移动生物安全三级实验室,援建现代化生物安全实验室、传染病诊疗中心。累计提供了4轮总价值约7.5亿元人民币的紧急人道主义援助,为控制埃博拉出血热疫情做出了重要贡献。

此外,中国民间社会越来越热心地参与对外卫生援助行动,帮助发展中国家白内障患者重建光明的"光明行"就是政府与民间渠道并进的援外方式。从2003年起,中国人民解放军开始派出维和医疗队,在为联合国维和部队提供服务的同时,也在任务允许范围内为当地的群众提供医疗服务,开展巡诊、健康体检、捐献药品,参加紧急医疗救援等,赢得了联合国维和部队和当地民众的好评。2015年,联合国千年发展目标到期,世界各国元首和政府首脑再次聚会纽约联合国总部,提出了更加雄心勃勃的变革愿景,庄严承诺实现"2030年可持续发展议程"。为支持发展中国家实现2030可持续发展目标,中国领导人在以往提供的卫生援助的基础上,向全世界宣布了一系列卫生援助的新承诺,提出许多新举措,如帮助发展中国家实施妇幼健康工程、参与非洲疾控中心等公共卫生防控体系和能力建设、支持中非医院开展示范合作,以及鼓励、支持中国企业赴非洲开展药品本地化生产等。这些承诺和举措,标志着中国的对外卫生援助迈出了新步伐。

中国卫生援助是在中国援外工作的总方针的指导下开展的。随着时代的变迁和国内外形势的发展,中国的援外政策在保持原则连续性的同时,也不断与时俱进。1964年,中国派出了援阿医疗队后不久,就发布了"对外经济技术援助的八项原则"(简称"八项原则")。"八项原则"的核心理念包括平等互利,不干涉内政,不附加任何条件和帮助受援国逐步走上自力更生、经济上独立发展的道路。这些原则奠定了中国60多年援外工作的政策基调,也是中国对外卫生援助的总方针。

在改革开放时期,中国在继承"八项原则"的基础上,提出了"平等互利、讲求实效、形式多样、共同发展"的"四项原则"。这意味着中国在继续发扬国际主义精神、对发展中国家提供的援助时,不仅要促进受援国的经济发展,而且也要服务于中国的经济建设和改革开放。按照新的"四项原则",中国对卫生援外进行了改革探索。

进入新世纪,随着中国综合国力的不断增强,中国更加积极地开展对外援助,承担国际责任。2013年,中国领导人创造性地提出了"义利相兼、以义为先"的正确义利观,成为新时期中国深化同发展中国家合作的重要指导原则。正确的义利观具有鲜明的中国特色和时代特征,既继承了中国外交优秀传统,又顺应了市场经济和全球化时代潮流,树立了新时期中国外交的一面旗帜,也是现阶段指导我国对外援助的指导理念。

目前,中国的卫生发展援助渠道主要为双边援助,实施机构包括商务部、卫生健康委员会、教育部与中国进出口银行;此外,有约8.2%的援助资金通过包括世界卫生组织和世界银行在内的多边援助渠道发放。据估算,中国在2018年提供了6.447亿美元的卫生发展援助资金。与经济合作与发展组织发展援助委员会内的传统援助国相比,中国的卫生发展援助总额近年来已经排名前十,成为卫生发展援助的主要来源之一。

第二节 全球卫生安全

2003年初,一场突如其来的SARS袭击了中国。疫情前期,中国在应对这一突发事件和国际合作方面行动滞缓。但是中国很快认识到早期的失误,迅速采取了强有力的应对措施。以此为开端,中国在国内大力加强公共卫生能力建设,通过中国疾病预防控制中心,重新投建公共卫生体系，包括投资建设了世界上全球最大的疾病实时电子监测信息系统。在国际上，中国积极参与和推动维护全球卫生安全的集体行动与国际合作。

加强区域卫生合作，与周边国家建立联防联控机制。2003年4月，在SARS还猖獗之时，中国与东南亚国家联盟（东盟）国家关于SARS问题的特别首脑会议在泰国举行，这是SARS疫情暴发以来，全球率先召开的区域性国际峰会。时任中国国务院总理温家宝出席会议，并发表重要讲话，表明中国要与东盟国家团结一心，加强合作，携手战胜SARS挑战。峰会在建立高效、透明的抗SARS情报资料系统，建立永久的疫情预警系统，建立国家级的抗SARS应急合作网络，制定区域统一标准的预防、控制措施，开展抗SARS技术和学术交流6个方面达成了共识。会上，中国政府承诺出资1 000万元人民币设立"SARS"防治基金。此后，随着卫生合作领域的逐步拓展，此基金改为中国-东盟公共卫生基金。

以中国与东盟就SARS的合作为开端，中国加大了推进区域卫生合作的进程，在中国-东盟、东盟与中日韩、中日韩、亚太经济合作组织、大湄公河次区域、上海合作组织、中亚经济合作等区域性合作机制下深入开展了卫生合作，特别是与周边国家在疾病监测和传染性疾病（包括AIDS）防控、食品安全和卫生应急领域积极开展合作，建立联防联控机制，积极构建区域卫生安全共同体。

中国在国际论坛倡导公共卫生能力建设，参与相关规则的完善和制定。在SARS结束后的当年10月，中国在第58届联合国大会上发起关于加强全球公共卫生能力建设的决议案。决议欢迎受SARS影响的国家所展现的政治承诺和强有力的领导，以及世界卫生组织在控制该流行病方面发挥的作用，呼吁各国根据联合国千年发展目标的要求，进一步将公共卫生事业纳入国家经济和社会发展战略，不断完善公共卫生体系、加强国际合作。该决议得到了156个国家联署，并以协商一致的方式获得通过。继联合国首度通过中国提案后，2004年11月和2005年11月的第59届和第60届联合国大会再次通过了中国提出的同名提案，内容是呼吁国际社会高度重视AIDS、结核病、疟疾等主要疾病，以及SARS、禽流感等突发性传染病给人类造成的危害，强调各国应加强公共卫生能力建设，建立和完善有效的公共卫生机制，在相互尊重和平等互利的原则基础上，开展国际和区域合作。决议还鼓励联合国成员国及专门机构向发展中国家提供技术及其他援助，以帮助它们加强公共卫生能力建设。这些决议，推动了国际社会在公共卫生领域的合作，共同应对非传统安全领域内的新挑战。与此同时，在联合国的专门机构——世界卫生组织的平台上，中国积极认真地参与了《国际卫生条例》1969年版修订的谈判和后来的《大流行性流感防范框架》的谈判。

积极倡导和参加应对全球突发公共卫生事件的行动。2006年，全球H5N1型禽流感疫情形势严峻。如果病毒变异为能在人与人之间有效传染，将有可能引发全球性的新型流感疫情，给人类造成巨大伤害。为有效遏制禽流感疫情，1月17日至18日，中国政府、欧盟委员会、世界银行共同发起的禽流感防控国际筹资大会在北京召开。时任中国国务院总理温家宝出席会议开幕式并发表重要讲话。会议评估了当前有关国家和地区禽流感防控资金和技术的需求形势，包括中国在内的一些国家和国际组织在本次大会上踊跃认捐超过18亿美元，支持和帮助有关国家应对和防控禽流感疫情，并为所筹资金建立相应的管理与协调机制。会议取得积极成果。这是在防控禽流感疫情上级别最高、范围最广的国际会议，共有100多个国家和地区、20多个国际组织的约700名代表与会，其中包括70多位部长级代表。参会的联合国系统禽流感问题高级协调员、世界银行副行长、欧盟卫生委员都赞扬中国在禽流感防控国际合作中发挥了重要的作用。

2014年初，西非暴发前所未有的埃博拉出血热疫情，疫区国家人民的生命受到严重威胁。如第一节所述，中国政府第一时间做出反应，有力支援了西非国家疫情防控工作，彰显出中国负责任大国形象。2015年，为了在后埃博拉时期继续深化对全球卫生突发事件的防控协作，

世界卫生大会决定创建一个应急基金，以提升国际社会应对疫情和突发卫生事件的能力。中国政府迅速做出响应，向世界卫生组织应急基金捐款 200 万美元。世界卫生大会还批准世界卫生组织建立一批能够迅速有效部署的全球卫生应急队伍。为此世界卫生组织确立影响全球登记制度，中国政府积极申报。2016 年 5 月，来自上海东方医院的中国国际应急医疗队成为首批通过世界卫生组织认证评估的国际应急医疗队。2017 年 5 月 26 日，前身为广东省第二人民医院国家紧急医学救援队的医疗队成为第二批通过世界卫生组织认证评估的国际应急医疗队。他们将随时接受该组织与中国政府的调遣，参加国际医疗救援任务。

支持世界卫生组织人道危机中的卫生行动。自 2017 年以来，中国向 WHO 提供了一系列自愿捐款，支持应对其他国家的疫情和人道主义危机，包括：①叙利亚人道主义危机（2016 年 10 月—2017 年 10 月），4 个国家捐款 200 万美元用于人道主义卫生以应对叙利亚危机。②叙利亚人道主义危机（2017 年 1 月—2017 年 12 月），捐款 100 万美元，用于解决受冲突影响的叙利亚流离失所者和 6 个国家难民的健康问题。③也门霍乱疫情（2017 年 6 月—2017 年 12 月），为也门 3 个省的霍乱疫情应对提供 200 万美元。④刚果民主共和国埃博拉出血热疫情（2018 年 8 月—2020 年 3 月），捐款 200 万美元，用于支持活动和借调。

中国自愿捐款主要用于支持通过 WHO 和（或）当地伙伴机构对脆弱国家或受冲突影响国家的突发卫生事件作出反应。这些自愿捐款来自南南合作援助基金项目（South-South Cooperation Assistance Fund Projects，SSCAF），这是一个重要的新基金，将支持中国的新援助形式，包括卫生援助。支持刚果（金）应对埃博拉出血热疫情的自愿捐款的用途，包括将中国专家借调到 WHO 驻刚果民主共和国国家办事处和 WHO 总部的全球疫情警报反应网络（GOARN）。

2003 年 SARS 以后，中国采取了有力措施，加强了公共卫生体系建设、改善了疾病监测能力、提高了国际合作的意识。表现在更透明、及时地公布本国疫情信息、积极与国际社会合作应对。在 SARS 暴发后，中国从发现第一例患者到向世界卫生组织报告经历了 87 天，之后又用了 46 天才与世界卫生组织组建联合专家队伍调查疾病的暴发。10 年后，中国上海出现全球首例人类感染 H7N9 型禽流感的病例。到 2013 年 5 月 1 日，上海、安徽、江苏、浙江、北京、河南、山东、江西、湖南、福建 10 省（直辖市）共报告确诊病例 127 例，其中死亡 26 例。中国从出现第一例患者，到报告世界卫生组织，并开始联合调查只用了之前不到一半的时间。中国的表现得到世界卫生组织的赞赏，在 2013 年的世界卫生大会期间，世界卫生组织专门安排了一场专门会议，请中国代表团向各国介绍了应对 H7N9 型禽流感的经验。

第三节　参与全球健康治理

20 世纪 70 年代初，中国恢复了在联合国及其系统下的其他国际组织的合法席位，登上了多边国际舞台。1978 年，中国实行改革开放，开始了真正融入世界体系的进程。到 2001 年加入世贸组织，在短短的 20 多年中，中国加入了几乎所有政治、经济、金融、人权、军控、裁军、文教、卫生、体育等领域的国际和地区组织，已经从方方面面都融入了世界体系。联合国作为最具普遍性和权威性的政府间国际组织，在全球治理中发挥着核心作用，其卫生领域的专门机构——世界卫生组织——在全球性的健康治理机构中处于核心地位。中国是联合国及其所有卫生相关的专业性国际组织、基金和规划署（如世界卫生组织、联合国儿童基金会、联合国人口活动基金、联合国艾滋病规划署）以及非联合国系统的国际组织（如 GFATM）的成员。在多边卫生舞台，中国从宣传自己、了解世界和学习国际规则开始，逐步加大对全球健康治理的参与，开始从全球健康治理体系的被动应对者向治理体系的积极参与者、建设者和塑造者转型。

在全球健康治理价值观方面,中国是"人类命运共同体"(community of common destiny for all mankind)理念的倡导者和践行者。近年来,中国提出的"构建人类命运共同体"的理念不仅多次载入联合国大会有关全球治理的决议,成为联合国的官方语言,而且也纳入了世界卫生组织《第十三个工作总规划》的"愿景和使命"。文件指出,该组织"需要做出广泛和持续的努力,推动构建人类命运共同体,增强人们改善健康状况、处理健康问题各项决定因素和应对健康挑战的能力"。2017年1月,习近平主席首次出访,便在联合国日内瓦总部发表主题为"共同构建人类命运共同体"的主旨演讲,在世界卫生组织见证了《中华人民共和国政府和世界卫生组织关于"一带一路"卫生领域合作的谅解备忘录》(下文简称《备忘录》)的签署,向世界传递了一个非常关键的信息:在"人类命运共同体"的理念中,健康是一个不可或缺的重要组成部分。根据《备忘录》,中国与世界卫生组织联手,秉持"共商、共建、共享"原则,在全球卫生安全和全球卫生发展领域,同"一带一路"国家、区域及全球层面开展合作,打造"健康丝绸之路(health silk road)",从而把"一带一路(The Belt and Road Initiative)"作为加强全球健康治理实践的重要平台。

在健康相关的国际规则、标准、建议的谈判和制定方面,中国是认真的参与者、积极的倡议者和负责任的执行者。全球健康治理的中心环节之一是制定健康相关的国际规则,管理互相依存的情况。国际卫生规则制定的平台,既包括政府间的世界卫生组织,也包括政府间的非卫生的机构和论坛。在世界卫生组织平台上,中国认真参与了《烟草控制框架公约》与《国际卫生条例(2005)》的谈判(这是至今世界卫生组织出台的仅有的两个具有约束力的法律文本)。《国际卫生条例(2005)》(下文简称《条例》)一经颁布,中国政府发表声明,宣布立即自愿遵守《条例》有关条款,并根据《条例》适用需要,国家质量监督检验检疫总局负责对《中华人民共和国国境卫生检疫法》进行修订。为切实落实《条例》,中国将发展、加强和维持快速和有效应对公共卫生危害和国际关注的突发公共卫生事件的核心能力建设,纳入到了国民经济和社会发展第十一个五年规划期间国家卫生应急体系建设规划之中,配合制定了国际关注突发公共卫生事件监测、报告、评估、评定和通报的技术规范,建立了实施《条例》的跨部门的信息交流和协调机制等,履行了传染病防控的国家义务。2006年1月,中国批准《烟草控制框架公约》在中国生效。近年来,中国持续开展无烟环境建设,推动国家及地方控烟立法和执法,广泛开展控烟宣传和健康教育,推广戒烟咨询和服务,与世界卫生组织合作开展成人烟草调查。越来越多的城市制定和实施了地方性无烟环境法规、规章,保护群众不受二手烟危害。《"健康中国2030"规划纲要》也明确要求"全面推进控烟履约,加大控烟力度",明确将"运用价格、税收、法律等手段提高控烟成效,逐步实现室内公共场所全面禁烟",并力争"到2030年,15岁以上人群吸烟率降低到20%"。

中国也积极参加《大流行性流感防范框架》、*WHO Global Code of Practice on the International Recruitment of Health Personnel*(《世界卫生组织全球卫生人员国际招聘行为守则》)等虽不具有法律约束力,却具有重要价值力量的治理工具的制定。中国还以更主动的姿态发起并通过了多项重要决议,为全球健康治理贡献中国智慧和中国方案。如在联合国提出并通过的关于全球公共卫生能力建设的决议,在世界卫生组织发起并通过的关于基本药物,传统医学,广泛耐药结核病防治,促进创新和获取优质、安全、有效和可负担的儿童药物等决议。中国是唯一担任世界卫生组织和世界粮农组织两个国际食品法典委员会(食品添加剂法典委员会和农药残留法典委员会)主持国的发展中国家,主导了一些国际法典标准的起草。中国通过参与这些国际规则、标准的谈判与制定,提升在健康领域的国际影响力和制度性话语权。

在资金和人力资源方面,中国是对世界卫生组织日益重要的贡献者。20世纪末,在1998—1999双年度期间,中国向世界卫生组织缴纳的评定会费在500万美元左右,与接受世界卫生组织的援助数额相当。而到2018—2019双年度时,世界卫生组织对华援助的资金水平

没有增长，而中国缴纳的评定会费已经增加到 3 700 多万美元，跃升为缴纳会费的第二大国。在向世界卫生组织贡献更多资金的同时，在世界卫生组织工作的中国籍职员数也在增加，从 1999 年的 12 人增至 2012 年的 34 人（尽管在世界卫生组织，中国依然是代表性不足的国家）。在国家强有力的支持下，一名中国公民两次当选为世界卫生组织的总干事。越来越多的中国专家为世界卫生组织制定标准、规范、指南提供技术咨询。此外，中国还以自愿捐款方式向世界卫生组织、全球基金提供资金，支持他们发挥全球健康治理的作用。

第四节　知识的创新与交流

知识创新为人类认识世界、改造世界提供新理论和新方法，为人类文明进步和社会发展提供不竭动力。新中国在成立后的大半个世纪中，在卫生事业发展方面取得了举世公认的成就，在加强卫生系统建设、增进人民健康方面发展了自己的理念、创造了新的知识、积累了丰富的经验。这些理念、知识和经验，都是重要的全球公共产品，极大地丰富了全球健康的知识库。

新中国建立后的 30 年见证了人类历史上降低死亡率最突出的进步。中国成功地控制了疟疾、血吸虫病等传染性疾病，大幅度地降低了孕产妇和婴幼儿死亡率。例如，通过针对流行区在食盐中强化乙胺嗪及大范围的群体治疗，中国成为世界上第一个消除淋巴丝虫病的国家，为全球范围消除淋巴丝虫病提供了重要参考。中国在疟疾控制和消除的不同阶段分别采取不同控制策略，包括在大规模流行阶段采取以病例管理为重点的整合控制措施，在局部流行阶段采取全民服药措施，以及在疟疾消除阶段实行"1-3-7"*疟疾病例报告策略等，即将实现疟疾消除。上述经验已在坦桑尼亚等非洲国家开展试点，探寻向国际分享中国经验的途径和本地化策略。此外，中国促进妇幼保健干预推广的有效手段、农村接生员连接孕妇到医院分娩的经验、农村减少住院分娩经济障碍的路径、特派专家进驻一级转诊机构的做法和经验、提高中国新生儿乙肝疫苗覆盖率的措施与经验、中国贫困地区儿童营养改善项目的经验，以及中国扶贫政策对儿童营养改善的经验等，也被认为是中国快速改善妇幼健康的重要经验，已在老挝、越南、加纳等中、低收入国家试点，以探讨中国经验在各国的实用性和传播方案。

中国在推动初级卫生保健的进程中，也为世界做出了突出贡献。20 世纪 60—70 年代，被誉为"中国模式"的赤脚医生、合作医疗、三级医疗预防保健网、中西医结合的制度，在国际上产生重大影响，被世界卫生组织总结为"适宜人力、适宜技术"。特别是中国的赤脚医生，为当时的国际初级卫生保健运动提供了重要启迪，促进了具有里程碑意义的初级卫生保健大会的召开和《阿拉木图宣言》的形成。2018 年，为纪念该宣言，世界卫生组织、联合国儿童基金会在哈萨克斯坦共和国召开了全球初级卫生保健大会，发布《阿斯塔纳宣言》，提出重振初级卫生保健以实现全民健康覆盖和可持续发展目标。《阿斯塔纳宣言》倡导在卫生体系建设中重视发挥初级卫生保健的作用、加强基础卫生投入和人力建设、提高初级卫生保健服务质量、强调以人为本的连续整合的卫生体系建设，这些正是中国卫生改革关注的重要内容。如果中国能够在上述方面有所突破，并从国际的视角和理念、基于科学证据解读中国经验，必将是对国际初级卫生保健的又一重要贡献。

随着近年中国对医药产业的大力支持，中国医药创新能力显著提升。国际社会期盼中国能够在生物医药技术、医药研发领域发挥更多主导作用，筹资支持相关医药产品研发。在促进医药研发的同时，满足公共健康需求一直是全球健康的重大挑战。国际社会希望通过公共筹资等公共行动，促进主要影响发展中国家疾病的相关医药产品研发，并期盼中国作为主要的发展中

---

*2010 年中国启动全国消除疟疾行动，以限定时间要求的疟疾病例发现，报告与疫点处置为核心开展疟疾监测和响应，即所有疟疾病例在诊断后 1 天（24 小时）内上报疫情报告系统，3 天内完成病例个案调查和病例核实，7 天内完成疫点调查与处置，简称"1-3-7"疟疾病例报告策略。

国家，能够更多关注这些缺乏市场激励的相关医药产品研发。既往，中国在发现抗疟药物（青蒿素），及随后开发衍生物及复合制剂的过程中发挥了关键作用，为世界抗击疟疾做出重要贡献，为研发青蒿素做出突出贡献的中国科学家屠呦呦也因此获得诺贝尔奖。2010—2018年，全球共采购约30亿个以青蒿素类药物为基础的复方或联合用药疗程（artemisinin combination treatments，ACTs）。研究显示，2000—2012年至少有1.45亿例疟疾患者因采用有效的ACTs而康复。青蒿素的发现不仅挽救了数百万疟疾患者的生命，也改变了人们对抗疟药物研发的认识，拓展了医药产品研发的思路。青蒿素的发现过程提示，中国历史资料和中医古籍汇集多类疾病治疗方法，所用天然资源和使用细节都可能成为中国医药研发的关键突破口。中国在应对全球新发传染病的过程中也展现了研发实力，在分离、识别H7N9病毒的7天后就分析出它的基因序列，显示出中国强大的基因研究能力；埃博拉出血热疫情暴发后，中国在短时间内研发出诊断试剂5件、疫苗产品1件。中国可望成为全球卫生相关的新药和疫苗研发和生产的原动力。

知识的创新和产品的开发离不开对研发的投入。中国早在2003年就以88亿美元超越日本，成为全世界研发投入第二的国家。近年来，中国政府大幅提高了对新药开发的投入力度，政府财政推出的重大新药创制专项中，中央政府实际投入已达到200多亿元，加上地方政府和相关企业投入，目前配套资金已达600多亿元。中国在生物医药领域的研发投入也在迅速增长，从2007年起以33%的年均增幅迅速增长，而美国却是-2%。尽管如此，政府研发投入中卫生领域的占比不到9%，远低于中国在其他领域的研发投入，也远低于其他国家的卫生研发投入在研发总投入中的比重，投入仍需要进一步提高。

中国把全球健康作为一个学科来发展。在过去的十多年中，一批从事全球健康研究、教学和实践的协调和实体机构在中国纷纷成立，为中国全球健康学科建设集聚了人才，为开展稳定、长期、系统性的全球健康研究、教学和实践提供了初步的组织和人力保障。其中，高校成为主力军。许多大学开发了全球健康课程，开展了大量的培训活动，有的院校开始设立全球健康本科和研究生学位教育，有的获批将全球健康作为二级学科培养全球健康专业博士、硕士生人才。为了满足全球健康人才培养需要，人民卫生出版社组织出版了首批系统化的全球健康专业教材，弥补了国内全球健康教材的空白。十多年来，中国学者对全球健康的研究不断增加和深入，领域不断扩展，从相关传染病、慢性非传染性疾病，到包括适宜于其他中等收入和低收入国家的中国卫生发展经验的研究，国际卫生发展合作和中国对外卫生援助的研究，有关全球卫生政策、中国全球卫生战略的研究，在非洲和亚洲开展重点公共卫生人群干预试验或可行性研究，再到卫生外交、世界卫生组织改革等全球健康治理问题的探索，以及对中国参与全球卫生和全球健康教育、教学的探索。中国学者还在国外开展全球健康领域的干预研究项目。

随着中国全球健康领域实践、研究和教学的发展，专业杂志开始出现。目前，已有致力于贫困与传染病的英文期刊 *Infectious Disease of Poverty*（被收录在SCI在内的多个期刊评价体系中），专门致力于全球健康学研究的学术期刊《全球健康学杂志》及英文期刊 *Global Health Research and Policy*。这些专业刊物的创立顺应了中国全球健康学科发展的需要，也为推动全球健康领域的学术繁荣添砖加瓦、增加动力。与此同时，学术共同体开始形成。2013年，由10所大学发起创立了中国全球健康大学联盟（Chinese Consortium of Universities for Global Health，CCUGH）；2015年，包容各类机构的中国全球卫生网络（China Global Health Network，CGHN）成立；2016年，我国首个全球卫生领域的专业学会——中华预防医学会全球卫生分会在北京正式成立。这些学术共同体以不同的方式开展了一些学术活动，使得一批国际关系、法律、经济、公共卫生、临床医学、基础医学、药学、统计、工程等与全球卫生相关学科的专业力量得以在全球健康的旗下汇聚，成为中国全球健康学科队伍的中坚力量。

（刘培龙）

中英文专业词汇索引

《1971年精神药物公约》 Convention on Psychotropic Substances 1971 117

《2013—2020年全球预防和控制非传染性疾病全球行动计划》 Global Action Plan for the Prevention and Control of Noncommunicable Diseases 2013—2020 32

《2063年议程》 Agenda 2063 114

A

《阿德莱德宣言》 Adelaide Declaration 55
《阿拉木图宣言》 Alma-Ata Protocol 36
《阿斯塔纳宣言》 Astana Declaration 43
埃博拉出血热 Ebola hemorrhagic fever, EHF 137

B

八国集团 Group of Eight, G8 111
百白破三联疫苗 three-dose diphtheria-tetanus-pertussis, DTP3 82
被忽视的热带病 neglected tropical disease, NTD 18

C

倡导 advocate 55
初级卫生保健 primary health care 42
初级卫生保健信托基金 primary care trusts, PCTs 71
传染病 infectious disease 8
脆弱国家 fragile state 17

D

《大流行性流感防范框架》 The Pandemic Influenza Preparedness Framework 97
当前卫生支出 current health expenditure, CHE 73
《多哈宣言》 Doha Declaration 51

E

《儿童权利公约》 Convention on the Rights of the Child 109

《儿童生存、保护和发展世界宣言》 World Declaration on the Survival Protection and Development of Children 117

二十国集团 Group of 20, G20 111

F

法定健康保险 statutory health insurance, SHI 72
非传染性疾病 non-communicable diseases, NCDs 9
非政府间国际组织 International Non-Governmental Organizations, INGOs 112
非洲联盟 African Union 114
赋权 empowerment 54

G

《改变我们的世界——2030可持续发展议程》 Transforming Our World: The 2030 Agenda for Sustainable Development 90
功利主义 utilitarianism 134
《关于援助有效性的巴黎宣言》 Paris Declaration on Aid Effectiveness 90
广泛耐药结核病 extensively drug-resistant TB, XDR-TB 96
国际公共卫生办公室 Organization International d'Hygiène Publique, OIHP 2
国际关注的突发公共卫生事件 Public Health Emergencies of International Concern, PHEIC 95
国际减贫理论 theory of international poverty reduction 44
国际联盟 League of Nations 2
国际卫生 International Health 1
国际卫生合作伙伴及相关倡议 International Health Partnership+, IHP+ 91
《国际卫生条例(2005)》 International Health Regulations (2005) 88, 117, 123

国家卫生服务体系　National Health Service，NHS　69

国内生产总值　gross domestic product，GDP　73

国内政府卫生支出　domestic government health expenditure，GGHE-D　73

H

《赫尔辛基宣言》　*Declaration of Helsinki*　55，61

红十字国际委员会　International Committee of the Red Cross　2

红十字会与红新月会国际联合会　International Federation of Red Cross and Red Crescent Societies　110

获得性免疫缺陷综合征　acquired immuno deficiency syndrome，AIDS　9

J

疾病基金会　sickness funds　72

家庭医生　general practitioner，GP　71

监测、保护、提供、警示、确保禁止、提高　Monitor，Protect，Offer，Warn，Enforce 和 Raise，MPOWER　119

健康促进　health promotion　53

健康的社会决定因素委员会　Commission of Social Determinants of Health，CSDH　36

健康公平　health equity　23

健康丝绸之路　health silk road　145

将健康融入所有政策　health in all policies，HiAP　43

结核病　tubercolosrs　16

经济合作与发展组织　Organization for Economic Co-operation and Development，OECD　114

救助儿童会　Save the Children Fund　2

K

抗击艾滋病、结核病和疟疾全球基金　Global Fund to Fight Against AIDS，TB and Malaria，GFATM　12，110

抗生素耐药性　anti-microbial resistance，AMR　94

可持续发展目标　sustainable development goals，SDGs　49

空气污染　air pollution　33

L

联合国儿童基金会　United Nations Children's Funds，UNICEF　108

《联合国禁止非法贩运麻醉药和精神药物公约》　*United Nations Convention against Illicit Traffic in Nacrotic Drugs and Psychotropic Substances*　117

联合国人口基金　United Nations Fund For Population Activities，UNFPA　108

《联合国宪章》　*Charter of the United Nations*　109

淋巴丝虫病　lymphatic filariasis　18

《柳叶刀》　*The Lancet*　18

M

《麻醉品单一公约》　*Single Convention on Narcotic Drugs*　117

N

南南合作援助基金项目　South-South Cooperation Assistance Fund Projects，SSCAF　144

疟疾　malaria　18

O

欧洲联盟　European Union　114

P

盘尾丝虫病　onchocerciasis　18

Q

气候变化　climate change　32

千年发展目标　millennium development goals，MDGs　44

全民健康覆盖　universal health courage，UHC　49

全球公共产品　global public goods，GPGs　94

全球化　globalization　1

全球疾病负担　global burden of disease，GBD　15

全球健康　Global Health　1

全球健康公平倡议　The Global Health Equity Initiative，GHEI　136

全球健康治理　global health governance　87

全球卫生安全　global health security　94

全球疫苗免疫联盟　Global Alliance for Vaccines and Immunization，GAVI　109

R

热带医学　Tropical Medicine　1

人类命运共同体　community of common destiny for all mankind　145

人人享有卫生保健　Health For All　4

S

善治　good governance　86

伤残调整生命年　disability adjusted loss of years，DALYs　15

《生物多样性公约》　*Convention on Biological Diversity*　130

食品安全　food safety　35

《世界人权宣言》 Universal Declaration of Human Rights 135
《世界生物伦理与人权宣言》 Universal Declaration on Bioethics and Human Rights 135
世界卫生大会 World Health Assembly，WHA 104
世界卫生组织 World Health Organization，WHO 103
《世界卫生组织与非国家行为体交往框架》 Framework of Engagement with Non-State Actors，FENSA 102
世界银行 The World Bank 107
《松兹瓦尔宣言》 Sundsvall Statement on Supportive Enviroments for Health 55

T

泰国健康促进基金会 Thai Health 63
团结互助 solidarity 136

W

卫生发展援助 development aid for health，DAH 92
卫生问题阿德莱德声明 The Adelaide Statement on Health in All Policies 57
卫生系统六大基石 six building blocks 66
渥太华宪章 Ottawa Charter 56
五个控制柄 five control knobs 67

X

协调 mediate 55
行为体 actors 101
血吸虫病 schistosomiasis 18

Y

《雅加达宣言》 Jakarta Declaration on Leading Health Promotion into the 21st Centary 55
《烟草控制框架公约》，Framework Convention on Tobacco Control，FCTC 3
严重急性呼吸综合征冠状病毒 severe acute respiratory syndrome coronavirus，SARS-CoV 29
一带一路 Belt and Road Initiative 145
以青蒿素类药物为基础的复方或联合用药疗程 artemisinin combination treatments，ACTs 147
《用一代人时间弥合差距》 Closing the Gap in a Generation 10
《有关新的全球合作关系的釜山宣言》 Busan Partnership for Effective Development Cooperation 91
《与贸易有关的知识产权协议》，TRIPS 协议 Agreement on Trade-Related Aspects of Intellectual Property Rights 88

Z

增能 enable 55
政府总支出 general government expenditure，GGE 73
执行委员会 Executive Board，EB 执委会 105
治理 governance 85
中东呼吸综合征冠状病毒 Middle East respiratory syndrome coronavirus，MERS-CoV 29
中国全球健康大学联盟 Chinese Consortium of Universities for Global Health，CCUGH 14, 147

参考文献

[1] Paul F. Basch. Textbook of International Health. Oxford: Oxford University Press, 1990.

[2] Richard Skolnik. Essentials of Global Health. New York: Jones and Bartlett Publishers Inc, 2007.

[3] Richard Dodgson, Kelley Lee, Nick Drager. Governance for global health: a conceptual review. 2002-02-01 [2020-12-01]. https://apps.who.int/iris/handle/10665/68934.

[4] Kickbusch I., Lister G., Told M., et al. Global Health Diplomacy: Concepts, Issues, Actors, Instruments, Fora and Cases. New York: Springer, 2013.

[5] Jeffreg P.K., Tom C.B., Michael H. M., et al. Towards a common definition of global health. The Lancet, 2009, 373 (9679): 1993-1995.

[6] Dean T Jamison, Lawrence H Summers, George Alleyne, etc. Global health 2035: a world converging within a generation. The Lancet, 2013, 382: 1898-1955.

[7] World Health Organization, Commission on Social Determinants of Health. Closing the gap in a generation: health equity through action on the social determinants of health. [2020-12-01]. https://www.who.int/publications/i/item/WHO-IER-CSOH-08.1.

[8] Ronald L.G.L. Health Promotion in Action-From Local to Global Empowerment. London: Palgrave Macmillan, 2008.

[9] James N. Rosenau. 没有政府的治理. 张胜军, 刘小林, 译. 南昌: 江西人民出版社, 2001.

[10] 俞可平. 治理与善治. 北京: 社会科学文献出版社, 2000.

[11] Buse K, Hein W, Drager N, et al. Moving Gloal Health Governance Forward. Making Sense of Global Health Governance-a Policy Perspective. London: Palgrave Maemillan, 2008.

[12] Sophie Harman. Global Health Governance. Routledge Global Institutions Series. New York: Routledge Press, 2012.

[13] Greg Stapleton, Peter Schröder-Bäck, Ulrich Laaser, et al., Global health ethics: an introduction to prominent theories and relevant topics, special issue of global health: globalisation, equity, impact, and action. Global Health Action, 2014,7:23569.

[14] Andrew D, Pinto, Ross U. An Introduction to Global Health Ethics. New York: Routledge Press, 2013: 21-22.

[15] Liu P, Guo Y, Qian X, et al. China's distinctive engagement in global health. The Lancet, 2014, 384 (9945): 793-804.